Literarische Streifzüge
Andalusien

Harald Irnberger

Andalusische Arabesken

Literarische Streifzüge

Artemis & Winkler

Die Deutsche Bibliothek – CIP-Einheitsaufnahme
Ein Titeldatensatz für diese Publikation ist bei
Der Deutschen Bibliothek erhältlich.

Umschlagmotiv: Estepona an der Costa del Sol
© White Star/Monica Gumm
Umschlaggestaltung: Groothuis, Lohfert, Consorten (Hamburg)
Satz: KompetenzCenter, Düsseldorf
Druck und Bindung: fgb · freiburger graphische betriebe
ISBN 3-538-07147-0
www.patmos.de

Inhalt

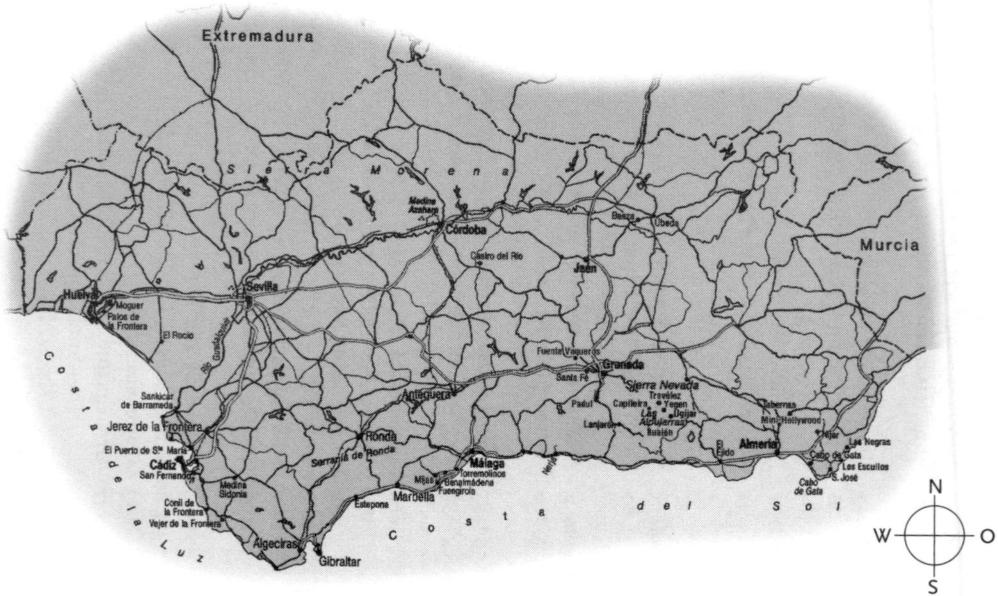
Extremadura
Murcia
Sierra Morena
Medina Azahara
Córdoba
Castro del Río
Baeza
Úbeda
Jaén
Huelva
Moguer
Palos de la Frontera
El Rocío
Sevilla
Río Guadalquivir
Fuente Vaqueros
Granada
Santa Fé
Sierra Nevada
Trevélez
Capileira
Yegen
Las Alpujarras
Ugíjar
Bubión
Padul
Lanjarón
Antequera
Sanlúcar de Barrameda
Jerez de la Frontera
El Puerto de Sta María
Cádiz
San Fernando
Medina Sidonia
Conil de la Frontera
Vejer de la Frontera
Ronda
Serranía de Ronda
Málaga
Torremolinos
Benalmádena
Fuengirola
Mijas
Marbella
Estepona
Nerja
Algeciras
Gibraltar
Tabernas
Mini Hollywood
Níjar
Almería
El Ejido
Las Negras
Cabo de Gata
Los Escullos
S. José
Costa de la Luz
Costa del Sol
N
W
O
S

Vorwort

Nachrichten aus dem Paradies –
Annäherung an die literarische Landschaft Andalusiens

Reisen bildet – vielleicht sogar die Bereisten. Natürlich soll damit nicht gesagt werden, die hätten dies im Falle Andalusiens nötig: dem Land im äußersten Süden Spaniens, das häufig als eines der Poeten und Analphabeten bezeichnet wurde. Gewiß, letztere gibt es noch immer in durchaus erwähnenswerter Zahl, was auf die feudalistischen Verhältnisse verweist, die da vor über 500 Jahren Hand in Hand mit der Vertreibung der Mauren geschaffen und erst im letzten Vierteljahrhundert zurückgedrängt wurden. Aber nicht gänzlich beseitigt.

Das eigentliche Phänomen besteht freilich darin, daß hier erstaunlich häufig Menschen zu finden sind, die zwar nicht oder allenfalls mit Mühe lesen können, gleichwohl aber Gedichte zu rezitieren wissen – mitunter solche von hohem poetischen Anspruch, die trotzdem in der volkstümlichen Kultur verankert sind. Eben jene der großen Lyriker Andalusiens, die in Spanien zumeist eine herausragende Rolle gespielt haben: von Luis de Góngora über die Brüder Manuel und Antonio Machado bis Juan Ramón Jiménez, von Federico García Lorca über Rafael Alberti bis Vicente Aleixandre.

Ihnen allen und etlichen mehr werden wir auf unserer literarischen Reise durch Andalusien begegnen – bei dieser Gelegenheit aber ebenso feststellen, wie wenig die dortigen Dichter über ihr Land und ihre Leute an erzählender oder essayistischer Prosa niedergelegt haben. Einen bedeutenden Teil solcher Texte zu andalusischen Themen verdanken wir Spaniern aus anderen

Landesteilen – vom Basken Pío Baroja bis zum baskisch-stämmigen Katalanen Juan Goytisolo. Andere wiederum haben hier Lebensphasen verbracht, die ihr Werk nachhaltig geprägt haben – allen voran Miguel Cervantes, der wahrscheinlich in Sevilla den Anstoß dazu erhalten hat, seinen *Don Quijote* – den Mann aus La Mancha – in die Welt zu setzen.

Zugleich war Andalusien stets ein lockendes Ziel für Reisende aus aller Welt – unter ihnen bedeutende Autoren, die dieses Land in der Folge beschrieben haben. So im 19. Jahrhundert die Franzosen Prosper Mérimée, Theophile Gautier und Alexandre Dumas. Und dazu immer wieder Briten und Nordamerikaner, von denen einige ihren Aufenthalt gleich auf mehrere Jahre ausdehnten: Lord Byron und Washington Irving, Gerald Brenan, V. S. Pritchett, Laurie Lee – und natürlich Ernest Hemingway, der Maßstäbe in der Literarisierung des Stierkampfs gesetzt hat. Der wiederum ist in erster Linie in Andalusien beheimatet.

Zur Schar der Ausländer, die uns Andalusien, aufmerksam beobachtend und scharfsinnig analysierend, aus einer Perspektive zeigen, die offenbar nur wenige Einheimische – Antonio Muñoz Molina ist einer von ihnen – anstreben, gesellt sich der Niederländer Cees Nooteboom als gegenwärtiger Großmeister der literarischen Reportage.

Und natürlich haben einige der herausragendsten Köpfe Lateinamerikas Andalusien bereist, über dieses Land nachgedacht und geschrieben: Jorge Luis Borges etwa und vor allem Carlos Fuentes. Doch die bewegten sich dabei im erweiterten Sinne auf heimischem Terrain; so wie umgekehrt etliche der bedeutendsten Dichter Andalusiens – Jiménez und Alberti seien genannt – im lateinamerikanischen Exil, in das sie vom Franco-Regime getrieben wurden, bedeutende Teile ihres Werkes geschaffen haben.

Wenn zum einen der Charakter Andalusiens nur verstanden werden kann, indem man den über Jahrhunderte währenden maurischen – also orientalischen – Einfluß berücksichtigt, so ist auf der anderen Seite nicht ohne Auswirkungen geblieben, daß die Neue Welt von hier aus für Europa entdeckt und erobert wurde. In diesem Sinne bildet Andalusien den Mittelpunkt einer Achse zwischen gleich drei großen Kulturkreisen, in denen man anhaltend mit wachem Interesse die Vorgänge in den jeweils anderen dieser Regionen verfolgt und bedenkt.

Andalusien ist die wahrscheinlich älteste Kulturlandschaft Europas, geprägt von vielerlei Einflüssen – und damit sind die Andalusier aus Tradition, die hier besonders viel gilt, von nur schwer überbietbarer Gastfreundlichkeit, also offen gegenüber Fremden. Nur sollten die sich nicht dazu versteigen, die Lebensart der Einheimischen gründlich umformen zu wollen.

Wie ist es nun um diese tatsächlich bestellt? José Ortega y Gasset, der Philosoph aus dem benachbarten Kastilien, versuchte in seiner *Theorie Andalusiens* eine Antwort auf diese Frage zu formulieren: »Faulheit als Ideal und Kulturform« lautete sein Verdikt, wobei er sich auf Friedrich Schlegel berief, der wiederum fand, Trägheit sei »das letzte Relikt, das uns vom Paradies bleibt.« Was Ortega y Gasset schließlich die These verkünden ließ: »Die Andalusier sind das einzige Volk des Westens, das einem paradiesischen Ideal des Lebens treu geblieben ist.«

Wer sich dem Paradies zugehörig wähnt, neigt naturgemäß eher dazu, diesen Umstand auf poetische Weise zum Ausdruck zu bringen, als ihn nüchtern zu analysieren oder in epischer Breite von den tristen Facetten der Realität zu erzählen. Vielleicht liegt ja darin die Erklärung für die Tatsache, daß wir bei der Betrachtung dieser literarischen Landschaft zwei nebeneinander existierende Elemente wahrnehmen, die erst zusammengenommen das ganze Bild ergeben: Die lyrischen, allenfalls dramatischen Werke der Andalusier einerseits und die erzählende, beschreibende, reflektierende Prosa der Andalusien-Reisenden andererseits.

Wir wollen versuchen, beide Komplexe gebührend zu würdigen und werden dort beginnen, wo die vom Tourismus bewirkten Veränderungen am nachhaltigsten sind – wo also wohl nicht zuletzt deshalb die Suche nach erlesenen literarischen Früchten noch wenig ergibt: in Málaga. In dieser Stadt befindet sich der meistfrequentierte Flughafen im Süden Spaniens – hier setzen nunmehr die meisten Reisenden erstmals ihren Fuß auf andalusischen Boden. Viele gelangen nicht weiter als bis zu den Ferien-Ghettos der Costa del Sol. Wir indes werden von hier aus im geographischen Sinne gegen den Uhrzeigersinn unseren Streifzug durch das ganze Land unternehmen – um dabei zu entdecken, daß die blühendsten literarischen Landschaften Andalusiens fernab der sonnigsten Küste zu finden sind.

Kapitel 1

Das verkaufte Paradies

Schatten und Licht zwischen Málaga und Ronda

Vielleicht ist die gelungene Annäherung eine Frage der richtigen Stunde. »Es wurde beinahe schon Tag, als wir unser Ziel erreichten. Von den Palmen des Parks aus sah ich, wie sich die Augen Málagas auf das Meer öffneten und wie eine Nelke röteten«, erinnerte sich Rafael Alberti an seine Ankunft in dieser Stadt. »Zusammen liefen wir den Strand entlang, wir sahen die Netze in der Sonne, die von Sardellen glitzerten, wir gingen durch Limonar, stiegen zur Burg Giralfaro, der alten maurischen Festung hinauf...« Es war allerdings in den zwanziger Jahren, als der damals noch jugendliche Dichter und Maler aus der Gegend von Cádiz, den wir während unserer Reise noch näher kennenlernen werden, erstmals hierher gelangte.

Wahrscheinlich sind wir also zu spät gekommen – doch nicht um Stunden, um Jahre, sondern um Jahrzehnte. Es sind die in den sechziger, den siebziger Jahren rasch und billig bis hinein in den innersten Stadtkern in die Höhe gezogenen Betonklötze, die uns die Sicht auf nahezu alles andere verstellen. Die nächst des Stadtstrandes ursprünglich ihre Umgebung dominierende Stierkampfarena – architektonisch eine der schönsten Spaniens – ist dicht umstellt von den vulgären Wohn- und Bürotürmen.

Wie es hier einmal ausgesehen hat, berichtet uns ein noch früherer Besucher der Stadt, dem wir auf unserer Reise ebenso wie Alberti häufig begegnen werden: Theophile Gautier, der dichtende Romantiker aus Paris, der 1840 über sechs Monate in Spa-

Die Plaza de toros von Málaga um 1870

nien unterwegs war und eigens nach Málaga kam, um der Eröffnung der Plaza de toros beizuwohnen:

»In der fremdartigen Umgebung von Málaga fühlt man sich nach Afrika versetzt«, schreibt Gautier in seiner *Reise in Andalusien*, »das blendende Weiß der Häuser, das tiefe Indigoblau des Meeres, das mörderisch grelle Licht – alles trägt zu dieser Illusion bei. An beiden Straßenrändern recken sich enorme Agaven und schwenken ihre Spieße: undurchdringliches Gestrüpp von Feigenkaktus mit seinen graugrünen Paletten und dem unförmigen Geäst windet sich böse wie eklige Riesenschlangen oder starrt wie das Gerippe gestrandeter Walfische. Hier und dort ragt eine Palme wie eine Säule und entfaltet ihr gefiedertes Kapitell neben einem europäischen Baum, der erstaunt über solche Nachbarschaft und beunruhigt darüber zu sein scheint, daß er zu seinen Füßen die unheimliche afrikanische Vegetation herumkrauchen sieht.«

Gewiß, die breite, von Palmen gesäumte Avenida, die parallel zur Strandpromenade verläuft, existiert noch. Doch hier staut sich nun nahezu rund um die Uhr der Verkehr – eine Schlange ohne Anfang und ohne Ende, die den Lärm unzähliger Motoren und Hupen zu einem stetigen Dröhnen verdichtet, sowie unentwegt stinkende Abgaswolken produziert. Zu den Rändern hin wird das Bild noch trister – geprägt nämlich von den grauen Hallen der Auto- und Baustoffhändler, der Supermärkte und Fabriken, zwischen denen in anarchischem Wildwuchs jene ihre Behausungen gezwängt haben, die sich nicht aussuchen können, wo sie bleiben. So geht das hin bis zum Flughafen an der Peripherie, der dafür berüchtigt ist, daß beinahe nichts zur angekündigten Stunde geschieht, und dem trotzdem nur wenige entkommen, die in diese Region reisen: Er ist, wie erwähnt, der verkehrsreichste, der größte im gesamten Süden Spaniens.

Das alles indes wurde uns als »Ciudad del paraíso« angekündigt – die Stadt des Paradieses. Und das von niemand Geringerem als dem Nobelpreisträger des Jahres 1977, von Vicente Aleixandre also. Der wurde zwar 1898 in Sevilla geboren, erlebte aber seine Kindheit in Málaga und verstand sich als Sohn dieser Stadt. Als junger Mann hatte er in Madrid Jura studiert, doch schon um 1925 beschlossen, die Literatur zu seinem Lebensmittelpunkt zu machen. Aleixandre wurde bald zu einer zentralen Figur der rebellischen Dichter der Generation von 1927 – wie diese zustande kam, werden wir aus dort gegebenem Anlaß in Córdoba erfahren – und wie seine Kollegen aus diesem Kreis stand er im Bürgerkrieg auf der Seite der Republik. Davon zeugen seine Gedichte aus dem damals entstandenen Zyklus *El mono Azul* (Der blaue Affe). In welcher Weise die politischen Ereignisse jener Zeit prägend für die spanische – in Sonderheit die andalusische – Literatur waren, wird noch des öfteren unser Thema sein. Soviel vorweg: Der Sieg des spanischen Faschismus hatte für zahlreiche Dichter dramatische Folgen. Federico García Lorca war schon wenige Tage nach dem Franco-Putsch ermordet worden. Andere wie Antonio Machado, Juan Ramón Jiménez oder Rafael Alberti mußten ins Exil fliehen. Vicente Aleixandre hingegen blieb in Spanien – angeblich wegen seines labilen Gesundheitszustandes. Das Diktatoren-Regime ließ ihn ein paar Jahre lang totschweigen. Doch ab 1944 konnte er wieder veröffentlichen, und 1950 berief man ihn sogar in die Akademie für Sprache und Dichtung. Aus der Sicht der Herrscher war dieser Dichter eben eine harmlose Gestalt – ein Mann, der bis zu seinem Tod im Jahr 1984 zurückgezogen im elfenbeinernen Turm der Poesie lebte und Gedichte schrieb, an denen kein Zensor etwas auszusetzen fand:

Immer, wenn dich meine Augen sehen, Stadt meiner Seemannstage,
hängend an dem mächtigen Berg, kaum aufgehalten
in deinem senkrechten Fall in die blauen Wellen,
scheinst du zu herrschen unter dem Himmel, über den Wassern
im Zwischenreich der Lüfte, als ob eine glückliche Hand

dich aufgehalten hätte in einem Moment des Jubels,
bevor sie dich für immer versenkte in den liebenden Wellen

Wir lernen eine erste Lektion: Wer aufgewachsen ist in einem Land, mit dessen im fernen Madrid von nationaler Größe schwadronierenden Herrschern und Regierungen über Jahrhunderte und bis in die Gegenwart meist kein Staat zu machen war oder ist, der flüchtet in rigorosen Lokalpatriotismus – in die schwärmerische Verklärung seiner Heimatregion, seiner Heimatstadt, seines Heimatdorfes. So ist es überall in Spanien und in Andalusien vielleicht noch ein wenig mehr. Zumal hier sehen es die Poeten als ihre vornehmste Pflicht an, mit wohlgesetzten Worten das dahingehend vorherrschende Empfinden zum Ausdruck zu bringen. Belege dafür finden sich im Werk faktisch aller bedeutenden andalusischen Lyriker.

Aber gut, vielleicht sind wir wirklich bloß zu spät dran, und alles war einmal tatsächlich so, wie Vicente Aleixandre es besungen hat – damals, bevor Málaga zur selbsternannten »Hauptstadt der Costa del Sol« verkam. Was unwillkürlich Fluchtgedanken bei Reisenden weckt, die sich eben nicht als geborene Neckermänner empfinden – auch nicht als solche, für die man gehobene Preisklassen erfunden hat. Andererseits: Selbst in älteren, von wohlmeinenden Autoren verfaßten Reiseführern finden wir verräterische Hinweise wie: »Málaga läßt sich durchaus in einem Tag besichtigen.« Die Aufzählung der Sehenswürdigkeiten beschränkt sich dann meist mehr oder minder auf den Gibralfaro, also die wie hier weit und breit nahezu jedes wirklich alte Bauwerk auf phönizischen oder griechischen Fundamenten errichtete maurische Festung, die Alcazaba, die auf phönizischen und römischen Fundamenten erbaute maurische Königsburg – und natürlich die ab 1528 an der Stelle der alten Hauptmoschee hochgezogene Kathedrale, schlicht La Manquita genannt – die Einarmige. Nur einer der zwei vorgesehenen Türme nämlich wurde fertiggestellt, was schon so mancher Reisende als Peinigung empfand. Dies wiederum hat uns Humbert Fink zu sagen, ein Österreicher, der als Reiseschriftsteller in den sechziger und siebziger Jahren mehrmals das Mittelmeer umrundete:

»Es ist natürlich eine irritierende Angewohnheit, aber immer wenn ich nach Málaga komme, versuche ich zuerst einmal mit der Kathedrale dieser Stadt meinen Frieden zu schließen, treibe ich mich durch die winzigen Kneipen und verwinkelten altmodi-

Vicente Aleixandre (1898–1984)

schen Viertel hinter dieser häßlichen, wie verkrüppelt aussehenden Kathedrale herum, schlage mir noch gegen Mitternacht den Bauch voll mit unzähligen Tapas, kleinen belegten Brötchen, sogenannten Kanapees mit Krabben oder Thunfischfleisch, aber auch mit eingelegten Pilzen, weißem Hühnerfleisch, sauren Muscheln und handtellergroßen Blätterteigtäschchen, in denen ich mit wachsender Euphorie den scharf gewürzten Reis im arabischen Stil oder das pikante Gemüse schmecke, während mir der unvermeidliche Zigarettenqualm wie eine duftende Nebelwand um den Kopf weht und den Blick auf den Fußboden fast verhüllt, der mit zerknüllten Servietten, Essensresten und Zigarettenkippen bedeckt ist. Dann wandere ich durch die nächtlich leeren Gassen der Altstadt wieder zurück zum Erzbischöflichen Palais und zur Kathedrale, zu dieser schrecklichen Kathedrale mit ihrem absurden Torso eines katholischen Glockenturms, dessen Säulenstümpfe lächerlich wirken in einem Land, das auf seine katholische Perfektion so ungemein stolz ist. Ich leide unter diesem Anblick, vor allem dann, wenn der mittelmeerländische Mond wie eine geschwollene Orange vom Meer hereinkommt und die unvollendete Kathedrale zu schmücken versucht.«

Seine Eßgewohnheiten zumindest hat Fink hier zweifellos zutreffend beschrieben – dies bezeugen zu können, ist uns als Folge etlicher Begegnungen an verschiedensten Orten gegeben. Zudem verkörperte der Mann vor allem dann, wenn er sich an einem Tresen aufbaute, eine eigentümliche Mischung aus Großsprecher und Grantenscherm – wie man derlei in seiner alpenländischen

Heimatregion mit einem ins Hochdeutsche kaum authentisch übersetzbaren Wort zu nennen pflegt. Also sollten wir uns womöglich nicht allzu sklavisch an sein Urteil halten, wenn es um eine mediterrane Gegend geht, sowie in Betracht ziehen, daß manchem in der Fremde eben doch manches sehr fremd erscheint.

Kurzum, wir suchen uns einen anderen Gewährsmann. Einen, der als Literat zwar gleichfalls von eher regionaler Bedeutung ist – dies aber an dem Ort, um den es hier geht. Geboren wurde Justo Navarro 1953 in Granada, doch seinen Brotberuf als Lehrer übt er schon seit Jahrzehnten in Málaga aus und weiß somit einiges über die intimen Seiten dieser Stadt. Genug jedenfalls, um sie zum zentralen Thema erkoren zu haben für die Prosa, die zu verfassen als seine Berufung gelten kann. *La casa del padre* (Das Haus des Vaters) lautet der Titel seines bislang bedeutendsten Romans, für den dem Autor 1994 der Preis der andalusischen Literaturkritik zuerkannt wurde. Seine Geschichte ist die sukzessive Veränderung von Málaga, die nicht als spektakulären, sondern schleichenden Prozeß erlebt, wer die Vorgänge aus nächster Nähe verfolgt: Das Verschwinden alter Häuser, ja ganzer Ensembles – und mit ihnen der Bewohner, die dem jeweiligen Quartier ihren Charakter verliehen haben. Hier, so kann man es bei Justo Navarro nachlesen, blieb in den letzten Jahrzehnten kaum ein Stein auf dem anderen und kaum ein Einheimischer an seinem ursprünglichen Platz. Geblieben sind allenfalls mehr oder minder versteckte Inseln der Kontinuität – wo man wenigstens so tut, als sei man von den Umwälzungen nicht wirklich betroffen. La Cosmopolita in der Calle Larios ist so eine Enklave im Zentrum einer vormaligen Hochburg bürgerlicher Lebensart – eine Bar mit hölzernen Türen und Fensterläden, in der an den runden Kaffeehaustischen sich die tertulias zusammenfinden. Auch wieder so eine ihres Namens wegen spanische Besonderheit: gewissermaßen ein Stammtisch oder eine regelmäßig in geselligem Ambiente tagende Diskussionsrunde mit dem Anspruch, dieser oder jener Frage auf den Grund zu gehen – so genannt nach einem Bischof, der für seine besonders haarspalterische Argumentationsweise bekannt gewesen sein soll.

»Diese Stadt hat viel von einem Labyrinth. Das ermöglicht es, daß man sich in ihr verlieren kann, und dies fördert zugleich eine stetige Übung des Erinnerns, denn jede Erinnerung ist labyrinthisch«, offenbart uns Justo Navarro das theoretische Gerüst seines Werkes. Alle Theorie sollte bekanntlich die Summe der Praxis sein, also brechen wir auf, um diese zu erlangen.

Doch wer wollte schon den Verlauf eines labyrinthischen Weges exakt festhalten. Belassen wir es bei Eckpunkten. Wir waren am Paseo Reding – noch ein verblassendes Zeugnis von gegen Ende des 19. Jahrhunderts sich entfaltender bourgeoiser Selbstdarstellung – eingekehrt im Cuba Café, das die Erinnerung wachhält an die ehemalige Perle des spanischen Kolonialreiches, die nicht zuletzt von zugewanderten Andalusiern ihre besondere Note erhielt, sowie danach in dem in den alten Baños del Carmen domizilierenden El Balneario, das ein zurück in die Alte Welt verpflanztes Relikt aus der dekadentesten Phase von Havanna zu sein scheint. Irgendwann hatte unser Führer gemeint, nun sollten wir zur Calle Luis de Velázquez flanieren, um dort das O'Neill's aufzusuchen, das ein Pub ist, wie man selbst in Irland nur wenige findet, aber keineswegs nur die Guinness-Trinker der Stadt anzieht. Alles in allem hatte uns die kleine Exkursion die Einsicht beschert, daß selbst in Málaga noch gastliche Stätten existieren, in denen ein Fremder nicht bloß für einen wandelnden Bankomaten gehalten wird, aus dem man rasch seinen Anteil herausziehen sollte. Und daß in solchen Kneipen reichlich Leute verkehren, die einer gehobenen Trinkkultur frönen – also ungezwungen zumal mit Tresennachbarn, die sie noch nicht kennen, das Gespräch vor allem über Themen suchen, die ein wenig geistige Gymnastik erfordern. Kurzum, wir hatten unsere Gläser in Gemeinschaft einer stattlichen Anzahl von zufällig unsere Wege kreuzenden Zeitgenossen geleert, die mit herzerfrischender Unbefangenheit und ohne jegliche Anzeichen von Eiferertum oder gar Hysterie – egal ob von Politik oder Literatur, von Fußball oder Stierkampf die Rede war – allerlei Ansichten vertraten, die so gar nicht mit dem weltweit gerade vorherrschenden einförmigen und einfältigen Meinungsstrom übereinstimmten, von dem abzuweichen ein auf seinen guten Ruf bedachter Bedenkenträger wohl als inopportun erachten würde.

In Andalusien, können wir aus diesem Anlaß feststellen, ticken zwar nicht unbedingt die Uhren, wohl aber deren Eigentümer nach wie vor erfreulich häufig ein wenig anders als weithin sonst in Spanien und dem Rest der Welt. Und das läßt sich sogar noch in jener Stadt feststellen, der abgesehen von etwas Folklore alles Andalusische auszutreiben nicht unerhebliche Bemühungen unternommen wurden.

Solcherart mit den Mauern, in denen wir gerade weilen, wieder recht gut versöhnt, landen wir schließlich in der Calle de Bruselas, wie eine mit einer einladenden Terrasse ausgestattete Bar an der Plaza de la Merced heißt. Dieser Platz wiederum ist in gleich zweierlei Hinsicht ein historisch bedeutsamer Ort. Ein Obelisk erinnert hier an den General José María de Torrijos, ein Liberaler im ursprünglichen Sinne des von den Westerwelles aller Länder inzwischen auf deren Niveau hinabgezerrten Wortes, der 1831 mit dem Ziel, eine demokratische Verfassung zu erkämpfen, einen Aufstandsversuch gegen die absolutistische Regierung in Madrid angeführt hatte. Die Rebellion scheiterte. Der General und vierzig seiner Gefährten wurden in Málaga füsiliert, ihre Leichen auf der Plaza de la Merced verscharrt.

Das bietet uns Anlaß, noch eines zweiten Generals Torrijos zu gedenken, dem Graham Greene in seinem Buch *Mein Freund, der General*, das seine Reisen nach Zentralamerika dokumentiert, ein Denkmal gesetzt hat. Dieser an allen Wirrnissen der sogenannten Dritten Welt stets lebhaft interessierte Brite war mehrmals von besagtem Freund – der ursprünglich ein solcher von Greenes Romanen war, weshalb er dessen Autor kennenlernen wollte – und General nach Panama eingeladen worden, nachdem Omar Torrijos dort in den siebziger Jahren die Macht an sich gerissen hatte. Was erstaunliche Folgen zeitigte. Als erstes Staatsoberhaupt der von den USA zum Zwecke der Errichtung des Panama-Kanals kurzerhand von Kolumbien abgetrennten zentralamerikanischen Bananen-Republik bemühte sich der Offizier um sozialen Fortschritt. Und ihm war es gelungen, der US-Regierung unter Präsident Jimmy Carter die schrittweise Abtretung der Souveränität über die Kanal-Zone abzuringen. Dieser General Torrijos starb dann bei einem Flugzeugabsturz, der – davon ist überall, wo Spanisch gesprochen wird, nahezu jeder vernunftbegabte Mensch überzeugt – wohl ein Werk des US-Geheimdienstes CIA war. Und was solche Vorfälle anlangt, denkt man in der hispanischen Welt sehr großräumig. Zumal in Andalusien, wo die emotionale Verbindung zum maurischen Erbe ebenso wach ist wie zu jenem riesigen Teil Amerikas, wohin viele der ursprünglich aus dem Orient stammenden kulturellen Einflüsse weitergetragen wurden, werden die Barbareien des Yankee-Imperialismus als Einmischung in innere Angelegenheiten aufgefaßt. Im Moment ist uns aber keine Gelegenheit geboten, ein paar Gedanken über die moralische Legitimation der US-Regierung in

Plaza de la Merced in Málaga

Sachen globale Terrorismus-Bekämpfung zu erörtern, obwohl dies gewiß im Sinne der zweiten historisch bedeutsamen Persönlichkeit – Zeit seines langen Lebens ein erklärter Mann der Linken – wäre, an die uns dieser Platz erinnert. Denn an der Plaza de la Merced steht das Haus, in dem Pablo Picasso 1881 geboren wurde. Jener Künstler also, der mit seinem Monumentalwerk *Guernica* – oder *Gernika*, wie das bei den Basken heißt – auf einen früheren Akt von staatlichem Terrorismus verwiesen und ihn vor dem Verdrängtwerden bewahrt hat: Die Bombardierung einer baskischen Stadt durch die an Francos Seite massenmordende Legion Condor. »Doch auf den Tod von Guernica folgte die Wiedergeburt *Guernica*, in dem für das 20. Jahrhundert emblematischen Gemälde von Spaniens größtem modernen Künstler«, sagt der Mexikaner Carlos Fuentes – der uns als universaler hispanischer Intellektueller noch etliche Male begegnen wird. Durch ihn werden wir auch auf die Symbiose von politischer Kundgebung und bildnerischer Grenzüberschreitung aufmerksam: »Er [Picasso] lädt uns ein, durch die zeitlosen spanischen Symbole der Arena auf Leiden und Tod zu blicken: den Stier und das Pferd, zermalmt und aller Glieder beraubt. Spaniens leidvolle Begabung, die Katastrophen der Geschichte in künstlerische Triumphe umzusetzen, offenbart sich deutlich in diesem Gemälde.«

Picasso hat in Málaga nur allenfalls die ersten fünfzehn – laut mancher Zählweisen überhaupt nur die ersten zehn – Jahre seines Lebens verbracht. Dann zog er fort: Zuerst an die Kunstschule nach Barcelona, von dort nach Paris, damals die Welthauptstadt der Avantgarde, in deren Kreisen man sein Genie rasch erkannte. Guillaume Apollinaire, der eigentlich Kostrowitzky hieß, polnischer Abstammung war und in Rom geboren wurde, sowie in Paris als surrealistischer Poet ebenso wie als Theoretiker des Kubismus ein gewichtiges Wort im Diskurs der Künste und der Künstler mitzureden hatte, schrieb 1913 über den damals 32-jährigen Maler:

»Dieser Mann aus Málaga schlägt uns mit seiner Kunst blaue Flecken, wie eine trockene Kälte. Seine Meditationen vollzogen sich in der Stille. Er kam von weit her, von jenem brutalen Reichtum an Komposition und Dekor der spanischen Maler des siebzehnten Jahrhunderts.

Seine Unerbittlichkeit, mit der er das Schöne suchte, änderte alles in der Kunst.

Die große Revolution, die er fast allein vollzogen hat, besteht darin, von der Welt eine neue, ureigene Vorstellung geschaffen zu haben.

Ein neuer Mensch – seine Vorstellung ist die Welt.

Das neue Ineinanderfügen ihrer Elemente und ihrer Einzelheiten vollzieht er mit einer Gewalttätigkeit, die sich gleichzeitig anmutig zu geben weiß.

Er ist ein Neugeborener, der für seinen eigenen Gebrauch Ordnung im Universum schafft; und dies zugleich auch, um sich die Beziehungen zu seinesgleichen zu erleichtern.«

Wer einen repräsentativen Teil seines Werkes sehen will, muß vorderhand noch die Picasso-Museen etwa in Paris oder Barcelona aufsuchen. Erst seit die andalusische Regionalregierung über die Köpfe der Stadtverwaltung hinweg die Initiative an sich gezogen hat, wird endlich in Málaga daran gearbeitet, den Palacio de Buenavista – ein zentral gelegenes herrschaftliches Gebäude aus dem 16. Jahrhundert – zu restaurieren, um dann dort ein vorzeigbares Picasso-Museum einzurichten, für das aus dem Besitz der Erben des Künstlers etwa 300 Werke bereitstehen. Die Eröffnung soll am 24. Oktober 2003 erfolgen. Bis dahin können Besucher lediglich die Gedenkstätte in Picassos Geburtshaus aufsuchen. Doch das verschafft allenfalls einen Eindruck, in welcher Umgebung der Sohn eines Zeichenlehrers und Konservators seine Kindheit verbrachte – in einer wohl kultivierten, doch eher engen nämlich. Ansonsten verfügt man hier nur über etliche Grafiken und Keramikarbeiten, sowie einiges, das nach reichlichem Zögern ein paar Verwandte des Künstlers beigesteuert haben. Vor dem Gebäude findet jährlich ein Freiluft-Malwettbewerb statt – in der Regel eine Domäne der nicht von übertriebenen Selbstzweifeln geplagten malenden Dilettanten jegliches Alters.

»Ich glaube, in dieser Stadt haben noch immer nur wenige die wahre Bedeutung dieses Künstlers begriffen«, sagt achselzuckend unser Gewährsmann. »Man versucht sich zwar nun mit seinem Namen zu schmücken, weil man sich davon etwas für den Tourismus verspricht. Aber am kulturellen Klima der Stadt hat sich wenig verändert, seit die besten Köpfe auch Málagas das Land verlassen mußten. Hierher ist keiner von ihnen zurückgekehrt, als dies wieder möglich gewesen wäre.«

Um dem Besucher zu illustrieren, worüber er spricht, führt uns Justo Navarro in die Straße, die nach dem Erfinder der Buchdruckerkunst benannt ist. Auf dem Straßenschild war allerdings zuerst »Gutemberg« zu lesen – und es brauchte mehrere Jahre, bis die Stadtverwaltung sich endlich dazu entschloß, den Fehler korrigieren zu lassen.

Ob das wohl einer der Gründe sei, warum Málaga in der Literatur, zumindest aber in Prosa-Werken eher selten auftaucht, wollen wir wissen. Doch dafür nennt der Dichter eine banalere Ursache: »Das liegt an der Hitze. Wer nimmt schon die Arbeit auf sich, bei den Temperaturen, die hier vorherrschen, dreihundert Seiten zu schreiben. Málaga ist dafür gemacht, in einer Bar etwas zu schreiben, das schnell von der Hand geht – eine Seite nur: Poesie also.«

Was es an Poesie über Málaga und Umgebung indes so alles gibt, weist gelegentlich auf die nicht ohne Staunen registrierten fremden Sitten hin, die mit dem etwa ab den Sechzigern stetig angeschwollenen Strom der Touristen hier zu beobachten waren. José Agustín Goytisolo, der Älteste der drei schon frühzeitig auf die Misere des eigenen Landes mit wachem Interesse für fremde Kulturen reagierenden Schriftsteller-Brüder aus einer baskisch-katalanischen Familie, erzählt in einem Gedicht von einer solchen Besucherin:

Sie heißt Katheleen und ist blond
Sie mißt fünf Fuß und neun Zoll
Gut erhaltene vierunddreißig Jahre
Sie studierte im Presbyterianer-College von Akron

Und promovierte in spanischer Literatur
An der New York University

Diese Frau begleitete ihren Gatten – einen »brillanten Ingenieur« – nach Europa. Er reiste zu einem Kongreß nach Paris – sie fuhr Richtung Málaga:

Katheleen machte sich auf nach dem Süden
Sie verabredeten, sich in Málaga zu treffen
Wenn die Vorträge zu Ende wären
Heute ist sie in einem Hotelzimmer aufgewacht
Neben einem fremden, kleinen Mann
Und während sie nach Alka-Seltzer sucht
Denkt sie daran, daß nachmittags Ted kommen wird
Und daß der Psychiater, einmal zurück in New York,
Diese ganze Geschichte schon aufklären wird

Die Ghettos der Costa del Sol

Man muß wohl alles im richtigen Zusammenhang sehen, was bedeutet: Wer seine Reise durch dieses Land hier beginnt, kann stets auf die tröstliche Gewißheit zurückgreifen, daß er das Bessere und zumal das Beste noch vor sich hat. Málaga samt den benachbarten Küstenabschnitten – der Costa del Sol – ist nämlich inzwischen trotz aller positiven Überraschungen, die gleichfalls möglich sind – wir haben es schon angedeutet –, der mit großem Abstand unandalusischste Teil Andalusiens: Nunmehr weithin ein Brückenkopf der weltweit in gleichartigen Ghettos sich zusammenfindenden Ferien-Internationale. Gewiß, das löste anfangs manchen Kulturschock aus, der nicht nur die Einheimischen beschäftigte. James A. Michener, ein gründlicher Romancier und epischer Dokumentarist aus den USA, der ganz Spanien eines seiner erschöpfenden Reisebücher gewidmet hat, berichtete in *Iberia – Reisen und Gedanken* von ihm bekannten Madrider Bankiers – bis in die Knochen konservative Stützen der damals noch von Franco diktatorisch geordneten Gesellschaft –, die während der Ferien in der Maske eines Seemannes auftraten, um in Torremolinos an den pragmatischen Umgangsformen junger Schwedinnen zu partizipieren, die ihre knapp bemessene Ferienzeit nicht vertrödeln wollten mit langen Balzritualen nach Art der Eingeborenen, sondern einfach rasch diesen, dann jenen ihnen ausreichend exotisch dünkenden Mann zur Seite nahmen zum Zwecke flüchtiger gemeinsamer Freizeitgestaltung. Ein ungeheuerlicher Vorgang zu dieser Zeit in diesem Land, über den man sich scheinheilig empören konnte – und zugleich besessen war von der Aussicht, daran teilzuhaben.

So entstand ein Widerspruch mehr im geschlossenen und abgeschlossenen System des Falange-Staates, der angewiesen war auf die Devisen der ausländischen Urlauber und dafür gewissermaßen sittlich exterritoriale Zonen einrichten ließ, die sich rasch vom Rest Spaniens zu unterscheiden begannen wie Sodom und Gomorra vom Vatikan. Aus einem kleinen Fischerdorf mit einem halben Dutzend Getreidemühlen, denen Torremolinos seinen Namen verdankt, wurde zuerst einmal ein Exerzierplatz für Spekulanten. Korrupte Politiker und unersättliche Baulöwen, Immobilienhaie und Abschreibungszuhälter vereinigten sich zu von allerhöchster Seite protegierten Mafias, um ohne Rücksicht auf örtliche Strukturen und Traditionen in kürzestmöglicher Zeit aus den sonderbaren Fremden, die von weither anreisten, um sich zur Verblüffung der Eingeborenen während der heißesten Zeit des Tages von der Sonne braten zu lassen, herauszupressen, was diese herzugeben in der Lage waren.

Wie es hier zu Beginn der touristischen Entwicklung zuging, hat Juan Goytisolo in seinem Buch *Ein Sommer in Torremolinos* Mitte der sechziger Jahre skizziert. Da langweilt sich noch eine reiche Oberschicht, die mangels eigener Ideen und Gedanken nichts mit sich anzufangen weiß, an diesem Küstenabschnitt – eben so, wie sie das später ein paar Kilometer weiter in Marbella tun sollte. Kein besonders mitreißendes Thema somit, das dem großartigen Autor nur ein sogenanntes Nebenwerk entlockte. Wichtigere seiner Bücher werden wir in Almería kennenlernen.

Aus völlig anderer Sicht wird die vermeintlich freundliche Übernahme der Küste durch die Touristen von Manuel Cortés geschildert – ein Sozialist und zur Zeit des Franco-Putsches Bürgermeister des damals kleinen Dorfes Mijas. Er kämpfte an der Seite der Republik und tauchte 1939 nach der faschistischen Machtübernahme unter – im eigenen Haus, wo er sich in eine winzige Kammer einmauern ließ, nur mit seinen engsten Familienangehörigen und Freunden in Kontakt. So brachte er dreißig Jahre zu – bis das sieche Regime 1969 eine Amnestie für alle aus dem Krieg herrührenden Causen dekretierte. Unzählige Exilanten konnten daraufhin nach Spanien zurückkehren. Und Cortés konnte erstmals wieder sein Haus verlassen. Der britische Autor Ronald Fraser hat dieses Schicksal in dem Buch *Im Versteck* festgehalten. Manuel Cortés erzählte ihm:

»Auch hatte sich viel verändert, während ich im Versteck war. Ich hatte von meiner Frau und meinem Schwiegersohn von den Hotels und Apartmentblocks in Fuengirola und Benalmádena und Torremolinos gehört, aber ich konnte es mir nicht vorstellen. Das Land in der Umgebung hier, wo früher nur Ziegenpfade waren, ist jetzt voller Straßen, auf denen die Autos zu den neuen Villen fahren, die sich Ausländer gebaut haben. Ich, der ich Fuengirola wie meine Handfläche gekannt hatte, verlaufe mich heute dort. Es ist eine Großstadt geworden, und Torremolinos ebenso! Unglaublich. Und hier, während der ganzen Sommermonate, jeden Tag fünf-, siebenhundert Autos zu sehen, die voller Touristen hier ankommen – es ist unglaublich! Als ich ein Junge war, hatten wir Glück, wenn wir einmal alle drei Monate ein Auto zu sehen bekamen. Anfangs glaubte ich, daß all die Touristen, die hierher kamen, reiche Leute sein müßten, aber jetzt kann ich sehen, daß sie auch zur arbeitenden Klasse gehören. Ihr Lebensstandard unterscheidet sich sehr von dem, den wir hier kennen – das muß er schon, wenn ein Arbeiter es sich leisten kann, für einen Urlaub von vierzehn Tagen oder einem Monat eine so weite Reise zu machen. Das wäre in Spanien nicht möglich.«

Tatsächlich löste an der Sonnenküste weithin bald das Massenpublikum die betuchten Ferien-Vorreiter ab. Es entstand Hotelsilo neben Hotelsilo, Apartmentburg neben Apartmentburg – zehn, fünfzehn Etagen hoch. Jeder Geräteschuppen, der die Bauwut überlebt hatte, konnte als Kneipe genützt werden, in der zu Bratwurst und Sülze, Bratkartoffeln und Frikadellen das Bier in Strömen floß, während die Kundschaft mit deutscher Gründlichkeit allnächtlich Frohsinnsarbeit leistete, also gesanglich vor Madagaskar lag und zur Krönung der vorsätzlich guten Laune donnernd den Schlachtruf erschallen ließ: »Oans, zwoa, g'suffa!«

Mit einem Wort, Torremolinos und Umgebung waren beinahe noch rascher in deutscher Hand als Mallorca, sobald das Wirtschaftswunder im Zentrum Europas mehr als nur Ferienreisen nach Italien zuließ – die preiswerte Erfüllung des Traums vom Süden wurde fortan auch hier gesucht.

Die Deutschen mögen zwar laut gewesen sein – aber sie waren auf ihre Art ordentlich. Die Phantasie sittlich erregbarer Menschen entzündete sich daher mehr an einer anderen Spezies, die gleichfalls in den Sechzigerjahren an Orten wie diesem in Erscheinung zu treten begann: Junge Leute mit langen Haaren und knappem Budget, mit viel Zeit und wenig Respekt vor der Verklemmtheit ihrer Altvorderen – die also vor aller Augen kifften und knutschten und keinerlei Anstalten zeigten, sich irgendwo um die Steigerung des Bruttosozialproduktes verdient zu machen. Man pflegte sie Gammler, Hippies und dergleichen zu nennen. Die Einheimischen waren lange Zeit sprachlos angesichts dieses Phänomens, und Leute wie Michener – in allen seinen Werken von pädagogischem Eros angestachelt – konnten die Tinte nicht halten. »Auf der ganzen Welt«, schrieb der damals rüstige Sechzigjährige, »findest Du nichts, was Du mit Torremolinos vergleichen könntest. Das Asyl für jene, die dem Wahnsinn der Welt entfliehen wollen, nur daß es selbst total verrückt ist.« Worunter damals konkret zu verstehen war, daß eine »endlose Prozession junger Leute, hoffnungslos, schmutzig und degeneriert« die Gassen des Ortes bevölkerte – Typen somit, die »von der Sonne lebten«, den »Kalender vergessen« hatten, sowie »am Strand schliefen und zu jeder Abnormität bereit waren.«

Die Kinder von Torremolinos lautet der Titel des eben zitierten Buches, das zwar nichts von dem vermittelt, was die nämlichen Kinder umtrieb, wohl aber indirekt ein beredtes Zeugnis ablegt vom Zeitgeist der damaligen Elterngeneration. In aller westlichen Welt war das Traktat über viele Monate an der Spitze der Bestsellerlisten zu finden.

Geblieben von damals sind die über die Jahre noch unansehnlicher gewordenen Betonungetüme, die wie eine gigantische Barrikade den Meeresstrand trennen von den karg bewachsenen Hügeln des Hinterlandes und als Quartier dienen für die aus klimatisch weniger begünstigten Zonen Europas zugezogenen Rentner von Torremolinos. Sie verbringen hier ihren Lebensabend in der Nachbarschaft von Fast-food-Restaurants für den etwas tiefer gelegten Anspruch und Läden für die an schlichten Geschmack appellierenden Konsumgüter. Es ist die an die mediterrane Sonne verpflanzte Tristesse ganz gewöhnlicher zentraleuropäischer Lebensformen, die trotz des Aufwandes an bunter Dekoration in den Fußgängerzonen und grellfarbiger Freizeitkleidung der Passanten die gesamte Szenerie so grau erscheinen läßt wie die Satellitensiedlungen etwa deutscher Großstädte.

Wie es da aussah und wie man gelebt hat, bevor die Touristen-Invasion an diese Küste gelenkt wurde, kann man nachlesen bei Max Aub, der als Sohn eines deutschen Vaters und einer französischen Mutter jüdischer Herkunft in Paris geboren wurde – um schließlich Spanier zu werden. Hier schloß sich Aub den Zirkeln politisch engagierter junger Dichter an, die in den späten zwanziger Jahren in Madrid entstanden. So geriet der Kosmopolit in den erlesenen Kreis der vor den Franco-Faschisten ins lateinamerikanische Exil vertriebenen spanischen Schriftsteller. Ihn verschlug es nach Mexiko, wo er sich – ein enger Freund von Luis Buñuel – vor allem als Drehbuchschreiber über Wasser hielt. In Europa beginnt man den lange Zeit vergessenen Autor nun erst zögernd wieder zu entdecken. Seine Erzählung *Der Klumpfuß* spielt während des Bürgerkrieges im Umfeld von Málaga:

»Dort drüben rechts lag Nerja. Das Meer war so blau, daß es auf den Himmel überfärbte. Das da unten war der Fluß, der Río de la Miel. Die Küste war steil, aber ohne den Saum einer Brandung: das Meer erstarb vor Ruhe. Die Felsen und die Klippen ließen sich bis auf den sauberen Grund sehen und gaben dem Wasser tausend Farben. Die Boote mit ihren zuckerbraunen Segeln pflügten sich ihren Weg. Kleine Segler, kleine Fische, kleines Leben, Elend unter immerblauem Himmel. Entsetzliche Eintönigkeit, Wassermangel. Einzig die Geranien durchbrachen die Gleichförmigkeit und wuchsen willkürlich und wild. Auf dem Dreifuß der irdene Topf, und mit gebrochenem Rücken die Glut anfachen. Kohl, Gazpacho und immer wieder Brot. Und so einen Tag und ein Jahr und das nächste. Das Zuckerrohr schaudert in der Zugluft und pfeift. Schaut man hinauf, nach rechts, Olivenhaine und Espartogras. Staub. Weiter oben die Berge, zwischen Blau und Violett. Unten ist alles bräunlich, farbloses Grau, patiniertes Grün. Dort gegenüber ahnt man Málaga. Hauch eines vergessenen Lebens. Das Dasein stürzt herab wie Sonnenglast und stumpft ab. Arbeiten, sich schinden, auf Steinen hocken, die ohne Schatten sind, und warten, unter dem nächsten Ölbaum oder einer geeigneten Trockenmauer, bis das Mittagessen kommt, das gleiche wie gestern...«

Vielleicht würde Aubs Klumpfuß heute als Gärtner auf einem der zahlreichen Golfplätze arbeiten, die inzwischen in diesem Landstrich entstanden sind. Aber für eine gegenwärtige literarische Spurensuche gibt diese Küste bis hin nach Marbella und Estepona längst nichts mehr her. Nicht einmal das örtliche Telefonbuch hält bei der Lektüre, was es ausgehend von den in bunten Klatschblättern verbreiteten Gerüchten verspricht. Man findet da lediglich unzählige Namen deutscher Immobilienmakler samt jenen ihrer deutschen Kunden, die nicht zuletzt am Finanzamt vorbeigeschleuste Barvermögen in Appartements und Ferienhäuser angelegt haben. Doch unter ihnen überwiegen die Zahn- und die Tierärzte, die gehobenen Handelsvertreter und die besserverdienenden Zuhälter – ergänzt von ein paar Abkömmlingen bekannter Familien, die schon seit Generationen nicht mehr mit bedeutsamen Köpfen in Verbindung zu bringen sind. Die hier vorherrschende Kultur ist jene der neureichen Analphabeten, die lediglich statistische Werte beizutragen vermögen zu der Erkenntnis, mit welcher verblüffenden Häufigkeit gutes Einkommen und schlechter Geschmack einhergehen. Wer sich solche Gesellschaft antut, hat es nicht zivilisierter gewollt.

»Dahin müssen Sie fahren, wenn Sie je nach Spanien auf Hochzeitsreise gehen«

Hier lohnt es also wie kaum irgendwo sonst, der Küste den Rücken zu kehren und aufzubrechen ins Hinterland – hin zu den in den Bergen nistenden weißen Dörfern und kleinen Städten wie Antequera, wohin sich am Wochenende jene Einheimischen zurückziehen, die ausreichend nicht bloß bei Kasse, sondern ebenso bei Sinnen sind, um die Strandsiedlungen zu fliehen. Die Privilegiertesten unter ihnen verfügen über ein Refugium in Ronda, der 780 Meter über dem Meer auf einem Plateau der Serranía de Ronda gelegenen Kleinstadt, die immer schon illustre Gäste beherbergt hat. Ernest Hemingway, damals noch ein in Paris lebender junger Reporter aus den USA, der gerade erst mit seinem Aufstieg zu allerhöchsten literarischen Gipfeln begann, gelangte bereits 1923 gelegentlich seiner ersten Spanien-Reise hierher – und er kam über die Jahrzehnte des öfteren wieder. Nebst etlichem anderen ist der sensible Kraftprotz ein gelungener Beweis dafür, daß sogar autochthone Nordamerikaner für gediegenen Lebensstil empfänglich sein können, wenn sie zum richtigen Zeitpunkt unter den richtigen Umständen mit europäischer Kultur

Das Hotel Reina Victoria in Ronda

konfrontiert werden. Wir haben mehrerenorts die Probe aufs Exempel gemacht und dabei herausgefunden: Ein von Hemingway empfohlener Ort ist stets eine Reise wert. Ronda bildet da keine Ausnahme:

»Dahin müssen Sie fahren, wenn Sie je nach Spanien auf Hochzeitsreise gehen oder wenn Sie mit irgendwem durchbrennen. Die ganze Stadt und so weit, wie Sie in jeder Richtung sehen können, ist romantischer Hintergrund, und es gibt dort ein Hotel, das so bequem ist, so gut geführt wird und wo man so gut ißt und wo gewöhnlich nachts eine kühle Brise weht, daß, wenn eine Hochzeitsreise oder eine Entführung mit dem romantischen Hintergrund und dem modernen Komfort in Ronda kein Erfolg ist, Sie genausogut nach Paris aufbrechen und beide anfangen können, sich Ihren eigenen Freundeskreis zu schaffen.«

Man muß es nicht zum Äußersten treiben – Entführung oder gar Hochzeit. Hemingway, wie man weiß, hat es gleich viermal versucht – letztendlich ging es dem Vernehmen nach in keinem Fall sonderlich gut aus. Was aber das von ihm gelobte Hotel Reina Victoria betrifft: Das gibt es nach wie vor, doch hat offenkundig seit Hemingways Besuchen die Führung gewechselt. Es hat sich also einiges verändert, naturgemäß nicht zum Besseren, aber man kann dieses Haus gleichwohl weiterhin empfehlen. Die beschriebene Kulisse nämlich ist unzerstörbar: Das Reina Victoria steht an einem der schönsten Plätze von Ronda, das wiederum wie ein Adlernest im Fels hoch über den wild sprudelnden Wasserläufen des Tajo und des Río Guadalevin klebt, die sich einen dramatischen Weg durch das Gestein gefressen haben. »Die Schlucht ist eindrucksvoller, als erzahlt wird«, berichtete Paul Bowles – noch ein Dichter aus den USA, der zu anderen kulturellen Horizonten aufbrach und sich schließlich in Tanger auf der marokkanischen Seite der Meerenge von Gibraltar niederließ. Sein Sahara-Roman *Die Wolken über der Wüste* sollte ihn berühmt machen. 1934 schrieb Bowles aus dem Reina Victoria auf einer Postkarte seinem Freund Bruce Morrissette: »Ich bin nach Ronda gelangt, einer phantastischen Stadt hoch oben in den Bergen und mit einem wirklich guten Hotel.«

Auf den Hochplateaus drängen sich weißgetünchte Häuser »da und dort so offen in den Abgrund, daß kein Fenster hinzuschauen wagt«, fand wiederum Rainer Maria Rilke. Wir begegnen dem 1875 in Prag als Österreicher geborenen deutschen Dichter, der sich zeitweilig in Paris als eine Art Sekretär des Bildhauers und Malers Auguste Rodin verdingt hatte, in dem ein wenig verwilderten Park des Reina Victoria, kurz bevor der Felsen 160 Meter tief abbricht. In Bronze gegossen steht er da, ein Buch in seinen schmalen Händen. Gelegentlich heißt es, der Dichter habe in Ronda seine Schwindsucht zu kurieren versucht. Jedenfalls stieg er im Winter 1913 für acht Wochen im Reina Victoria ab, und die Literaturwissenschaft meint zu wissen, er habe dort die ersten 31 Verse der Sechsten Duineser Elegie zu Papier gebracht: »Wenigen steigt so stark der Andrang des Handelns, daß sie schon anstehen und glühn in der Fülle des Herzens ... Helden vielleicht ...«

Wohl ganz in diesem Sinne ist in dem Ort eine Straße nach Rilke benannt. Und – die Wege der Poesie sind unergründlich – eine Fahrschule.

»Etwas zog mich nach Ronda«, schrieb er an seine Freundin Marie von Thurn und Taxis und schwärmte von der »unvergleichlichen Erscheinung dieser auf zwei steile Felsnasen, die die enge, tiefe Felsschlucht trennt, hinaufgehäuften Stadt.« Ohne schon deren Namen zu kennen, hatte Rilke sie zuvor bereits gelegentlich einer Reise nach Rußland gesehen: Als Skizze im

Reisetagebuch von Leo N. Tolstoi, den Ronda gleichfalls fasziniert haben mochte.

»Hier wäre denn auch der Ort, recht spanisch zu leben und zu wohnen«, lesen wir weiter in Rilkes Brief an die Freundin – was wohl als Hinweis darauf zu verstehen ist, daß eine Reise durch Spanien damals noch weithin als abenteuerliches Vordringen zu Stätten der Wildnis galt, das mit allerlei Entbehrungen verbunden war. Doch zu des feinnervigen Poeten Glück hatte gerade das Reina Victoria unter englischer Führung die Pforten geöffnet, und der Gast war voll des Lobes: »... ein wirklich ausgezeichnetes Hotel... Neutral, teuer und wie es sich der und jener wünschen würde, und dabei bin ich schamlos genug, zu verbreiten, daß ich in Spanien reise.«

Was sich in des Dichters Erinnerung gelegentlich dieser Reise einprägte, zu der er in erster Linie aufgebrochen war, um die von El Greco gemalten Landschaften zu sehen, hielt er in seiner *Spanischen Trilogie* fest, deren letzter Teil deutlich die Gegend um Ronda wiedergibt:

Daß mir doch, wenn ich wieder der Städte Gedräng
und verwickelten Lärmknäul und die
Wirrsal des Fahrzeugs um mich habe, einzeln,
daß mir doch über das dichte Getrieb
Himmel erinnerte und der erdige Bergrand,
den von drüben heimwärts die Herde betrat.
Steinig sei mir zu Mut
und das Tagwerk des Hirten scheine mir möglich,
wie er einhergeht und bräunt und mit messendem Steinwurf
seine Herde besäumt, wo sie sich ausfranst.

Andächtig pilgern die Rilke-Verehrer nun zum Reina Victoria, wo er direkt unter dem Dach das kleine Zimmer 34 bewohnte – das nach mehrmaliger Erweiterung des Gebäudes zum Zimmer 208 wurde. Lange Zeit war das eine Abstellkammer, in der sich Bauschutt türmte. Doch weil immer wieder Besucher danach verlangten, Rilkes Zimmer besichtigen zu können, hat sich die nunmehrige Geschäftsführung des Hotels dazu entschlossen, die Kemenate in den Zustand zu versetzen, wie sie damals ausgesehen haben mag, sowie dort noch vorhandene Relikte auszustellen, die an diesen Gast erinnern. So liegt etwa die Hotelrechnung – in englischer Sprache abgefaßt – für die Woche vom 29. Januar bis zum 2. Februar 1913 vor, der wir entnehmen können, daß Rilke jeden Tag die exakt gleichen Ausgaben tätigte: Vollpension (17,50 Peseten), Mineralwasser (1,50 Peseten), Kaffee oder Tee (0,50 Pesten), Zimmerbeheizung (1,50 Peseten)... Die Rubrik allerdings, in welche der Preis für die Benutzung des Badezimmers einzutragen war, blieb stets leer.

Rilke soll in dieser Unterkunft den Koran studiert und Zweifel an der Überlegenheit des Christentums gehegt haben. Das erschiene durchaus logisch. Wer Ronda besucht, streift durch uraltes menschliches Siedlungsgebiet. Im bergigen Umland der Stadt befindet sich die Höhle von La Pileta, in der zum Teil 20 000 Jahre alte Höhlenmalereien gefunden wurden. In dieser Umgebung setzten sich Iberer, Kelten, Phönizier, Karthager, Römer, Westgoten und Byzantiner fest. Doch das Ronda, wie es der Reisende jetzt vorfindet, ist vor allem ein Werk von Muslimen. Überall in La Ciudad – der Altstadt – ist das maurische Erbe gegenwärtig: Die mit kunstvoll bemalten Fliesen gekachelten Innenhöfe der niedrigen, nach außen hin eher unscheinbaren, ihr wahres Wesen erst im inneren Kern entfaltenden Häuser, die blauen Blumentöpfe – diese Farbe wehrt nach maurischem Aberglauben die bösen Geister ab –, der Pfefferminztee aus *hierba buena*, dem guten Kraut, der hier ebenso zum Alltag gehört wie im nahen Marokko. Max Frisch, der Schweizer, dessen Thema die ganze Welt war, läßt in seinem Stück *Don Juan oder Die Liebe zur Geometrie* einen Bischof schwärmen:

»Was doch die alten Mauren, die solche Gärten bauten, für ein Talent besaßen, mit der Haut zu leben. All diese Höfe, Durchblick um Durchblick, die Fluchten voll traulicher Kühle, und die Stille darin wird nicht zum Grab, sie bleibt voll Geheimnis der verblauenden Ferne hinter zierlichen Gittern, man wandelt und labt sich am Schatten, aber die Kühle bleibt heiter vom milden Spiegelschein einer besonnten Mauer; wie witzvoll und zärtlich und ganz für die Haut ist alldies gemacht! Zu schweigen von den Wasserspielen; welche Kunst, die Schöpfung spielen zu lassen mit dem Instrument unsrer Sinne, welche Meisterschaft, das Vergängliche zu kosten, geistig zu werden bis zur Oberfläche, welche Kultur!«

Die Mauren erbauten eine der drei sich über den Río Guadalevin spannenden Brücken, die heute die beiden Teile der Stadt verbinden. Unten am Fluß zeugen die Ruinen der Bäder von der hohen Kultur der Mauren zu einer Zeit, als für einen spanischen

Christenmenschen das Baden noch als sündig und ung
galt. Der Legende nach pflegten die zivilisierten Mauren
allerdings mitunter eine handverlesene Schar ihrer Feinde zu einem Gelage in diese Stätte verfeinerter Lebensart einzuladen, um dann die Eingänge und Luftschächte verschließen und die Versammelten wohlerwogen verschmachten zu lassen. Doch das wird für Rilke wohl nicht der Beweggrund gewesen sein, das Bad im Reina Victoria nicht zu benutzen. Allerdings wissen wir auch nicht, ob dies ein Ausdruck von Kostenbewußtsein war. Dafür hat es womöglich schon damals einigen Anlaß gegeben. Nachdem Hemingway 1959 ein letztes Mal nach Ronda gekommen war, nannte er die Stadt eine »Wiege des Stierkampfs und Hochburg des Wuchers«.

Die zweitgenannte Eigenschaft gründet gewiß nicht zuletzt auf der erstgenannten, die wiederum einer der Hauptgründe dafür ist, daß der Besucherstrom nie versiegt. Die Stadt füllt sich vormittags, wenn die Reisebusse ihre Ladungen ausspeien, aber sie leert sich wieder gegen Sonnenuntergang. Dann ist Ronda frei und offen für jene, die wissen, warum sie hierher gekommen sind. Bei denen scheint es sich in der Hauptsache um Angehörige von drei Gruppen zu handeln – Überschneidungen und Doppelbegabungen sind keineswegs ausgeschlossen: Da gibt es einmal soignierte Damen auf historischer und/oder literarischer Spurensuche – unter denen wiederum britische Ladies das Hauptkontingent stellen; zweitens individualistisch geprägte, behutsam Vazierende in amourösen Angelegenheiten; sowie, drittens, Befallene vom Bazillus der Stierfechtkunst.

Die Spurensucher können sich hier auf die Fährten literarischer Figuren setzen, deren Schöpfer, so weit wir das wissen, in der Realität nie bis Ronda gelangt sind. Das gilt zum Beispiel für James Joyce, der sich um 1920 wohl in Triest oder Paris aufhielt, als er die letzten Seiten des *Ulysses* zu Papier brachte und die Traumerscheinung von Molly Bloom niederschrieb, in der sie sich selbst als junges Mädchen auf dem Weg nach Gibraltar sieht:

»…und Ronda mit den alten Fenstern der posadas hinterm Gitter zweier Augen Glanz für ihren Liebhaber daß er das Eisen küßt und die Weinhandlungen die immer halb offen hatten nachts und die Kastagnetten…«

Wir erkennen: Die Idee, forcierte Flirts in dieser Umgebung anzuberaumen, ist keineswegs neu. Oder sollte Joyce den Hinweis, den Hemingway – siehe oben – später niederschrieb, womöglich schon vorweg von diesem erhalten haben? Die Herren waren einander zur fraglichen Zeit nachweislich des öfteren in Paris begegnet. Und unrealistisch ist es keineswegs, Molly Bloom ausgerechnet in Ronda auftauchen zu lassen: Am Rande der Stadt verläuft eine der traditionsreichsten Bahnlinien Spaniens – jene zur Hafenstadt Algeciras an der Meerenge von Gibraltar, nächst der gleichnamigen britischen Enklave. Allein schon dieser Umstand erklärt die seit langer Zeit starke britische Präsenz in Ronda.

Historisch belegt ist der – von ihrer geographischen und strategischen Lage begründete – Ruf der Stadt, eine Festung für Schmuggler und Banditen gewesen zu sein. In seinem Buch *Das Gesicht Spaniens* schrieb der Brite Gerald Brenan, den wir in den Alpujarras kennenlernen werden, noch im Jahr 1949: »Während der letzten Tage haben wir viel über die Banditen in der Sierra de Ronda gehört. Von ihren Höhlen und Schlupfwinkeln aus kontrollieren sie große Gebiete, auch viele Dörfer. Die ganze *serranía* ist von Polizei abgeriegelt; die Polizisten sind jedoch nicht sehr versessen darauf, ihr Leben zu riskieren, indem sie die Banditen angreifen. Die Banditen ihrerseits verhalten sich ruhig und geben nur wenige Beweise ihrer Existenz. Hin und wieder entführen sie einen reichen Mann, um Lösegeld zu erpressen, mit dem sie ihre Lebensmittelvorräte auffüllen.«

Ungefähr so hat man sich wohl das Milieu vorzustellen, aus dem die real existierende Carmen stammte, die Prosper Mérimée zu seiner 1845 erstmals veröffentlichten Novelle über eine in der Zigarrenfabrik von Sevilla arbeitende Zigeunerin und einem baskischen Dragonerkorporal inspirierte. Dieses Werk wiederum wurde zur Grundlage für Bizets Oper. Mündet die Geschichte doch in die gemeinsame Flucht des ungleichen Paares zur Sippe der jungen Frau in einen Ort in den Bergen, wo der Soldat notgedrungen zum Schmuggler und schließlich aus Eifersucht zum Mörder wird.

Die authentische Carmen allerdings spionierte laut örtlicher Legende während der Unabhängigkeitskriege bei den napoleonischen Truppen. Als Zigeunerin hatte sie leichter Zugang zu den Offizieren als ein herkömmliches spanisches Mädchen. Sie horchte die Franzosen aus und steckte den Rondeños die Pläne der Besatzer. Nach dem Abzug der Truppen wurde die Gitana als Lokalheldin gefeiert. Zuletzt hat ihr Francesco Rosi ein Denkmal gesetzt, als er 1983 vor der Kulisse von Ronda seinen Carmen-Film drehte.

Durch die Gassen der Altstadt flanierend, werden wir einer anderen Tradition Rondas gewahr: Die Heimat besonders kunstfertiger Schreiner zu sein. Allerorten stoßen wir unter den Arkaden auf verwinkelte Gewölbe mit einschlägigen Werkstätten und Läden, in denen allerlei Holzarbeiten angeboten werden: Wuchtige Haustore, die mit handgeschmiedeten Nägeln beschlagen sind, daneben ein sorgfältig restaurierter Sekretär oder eine antiquarische Kommode und vor allem rustikale Stühle – die Spezialität der Schreiner von Ronda, die wohl wissen, was ihre Arbeit wert ist. Ein vertrauenswürdiger Gewährsmann hat uns von seinem Versuch berichtet, sich hierorts bestuhlen zu lassen. Zuerst handelte er den Preis für zwei neu anzufertigende Sitzmöbel aus. Dann stellte er eine Aufstockung der Order auf vier Exemplare in Aussicht und fragte, wie sich das auf den Gesamtpreis niederschlagen würde. Zu seiner Verblüffung wurde ihm daraufhin aber nicht eine günstigere Summe, sondern ein erhöhter Stückpreis genannt. »Ist doch klar«, begründete der Handwerker seine Forderung, »an vier Stühlen muß ich ja viel länger arbeiten als an zwei.«

Solche Logik bestimme weithin den geschäftlichen Umgang der Einheimischen mit fremden Besuchern, haben uns Ortskundige schon vorweg gewarnt. Tatsächlich ist es uns trotz mehrerer Anläufe nicht gelungen, die diesen Aspekt betreffende – schon zitierte – Einschätzung Hemingways zu widerlegen, wonach der Wucher da Heimatrecht besitze. Vielleicht hat man – im Gegensatz zu Rilke – nach dem Erzähler aus den USA deshalb in Ronda noch keine Straße benannt. Zu Lebzeiten wurde er zwar von den Stadtvätern mit der einen oder anderen Ehrung bedacht, die sich werbewirksam ausschlachten ließ. Aber man ist hier insbesondere über jene Abschnitte in den Werken des Romanciers nicht glücklich, in denen mutmaßlich wahre Begebenheiten festgehalten werden, an die sich in Ronda gewöhnlich niemand erinnern will. Im Bürgerkrieg, 1936, sollen 512 Bürger der Stadt die Felswand hinab in den Fluß gestürzt worden sein – wovon die Partisanin Pilar in *Wem die Stunde schlägt* erzählt:

»... Und sie führten Don Faustino durch die Reihen, hielten ihn an beiden Armen fest, hielten ihn aufrecht im Gehen, und er hatte die Hände vor den Augen. Aber er muß zwischen den Fingern hindurchgeschielt haben, denn als sie mit ihm an den Rand

Die Brücke über den Río Guadalevin, erbaut 1793

der Klippe kamen, sank er wieder in die Knie, warf sich hin, wühlte die Finger in die Erde und umkrampfte das Gras und sagte: ›Nein. Nein. Nein. Bitte. Nein. Bitte. Bitte. Nein. Nein.‹

Die Bauern, die bei ihm waren und die anderen, die harten Burschen am Ende der Reihen, hockten sich schnell hinter ihn, wie er so dakniete, und versetzten ihm einen heftigen Stoß, und er schoß über den Rand des Felsens, ohne daß sie ihn auch nur ein einziges Mal geschlagen hatten, und man hörte ihn im Fallen laut schreien, mit gellender Stimme. Und jetzt wußte ich, daß die Männer in den Reihen grausam geworden waren.«

Diese Schilderung trägt nicht unwesentlich zu dem leichten Schwindelgefühl des Passanten bei, der die Puente Nuevo überquert, die gut einhundert Meter über dem Río Guadalevin die beiden Felsen verbindet, auf denen Ronda erbaut wurde. Bis ins achtzehnte Jahrhundert führten die einzigen Wege über die tief unten in der Schlucht angelegte römische und die maurische Brücke. Die erste Version des neuen Bauwerks hielt gerade fünf Jahre lang. Dann wurde der Architekt José Martín de Aldehuela beauftragt, endlich etwas für die Ewigkeit zu schaffen. Die dreibogige Steinkonstruktion brach indes immer wieder in sich zusammen – bis eines Tages, so besagt es wenigstens die Legende, der Baumeister Aldehuela in die Tiefe stürzte. Seither hält die Brücke – seit 1793. Der Blick schweift von da weit hinaus in die Ebene tief unter der Stadt, hin zu den dahinter hoch und zerklüftet aufragenden, bis in den Frühling hinein schneebedeckten Gebirgszügen der Sierra, von der das Wasser kommt, das die Quellen noch an der Atlantikküste speist. Max Frisch hat in seiner *Don Juan*-Version das Bild mit Worten nachgezeichnet:

»Da vorn in den Arkaden, wo man die Schlucht von Ronda sieht, die letzte Sonne in den glühenden Astern, rot und violett, dazu die blaue Kühle im Tal, das schon im Schatten liegt, ich denke es jedesmal: Es ist ein Paradies, was euch zu Füßen liegt.«

Wasser heißt Wohlstand, und wie es um den von altersher jeweils bestellt ist, läßt sich in Andalusien traditionell an der Beschaffenheit der Stierkampfarena einer Stadt ablesen. Nirgendwo sonst steht dieses Bauwerk an derart zentraler Stelle wie in Ronda: Eine von einer kreisförmigen Mauer umschlossene, überwiegend aus Holz errichtete zweistöckige Tribünenkonstruktion, zu der man durch ein barockes Portal gelangt – eröffnet am 19. Mai 1785. Damit gilt sie zumindest aus örtlicher Sicht als die älteste noch erhaltene Plaza de toros Spaniens – was allerdings an einigen anderen Orten in Zweifel gezogen wird. Gewiß aber zählt sie in ihrer schlichten Ursprünglichkeit zu den architektonisch reizvollsten des Landes. Einmal im Jahr, jeweils am 9. September, findet in Ronda eine Corrida Goyesca statt, bei der die Toreros in der Tracht ihrer Vorgänger aus dem 18. Jahrhundert in die Arena treten – eine Huldigung an die Schöpfer der nunmehrigen Form des Stierkampfs: Der Romeros, der aus Ronda stammenden ersten großen Torero-Dynastie. Bis zu ihrem Auftreten war die Stierhatz zu Pferde in der von König Felipe II. begründeten Real Maestranza – der königlichen Reitschule – ein Privileg der Edelleute. Als an einem Nachmittag ein solcher nobler Reiter zu Fall kam, sprang ein einfacher Handwerker namens Francisco Romero in die Arena, um mit seinem breitkrempigen Hut den Stier von dem Gestürzten abzulenken.

An die Stelle des Hutes traten die *capa* und die *muleta*, an jene der *caballeros* traten einfache Männer, die es durch Mut und Geschick zu Ruhm und Vermögen bringen konnten. Franciscos Enkel Pedro Romero (1754–1839) war es, der einen bis heute verbindlichen Kodex formulierte, der mit den Worten beginnt: »Ein Feigling ist kein Mann« – und der vom Matador die letzte Konsequenz verlangt: »Bevor er wegrennt, muß der Fechter töten oder sterben.«

Pedro Romero erledigte während seiner langen Karriere angeblich 5558 Stiere, ohne selbst ein einziges Mal verletzt worden zu sein, um schließlich 80-jährig zu sterben. Im Grunde war er in

Pedro Romero (1795–1798), Gemälde von Francisco José de Goya

einem absolut buchstäblichen Sinn das Vorbild für alle nachgeborenen Toreros. Diese Ansicht vertritt der umfassend gebildete Weltbürger Carlos Fuentes in *Der vergrabene Spiegel*, seinem monumentalen Essay über *Die Geschichte der hispanischen Welt:*

»Wie immer das Gesicht des Matadors an diesem Nachmittag aussehen mag, man erinnert sich stets an den Inbegriff des Stierkämpfers, Pedro Romero, wie Goya ihn gemalt hat. Das Porträt zeigt Romero mit edlen Gesichtszügen, entschlossenem Kinn, straffen Wangen... Aber im Mittelpunkt der Aufmerksamkeit stehen die Augen, voller Tatkraft und Zartheit... Das ganze Gemälde vermittelt einen erstaunlichen Eindruck von Gelassenheit und männlicher Schönheit, von der man ahnt und befürchtet, daß der Maler sein Modell darum beneidet. Als Pedro Romero von Goya gemalt wurde, war er vierzig Jahre alt. Romero begann den modernen Stierkampf in der Arena von Ronda...«

Das unter den Tribünen der Plaza de toros dieser Stadt untergebrachte Stierkampfmuseum ist eines des mannigfaltigsten Spaniens. Stiche, Gemälde und Fotos dokumentieren die Entwicklung der *tauromaquia* bis in die Gegenwart. An den Wänden hängen die präparierten Köpfe von Stieren, die sich in der Arena besonders ausgezeichnet haben. In Vitrinen sind Reliquien ausgestellt, die an die berühmtesten Toreros der Geschichte des Stierkampfs erinnern: die letzte vom großen Juan Belmonte benützte *capa*, die schwarze *traje de luz*, die der nicht minder große Joselito zum Zeichen der Trauer um seine Mutter trug, eine goldbestickte Jacke von Manolete... Allen wahrhaft Bedeutenden der Zunft wird hier gedacht – dies neben Zeugnissen der *afición* hochgeschätzter Dichter und anderer Künstler für den Stierkampf, der ein immer wiederkehrendes Motiv etwa in den Werken von Pablo Picasso war. Doch das ist ein eigenes Kapitel, das wir noch als solches behandeln werden.

Nicht zuletzt ist die Plaza mit ihrem Museum eine Kultstätte für die herausragendsten Matadores aus Ronda – jene aus den Dynastien der Romero und später dann der Ordóñez.

In die Außenwand eingelassen finden wir ein Relief mit dem Bildnis von Cayetano Ordóñez, der sich Niño de la Palma nannte. Sein Zeitgenosse Federico García Lorca, der bedeutendste andalusische Dichter des letzten Jahrhunderts – er wird uns durch seine Heimatstadt Granada geleiten – läßt einen der Protagonisten in der volkstümlichen Romanze *Mariana Pineda* über diesen Torero schwärmen:

Bei dem allergrößten Stierkampf,
je gesehn im alten Ronda,
waren fünf pechschwarze Stiere,
hatten Zeichen – grün und schwarz.
...
Als der große Cayetano
nun den gelben Sand durchschritt,
apfelfarben angezogen,
Silber-, Seidenstickereien,
und sich stattlich so hervorhob
aus den ganzen Stierkampfleuten,
angesichts der schwarzen Stiere,
die wir hier in Spanien züchten,
schien es, daß der Nachmittag
gar noch brauner ward als braun.
Hättet ihr gesehn, mit welcher
Anmut er die Beine setzte!
Hatte der ein Gleichgewicht
mit der Capa, der Muleta!

Besser noch als Pepe-Hillo,
wenn er mit den Stieren föchte!
Und er tötete fünf Stiere -
fünf! – mit grünen, schwarzen Zeichen.
Auf der Spitze seines Degens
ließ fünf Blüten er erblühen.
...
Nachmittag und die Arena,
beide bebten stark und heftig,
dem Geruch des Blutes mischte
sich der Berge Wohlgeruch

Eben dieser Torero diente auch Hemingway als Vorlage für den jungen Stierkämpfer in *Fiesta*. In *Tod am Nachmittag* schrieb er dann über Cayetano Ordóñez:

»...Er war ein wunderbarer Matador mit großem künstlerischen und dramatischen Sinn für eine faena, aber er war nie wieder er selbst, nachdem er festgestellt hatte, daß die Stiere unvermeidlicherweise Perioden im Krankenhaus und möglicherweise den Tod in ihren Hörnern tragen und nicht nur 5000-Peseten-Scheine auf ihrem Widerrist. Er wollte die Scheine haben, aber er mochte sich nicht den Hörnern nähern, um sie einzusammeln, als er sich des Risikos bewußt wurde, das in den Spitzen der Hörner steckte. Der Mut hat einen so kurzen Weg zu machen – vom Herzen bis zum Kopf; aber wenn er einen verläßt, weiß niemand, wie weit weg er gehen wird – in einen Bluterguß vielleicht oder in eine Frau, und wenn er fort ist, ist es schlimm, von Beruf Stierkämpfer zu sein, ganz gleich, wo er hin ist...«

Im Stierkampfmuseum wird das Taufkleid von Cayetanos Sohn Antonio Ordóñez aufbewahrt – mit seinem Schwager Luis Miguel Dominguín lieferte er sich jenen erbitterten Konkurrenzkampf um den ersten Rang in der Hierarchie der Stierkämpfer, der 1959 über Monate hinweg beinahe jeden Tag in einer anderen Arena Spaniens ausgetragen wurde und den Hemingway, der mit den Toreros kreuz und quer durch das Land reiste, in *Gefährlicher Sommer* beschrieben hat. Darauf kommen wir im letzten Kapitel ausführlich zurück.

Bilddokumente aus dieser Zeit sind in Ronda allerorten zu sehen – in den Schaufenstern diverser Läden ebenso wie in den Restaurants, deren Wände meist mit Stierkampf-Fotos tapeziert sind. Darunter immer wieder Aufnahmen, die Antonio Ordóñez

Ernest Hemingway mit Antonio Ordóñez (rechts)

mit seinen berühmten Freunden aus den USA zeigen – mit Hemingway und nicht minder häufig mit Orson Welles, der etliche Jahre seines Lebens überwiegend in Spanien verbracht, sowie hier zahlreiche ehrgeizige Filmprojekte begonnen hat, die allerdings überwiegend unvollendet blieben. Zudem war er ein wahrer *aficionado* – ein ebenso leidenschaftlicher wie kundiger Besucher von Stierkämpfen. Er verfügte testamentarisch, daß man ihn in Ronda beisetzen solle. So ist es geschehen. Die Urne mit der Asche von Welles ruht auf dem örtlichen Landgut von Antonio Ordóñez, der die letzten Jahrzehnte seines Lebens als Stierzüchter und *empresario* der Arena von Ronda zubrachte. Welchen Weg der Stierkampf inzwischen genommen hat, läßt sich nicht zuletzt am Beispiel seines Enkels Francisco Rivera Ordóñez beschreiben, der zwar gleichfalls als Matador auftritt, in der Hauptsache aber – befördert durch die Heirat mit einer Tochter der Herzogin von Alba, deren berühmteste Vorfahrin wir von den Maja-Gemälden Francisco Goyas kennen – eine schnöselige Klatschspaltenexistenz ist.

Aber gut, es ist ja auch unter den Besuchern von Ronda kaum noch jemand zu finden, der neben Hemingway oder Welles bestehen könnte – obwohl es hier noch manchen Ort gibt, der solchen Gästen angemessen erscheint. Gleich vis à vis der *puerta grande* der Stierkampfarena befindet sich ein solcher: ein Restaurant, das naturgemäß den Namen Pedro Romero führt und in dem schon – vorausgesetzt, die Fotos lügen nicht – die beiden eben genannten Herren des öfteren getafelt haben, wenn sie in der Stadt waren. Seither scheint in der gastlichen Stätte allenfalls manches behutsam erneuert, aber im Grunde nichts verändert worden zu sein. Auch da sind die Wände voller Stierkampfplakate, Stierkampffotos, präparierter Stierköpfe. Gediegen rustikal wie das Ambiente ist zudem, was auf den Tisch kommt – durchwegs eine Empfehlung für die traditionelle andalusische Küche, die auf allen Firlefanz verzichtet und auf die natürliche Qualität dessen baut, was an Fleisch und Fisch über den Herd geht. Das ist in Ronda – wie könnte es anders sein – vor allem *rabo de toro*. Stierschwanz also, der dann allerdings recht schwer im Magen liegt und danach verlangt, daß ihm eine andere andalusische Spezialität folgt: ein Brandy de Jerez.

Während die bauchigen Schwenker gefüllt werden, wird uns endlich bewußt, was exakt die Ursache dafür ist, daß der Kellner schon die ganze Zeit über unsere Aufmerksamkeit auf sich gezogen hatte: Seine Haltung, die Art seiner Bewegungen, der Stil seiner Gesten – alles an ihm erinnert auf verblüffende Weise daran, wie ein sich seiner Mission vollkommen bewußter Torero in der Arena in Erscheinung zu treten pflegt. Doch selbstverständlich tritt der Kellner zum Schluß dem Gast nicht mit erhobenem Degen gegenüber – er plaziert lediglich auf sehenswert elegante Weise die Rechnung.

Spätestens nun erscheint uns der Hinweis angebracht, wie bedeutsam es gerade in dieser Stadt ist, sie mit sorgfältig gewählter Begleitung aufzusuchen, um Hemingway in jeder Hinsicht folgen zu können, der zum Resümee fand: »Ronda hat alles, was man sich für einen derartigen Aufenthalt wünscht, romantische Szenerie, die man notfalls sehen kann, ohne das Hotel zu verlassen, wunderbare, kurze Spaziergänge, guten Wein, herrliche Fischgerichte, ein ausgezeichnetes Hotel, sozusagen nichts anderes zu tun...«

Kapitel 2

Das verborgene Paradies – Wüstes Land und verblichener Glanz zwischen Almería und den Alpujarras

Der Schein trügt: Christo kam nicht bis Almería. Es ist also mitnichten eines der umfänglichsten Werke des Verpakkungskünstlers, was vor allem im westlichen Teil dieser Provinz, gesäumt von kahlen, staubigen Gebirgszügen auf der einen und dem zwischen Blau- und Grüntönen changierenden Mittelmeer auf der anderen Seite, silbrig-grau in der Sonne glänzt, so weit das Auge reicht. Die Straße führt viele Kilometer lang vorbei an Gewächshäusern – insgesamt über zehntausend –, die schnell und billig aus Plastikplanen hingeschustert wurden. Auf mehr als 35 000 Hektar Boden die inzwischen weltweit größte Konzentration von Intensivpflanzungen zur Gemüseproduktion. Früher war der Landstrich karg und gab für seine Bewohner so gut wie nichts her. Nun ist er häßlich und das Zentrum eines üppig prosperierenden neuen Wohlstandes jener, die über ein wenig Land verfügen. Doch der Grad der Verunstaltung schwankt je nach Witterungslage. Die Spitzenwerte werden an stürmischen Tagen erreicht, wenn der Wind zerfetzte Planen-Fragmente vor sich her treibt, bis diese sich irgendwo verfangen, hängenbleiben und die noch frei flatternden Enden mit rasendem Stakkato ein peitschendes Geräusch erzeugen.

In die Literatur ist dieser Landstrich, soweit wir das feststellen konnten, nur ein einziges Mal kurz eingegangen: Juan Goytisolo, der in jungen Jahren zwei Bücher über Land und Leute an den extremsten Ecken der Provinz Almería geschrieben hat – wir sind gerade auf dem Weg zu diesen Orten und Werken –, erwähnt in seiner Biographie einen vergeblichen Versuch, in der Papierhandlung von El Ejido, die nebenbei auch für die Versorgung der einheimischen Bevölkerung mit Druckschriften zuständig ist, eines seiner Bücher zu finden. Man hatte in dem Laden noch nie von diesem Autor gehört. Diese Anekdote hat programmatischen Charakter.

Wohl aber wurde in den letzten Jahren die eine oder andere Reportage über die Kleinstadt veröffentlicht, die das urbane Zentrum des Westteils dieser Provinz ist. El Ejido hat traurige Berühmtheit erlangt, als einheimischer Pöbel – mit der unverhohlenen Duldung der örtlichen Honoratioren, ja, beinahe kann man sagen: angestiftet vom Bürgermeister und der Polizei – im Frühjahr 2000 eine Pogromstimmung entfachte gegen jene, von deren Hände Arbeit sie nun prächtig leben: Den häufig illegalen Tagelöhnern aus Marokko, die in den Gewächshäusern schuften. Es gilt die Faustregel: Pro Hektar unter Plastik gelegte Anbaufläche werden etwa 160 Tonnen Tomaten geerntet – und dafür reicht die Arbeitskraft eines Moro. So werden sie hier genannt, die Nachkommen der Mauren, die Andalusien erst so recht in eine Kulturlandschaft verwandelt haben.

Nun hausen die Moros meist völlig isoliert von den Einheimischen in den Ruinen aufgegebener Bauernkaten oben in den Hügeln oder in selbst gezimmerten Verschlägen irgendwo zwischen den Gewächshäusern – ohne Wasser, ohne Elektrizität: Sklaven faktisch, die nur ihre billige Arbeitskraft abzuliefern haben und ansonsten womöglich nicht in Erscheinung treten sollen. Als dann eines Tages einer von ihnen, von dem es heißt, er sei geistesgestört, sich an einem einheimischen Mädchen verging, wurden die Marokkaner allesamt tagelang gejagt wie räudige Hunde. Als schließlich diese Tatsachen in einem Lehrbuch für die Lehrerausbildung in Andalusien erörtert wurden, verlangte der Bürgermeister von El Ejido von der Landesregierung, gegen solchen Frevel einzuschreiten.

Noch 1970 war Almería die ärmste der fünfzig spanischen Provinzen, nun liegt sie im oberen Mittelfeld. Diesen Aufstieg bewirkte vor allem die Gegend um El Ejido – inzwischen eine der ökonomisch potentesten Gemeinden Andalusiens. Ständig werden neue Bankfilialen errichtet und Läden eröffnet für Unterhaltungselektronik und Marken-Bekleidung, Mobiltelefone und

Fahrzeuge der gehobenen Preisklasse. Eine Buchhandlung, die dieser Bezeichnung halbwegs würdig wäre, existiert allerdings noch immer nicht. Die Kleinstadt zeigt die häßliche Fratze neureicher Barbarei – ein Gesicht somit, das unvereinbar erschien mit einem Land, das immer als offen galt für durchziehende oder da sich niederlassende Fremde – und dessen angestammte Bewohner über lange Zeit zu einem nicht geringen Teil selbst dazu gezwungen waren, mit dem Bauch hinter dem Brot herzuziehen, also als Arbeitsemigranten auszuwandern in den Norden Spaniens, in die fernen Länder jenseits der Pyrenäen und noch früher über den Atlantik in die Neue Welt.

Allerdings gibt es Anlaß zu zögern, die um Almería vorherrschende Realität überhaupt als eine Facette Andalusiens zu bezeichnen. Wenn wir im vorangegangenen Kapitel erklärt haben, wer seine Reise durch dieses Land in der Provinz Málaga beginnt, tue dies – als Folge der touristischen Entwicklung – in der unandalusischsten Ecke, so erscheint nun eine weitere Klärung nötig. Die Provinz Almería war stets, wenn überhaupt ein Teil, dann nur der hinterste Abschnitt Andalusiens – eine Art Refugium der Abgedrängten, unter denen viele seit jeher einsilbiger, dumpfer, verrohter waren als die meisten Bewohner der kulturellen Zentren des spanischen Südens. Dies teilt sich schon darin mit, wie die Almerienser sprechen – eintöniger, härter, ärmer im Wortschatz, als man dies von Andalusiern gewohnt ist. Dies wiederum kann als sinnfälliger Ausdruck der zur Betrachtung anstehenden Landschaft gelten, die man so einordnen könnte: Hier beginnt sich Andalusien in einer noch gänzlich archaischen Form aus dem Meer zu erheben, um dann nach Westen hin stetig eine harmonischere Gestalt anzunehmen.

Was indes passiert, wenn der Fortschritt in seiner gegenwärtigen Erscheinungsform in einen solchen Landstrich eindringt, hat Europas gegenwärtig herausragendster literarischer Reporter beschrieben. Der Niederländer Cees Nooteboom also, der von der Redaktion des Madrider Weltblattes *El País* ausgesandt wurde, um zu erkunden, wie sich Spanien in den ersten fünfundzwanzig Jahren seit dem Ende des Siechtums der Franco-Diktatur verändert hat:

»Von Puerto Lumbreras nach Almería. Landschaften zwischen Wüste und Fruchtbarkeit, kahle, scharfe Hügel, Land, weit und geduldig. Dann wieder Ausläufer der Sierra, Felswände in verschiedenen Farben, in die Gesteine die Geschichte ihrer Herkunft geschrieben haben. Diesmal bin ich aber nicht der Natur wegen hier, sondern wegen der Zeichen der Zeit, auch der ephemeren: Whisky, der zum Mittagessen in großen Gläsern mit Eis als Symbol des neuen, kosmopolitischen Wohlstands bei Tisch erscheint. 158 Millionen im Jahr 2000 in Spanien verkaufte Flaschen Scotch, 5 Prozent mehr als 1999. Damit ist Spanien zum größten Whiskykonsumenten der Welt geworden. Schlagzeile in *La Voz de Almería*: Versuch, ein Mädchen in verschiedenen Vergnügungslokalen zu verkaufen. Es geht um eine Bande Litauer, die eine Landsmännin für 1500 Dollar zu verkaufen versuchten. Und das in Níjar. Litauische Verbrecher, auch das ist neu. Gleichgeblieben sind dagegen die Mondlandschaften, wie beschrieben in Juan Goytisolos *Campos de Níjar*, aber hier und da zeigt sich auch der weiße Plastikschimmer von etwas, das von weitem wie ein großes Kondom aussieht und unter dem das Obst für Europa angebaut wird.«

Den Wendezeichen der Zeit nach Franco ausgerechnet hier nachzuspüren, hat gewiß einen besonderen Reiz: Für den Diktator war das eine Gegend, wo ihm die Verhältnisse eigentlich als ideal für ganz Spanien erschienen – doch wenn jemand aus seiner Gefolgschaft sein Mißfallen erregt hatte, so pflegte er diese Person nach Almería verbannen zu lassen.

Eine Ambivalenz ganz anderer Art weckte die östlichste Provinz Andalusiens während der bleiernen Franco-Zeit bei den jungen intellektuellen Oppositionellen, die häufig aus einer kultivierten städtischen Umgebung des schon damals relativ reichen spanischen Nordens kamen – wie der auch von Nooteboom eben schon angesprochene Juan Goytisolo. Er war in einer teils baskischen, teils katalanischen, vor allem aber extrem konservativen Bürgerfamilie in Barcelona aufgewachsen. Schon als Schüler wandte er sich der Literatur und dann als Student der Linken zu. Beides legte ihm die Emigration nach Paris nahe. Doch Goytisolo mußte zuvor in Spanien seinen Militärdienst ableisten. Dabei kam der Sohn aus gutem Hause erstmals in Kontakt mit jungen Andalusiern, die vor der Misere in ihrer Heimat nach Katalonien emigriert waren – das Zentrum vor allem der Textilindustrie Spaniens –, um dort in den Quartieren der Deklassierten zu landen. Goytisolo beschloß, das ihm damals noch völlig fremde Land im Süden kennenzulernen, aus dem diese Leute dorthin zogen, wo ihm sein eigenes – vergleichsweise privilegiertes – Leben ziemlich unerträglich erschien. In *Jagdverbot*, dem Erinnerungsbuch über *Eine spanische Jugend*, beschreibt der Autor seine Ende der Fünfzigerjahre erfolgte Annäherung an Almería:

»Reinigungsbad, epiphanische Blendung: Überschneidung flüchtiger Bilder, visueller Strudel, expansive Glückseligkeit: schwerfälliges, umständliches Bemühen, die reißende Flut unbeweglicher Bilder in eine verschleierte Ordnung zu bringen, heftige Verwerfung der Schichten, nackte und reine Kreideböden, Erosionen, die die einer langsamen, tausendjährigen Tortur ausgesetzten Ockerfelsen aushöhlen; durstige Schluchten, kümmerliche Oleander, knausrige Vegetation, Allgegenwart der Sonne. Licht, das zu vibrieren und dichter zu werden scheint, während der Autobus sich auf dem bleifarbenen Teer der Landstraße abmüht. Zu Boden gedrückte Hütten, glänzendes Firmament, unterdrückte, kurzlebige Versuche von Grün; sich einprägendes Gefühl von Schönheit und Elend, grausame, ärmliche Existenz, schäbige Mineralpracht: kraftlose Ruhe der Berge mit mageren Kuppen, steilen und zerklüfteten Rückseiten, die Stirn von der launenhaften Palette eines Malers geschmückt; Hauteruptionen, rötliche Verletzungen, gewundene Schmarren, weißliche Narben. Trostlosigkeit, Harschheit, Pracht, zersetzender Schmerz, durchsichtige Fülle: instinktive spontane Zuneigung zu einer verwaisten, prachtvollen Landschaft, deutliches Aufsteigen einer endlich angenommenen Identität, stechendes Erkennen des dir bestimmten Raums: Affinität, Unmittelbarkeit, Deckungsgleichheit mit einer fast afrikanischen Erde, die der Reise die Initiationsaura einer zweiten, verzögerten Geburt verleiht.

Bitter wie Galle: so definiert der junge Bursche, der neben euch im Sand liegt, seine engere Heimat, während er mit einer Armbewegung die schroffe, verbrannte Landschaft, den unter dem Hitzenebel verschwommenen Strand, das weiße, schmucklose, in eine abgrundtiefe Lethargie getauchte Dorf umfaßt: ausgeplünderte und ausgeblutete Erde, aufgegebene Bergwerke, verfallene Schornsteine, schwärzliches Übermaß an Schlacken; Zeugnisse einer euphorischen Vergangenheit, die durch den Kontrast den traurigen Eindruck der Ärmlichkeit noch verstärken. Horizontale Lebensräume, Höhlenöffnungen, Kalkdürre, atavistisches Beharrungsvermögen, Frauen in Trauer, vorzeitig verbraucht, die mit Krügen zur Wasserstelle gehen; traumwandelnde Bauern, Maultiergespanne, schweigende und traurige Männer, in den Frieden eines Schattenplatzes geflüchtet; keine Veränderung und keine Hoffnung auf Veränderung; Einsamkeit,

Wiederholung, Monotonie, Lust zu fliehen, den Staub von den Sohlen der Schuhe abzuschütteln: nach Madrid, Barcelona, Frankreich zu emigrieren, wohin auch immer: zum Preis einer Autobusfahrkarte und im Bündel, als einziges Erbe, ihr fürchterliches Urteil, aber auch ihre Hoffnung.«

Gibt es Anzeichen von Veränderung, Anlaß für Hoffnung? Es gibt den beinamputierten Loseverkäufer der Blindenlotterie, die in der Tat ein landesweit, ja längst international ihre Gewinne mitunter auch in zwielichtige Unternehmen investierender Konzern ist. Es gibt die Niederlassung der gesamtstaatlichen Behörde, welche die Arbeitslosigkeit verwaltet. Es gibt einen von den Behörden eingerichteten Treffpunkt für die Alten, die nun tatsächlich jeden Monat mit einer Rente rechnen können. Dazu eine Niederlassung des öffentlichen Gesundheitswesens. Der Sozialstaat, mit allen Vorzügen und Verwerfungen kopiert von Modellen aus dem Norden Europas, ist eine der bleibenden Hinterlassenschaften jener sozialdemokratischen Ära, die in Spanien bald nach Franco folgte. Sie hat die Brückenköpfe ihres Bemühens, der Cholera und den Cholerikern das Wasser abzugraben, ohne dabei die Nostalgiker der alten Ordnung zu verschrecken, bis in die hintersten Landesteile gesetzt – bis hin zur Provinz Almería. Selbst bis zu den Campos de Níjar, die Goytisolo bereiste – die Gegend im Nordosten der Provinzhauptstadt somit, wo die Landzunge des Cabo de Gata ins Mittelmeer hinausleckt: eine Ansammlung malerischer Buchten, teils mit schwarzem Basaltgestein bedeckt – doch dann ist wiederum zwischen steil abfallenden Felsklippen ein nahezu gänzlich unberührter Sandstrand zu finden. Fraglos handelt es sich um Reste eines in vorgeschichtlicher Zeit im Meer versunkenen Vulkans und damit schon von Natur aus nicht um eine der Landschaften, die herkömmlichen Massentourismus anlocken: Eine von herber, stets ein wenig fatalistische Melancholie anklingen lassenden Schönheit, die gefeit ist vor dem banalen Zug der Lieblichkeit. Es waren stets Reisende der anderen Art, die diese Region als Geheimtip handelten, aufgegebene Bauernkaten zu Fluchtburgen für Intellektuelle umgestalteten und nackt an einsamen Stränden lagen, als derlei für Einheimische noch ein ungeheuerlicher Frevel war. Dies alles hat sich unterdessen ausreichend herumgesprochen, um eine mehr oder weniger alternative Urlaubskulisse hervorzubringen. In San José, dem alten Fischerdorf, gibt es kaum einen Schuppen, der noch nicht in ein Restaurant oder eine Bar umgewandelt wurde. In Las Negras oder Los Escullos wachsen Hotels aus dem Boden – gedüngt nicht zuletzt vom Umstand, daß 28 000 Hektar der Cabo de Gata-Zone zum Nationalpark erklärt wurden. Derlei weckt stets die Aufmerksamkeit und stachelt dazu an, noch rasch etwas dorthin zu bauen, wo man hoffen kann, künftig nicht mehr mit vielen neuen Nachbarn rechnen zu müssen.

Vom Leuchtturm an der Spitze des Kaps schweift der Blick über die in den ebenen Küstenstreifen gegrabenen Becken der Salz-Salinen zum Inneren der Halbinsel, in deren Zentrum, gesäumt von den allerorten wuchernden Kaktushecken, die kubischen weißen Häuser von Níjar stehen – der Siedlung der von aller Welt vergessenen, den wenigen Großgrundbesitzern wie Leibeigene ausgelieferten Tagelöhner, der Ziegelbrenner und der Töpfer, deren archaisches Leben Goytisolo beobachtet und in der Hoffnung beschrieben hat, zu einer Veränderung der Verhältnisse beizutragen. In *Die Häutung der Schlange*, dem Erinnerungsbuch über *Ein Leben im Exil*, notierte er:

»Die Ästhetik des Südens prägt von nun an meine Streifzüge in diese Gegend und spiegelt im Gegenlicht eine innere Zerrissenheit, einen Bürgerkrieg zwischen dem Erlebnis der Schönheit und dem der Unterentwicklung: wie ich später bei einer meiner ersten Bemühungen um Klarheit begreife, kämpfen wir Intellektuellen, die wir nicht aus einem Stück sind, sondern aus verschiedenen, disparaten, antithetischen Wesenszügen bestehen, für eine Welt, die für uns wahrscheinlich unbewohnbar wäre.«

Wir sagten es schon: Der Sozialstaat hat Níjar erreicht und in seinem Gefolge der ökonomische Fortschritt, der Flagge zeigt in Form von Fernsehantennen und Spielautomaten. Die Zahl der achtlos irgendwo in der Landschaft abgestellten Autowracks übersteigt bereits jene der Ruinen aufgegebener Häuser, und die Plastikplanen der Gewächshäuser schimmern auch hier schon im Sonnenlicht. Die soziale Realität mag noch immer als randständig bezeichnet werden können, doch sie muß nicht mehr als eine Art Staatsgeheimnis behandelt werden wie vor wenigen Jahrzehnten, als Goytisolo sich in den Reihen der Parteigänger des Regimes den Ruf des zersetzenden Nestbeschmutzers einhandelte mit seinem Versuch, eine aufrüttelnde Form dokumentarischer Literatur zu schaffen:

»Die Niederschrift von *Campos de Níjar* schließt ein Kapitel meiner mit Spanien zusammenhängenden Erzählprosa ab. Mit äußerster Sorgfalt geschrieben, um die Klippen der Zensur zu umschiffen, ist es ein Buch, dessen Technik, Struktur und Einstellung vor allem durch die Zensur zu erklären sind: Gebrauch der Ellipse, der Gedankenassoziationen, der stillschweigenden Schlußfolgerungen, die zwar einem Publikum verborgen bleiben, das daran gewöhnt ist, sich frei zu äußern, nicht jedoch jenen, die lange Zeit die Fußschellen einer eisernen Zensur tragen mußten und, wie Blanco White scharfsinnig beobachtet, ›die Geschicklichkeit von Taubstummen erwerben, um sich mit Zeichen zu verständigen‹.«

Diese Bemerkung erinnert daran, daß in Francos Spanien nicht nur schwarze Listen der Bücher und Stücke bestanden, welche nicht in Buchhandlungen angeboten bzw. in Theatern aufgeführt werden durften – wie etwa jene von Federico García Lorca. Wenn sie ein Manuskript veröffentlichen wollten, mußten die Verlage des weiteren den Text zuvor der Zensurbehörde vorlegen und deren Genehmigung einholen. Zuständig war dafür das Ministerium für Information und Tourismus. Als Goytisolo in den fünfziger Jahren seinen Roman *Die Falschspieler* verlegen lassen wollte, stand dieser Behörde ein Minister namens Gabriel Arias Salgado vor – sein Sohn sollte zeitweilig der überwiegend aus Nachgeburten des Franquismo gebildeten gegenwärtigen spanischen Regierung der Partido Popular angehören –, »der bekannt war für seine Theorie, wonach Spanien, dank seiner besonnenen Führung, das Land mit der geringsten Anzahl zu ewigen Höllenqualen Verdammter sei«. Auch dies berichtet Goytisolo, der damals einen Fürsprecher mit Verbindungen zum Regime gefunden hatte, welcher sich direkt beim Minister für *Die Falschspieler* verwendete und bei dieser Gelegenheit aus dem Munde des Amtsinhabers erfuhr, nach welchen Kriterien geprüft wurde, ob ein Roman veröffentlichungswürdig sei. Nämlich dann, »wenn Mann und Frau, in einer rechtmäßig geschlossenen Ehe, einander das Buch, ohne zu erröten und vor allem, wie er betonte, ohne ›sich dabei zu erregen‹ vorlesen könnten.«

So komisch, wie die Angelegenheit aus heutiger Sicht wirkt, war sie aber für die davon Betroffenen keineswegs. Auf den Umstand zurückblickend, daß es ihm gelungen war, die *Campos de Níjar* an dieser Klippe vorbeizuschleusen, resümiert Goytisolo:

»Obgleich dies einen Triumph bedeutete, auf den ich damals stolz war, überzeugte mich eine spätere Überlegung davon, daß es sich hier um eine zweischneidige Waffe handelte oder, wenn man so will, um einen Pyrrhussieg. Um die Netze und Fallen der Zensur zu umgehen, hatte ich mich selber in einen Zensor verwandelt. Gezwungen, die Spielregeln zu beachten und im begrenzten Raum der Möglichkeiten zu operieren, hatte ich den Zerberussen des Regimes einen widerwärtigen Tribut gezahlt. Wie die Verteidiger dieser Strategie zu Recht bemerkten, war die Grenze zwischen dem Verbotenen und dem Tolerierten nicht starr oder ein für allemal festgelegt: der Zeitgeist, die Hartnäckigkeit der Schriftsteller, durch die Umstände bedingte Entwicklungen und Veränderungen erlaubten kleine Fortschritte, die die Öffnung lange Zeit eingefriedeter Räume ermöglichten. Teilerfolge zwar nur, die jedoch tröstlich waren. Dennoch erlegte diese Übung dem Schriftsteller eine grausame Selbstverstümmelung auf, deren verheerende Wirkungen sich später noch zeigen sollten: erzwungener Gehorsam gegenüber der herrschenden Norm, Angst vor eigenen Ideen, heimtückischer Konformismus, Niedergeschlagenheit, Sterilität. Wenn sich der Autor den Regeln der Zensur unterwirft, kann er nicht sicher sein, heil davonzukommen, er weiß nie, ob er später nicht die Zeichen seiner melancholischen Narben und Spuren behalten wird.«

Wahrscheinlich benannte Goytisolo mit diesen Worten eine wesentliche Ursache der Misere der spanischen Literatur der Franco-Ära, die weithin über diese hinaus bestehenblieb. Ausgenommen davon sind vor allem die Werke solcher Autoren, die das Exil vorzogen.

»Die Launen einer Frau provozierten eine Tragödie«

Welche vom Leben in der Gegend von Níjar geschriebenen Geschichten waren also zu erzählen? Das anschaulichste Drama war lange vor Goytisolos Reise an diesen Ort schon in die Weltliteratur eingegangen. Der Schauplatz ist durch eine Hinweistafel und – nichts ist phantastischer als die Wahrheit – die Reklametafel einer Versicherungsanstalt markiert: Ein verlassener, verfallender Gutshof, einsam auf weiter Flur am Weg von Níjar nach Cabo de Gata, der Cortijo del Fraile. Putz und Farbe blättern vom Mauerwerk, mit Brettern vernagelt sind Fenster und Türen – irgendwo klappert noch ein Fensterladen im Wind, der die Wedel

Der El Cortijo del Fraile, Schauplatz der Bluthochzeit

der alten Palme zaust. Was sich hier ereignete, wurde im *Diario de Almería* vom 25. Juli 1928 mit der Schlagzeile umrissen: »Die Launen einer Frau provozierten eine Tragödie, die einem Mann das Leben kostete.«

Diese Frau war die damals 24-jährige Francisca Cañadas Morales, die am 22. Juli 1928 Casimiro Pérez Pino heiraten sollte – den Schwager ihrer Schwester. Die Braut hinkte und hatte vorstehende Zähne – sie war als Kind von ihrem Vater zum Krüppel geschlagen worden. Aber ihr war eine stattliche Mitgift sicher – eine Art Wiedergutmachung des gewalttätigen Patriarchen. Um dieses Vermögen in der Familie zu behalten, hatte Franciscas Schwester Carmen die Verbindung mit Casimiro betrieben. Die Braut liebte allerdings einen anderen: ihren Jugendfreund Francisco Montes Cañadas. In der Nacht vor der anberaumten Hochzeit versuchte dieses Paar zu fliehen. Carmen und deren Mann José Pérez Pino lauerten ihnen indes auf. José erschoß den Nebenbuhler seines Bruders, Carmen strangulierte ihre Schwester und ließ sie dann als vermeintlich tot liegen. Francisca hatte allerdings überlebt – sie kehrte in den Cortijo zurück, weigerte sich aber, die Namen der Mörder preiszugeben. Diese drückte das Gewissen dann doch so sehr, daß sie sich der Polizei stellten. Die Familien der Cañadas, Montes und Morales lebten weiterhin in enger Nachbarschaft – ohne noch jemals ein Wort miteinander zu sprechen. Nach beinahe sechzigjähriger Trauer starb Francisca 1987 – sie ruht nun auf dem Friedhof von Níjar, nahe dem Grab ihres Geliebten.

Es ist anzunehmen, daß sie nie eine Aufführung der *Bluthochzeit* gesehen hat – das Drama, das Federico García Lorca über die Tragödie verfaßt hatte und das umgehend ein großer Erfolg wurde. Antonio Machado, ebenfalls Andalusier und damals Vorbild oder zumindest Orientierungspunkt für eine ganze Generation engagierter junger spanischer Dichter – davon wird uns Rafael Alberti im Sevilla-Kapitel berichten –, schrieb am 12. März 1933 an García Lorca: »Bis gestern abend hatte ich keine Gelegenheit, Ihre wunderbare Tragödie *Bodas de Sangre* zu sehen. Es hat mir große Genugtuung bereitet, meinen Applaus mit dem des ebenso zahlreichen wie enthusiastischen Publikums zu vereinen.«

Klein-Hollywood in der andalusischen Wüste

Der Cortijo del Fraile wiederum wurde Jahrzehnte später zur Kulisse, vor der Clint Eastwood in *Für eine Handvoll Dollar* (1964) agierte. Dies war freilich weniger auf das spektakuläre Verbrechen von Níjar zurückzuführen, als auf den Umstand, daß die Provinz Almería weithin den Eindruck erweckt, eine Expositur Afrikas auf europäischem Boden zu sein – mit der größten Wüste dieses Kontinents, die sich bei Tabernas landeinwärts zwischen bizarren, hoch aufragenden Felsformationen erstreckt und für die gleichfalls gilt, was Antoine de Saint-Exupéry auf der anderen Seite des Mittelmeeres entdeckte: »Die Schönheit der Wüste liegt darin, daß sie irgendwo Wasser versteckt hat.« Juan Goytisolo, der Simone de Beauvoir und andere Pariser Intellektuelle in diese Gegend führte, berichtet:

»Ich erinnere mich an meinen letzten Besuch in Almería im September 1960 … und an unsere zufällige Begegnung mit einer Gruppe französischer Cineasten und Schauspieler, die geblendet waren von der Schönheit der Landschaft und den künftigen Möglichkeiten, die sie bot: sie sprachen von Hotelkomplexen, von Studios auf Rädern, Einrichtungen, die einer neuen Cinecitta oder eines Mini-Hollywoods würdig gewesen wären. War das der Wechsel, die Veränderung, für die ich mich eingesetzt hatte? Konnten Wohlstand und Fortschritt von der Erlangung der Freiheit und der Gerechtigkeit getrennt werden?«

Tatsächlich waren in dieser Gegend schon seit dem Beginn

Die Wüstenlandschaft von Tabernas

der fünfziger Jahre einige Filme gedreht worden – doch in den Sechzigern wurde die Expositur Afrikas plötzlich zu einem Außenposten Hollywoods. Die monumentale Eindrücklichkeit der Wüstenlandschaft von Tabernas haben – ohne dies zu wissen – auf dem gesamten Planeten viele Millionen Menschen gesehen: in hier gedrehten Filmen wie *Cleopatra* oder *Lawrence von Arabien* – bis hin zu Antonionis *Beruf: Reporter*. Cinematografische Werke somit, wie sie inzwischen weltweit kaum noch produziert werden. Der letzte große Film wurde in Almería 1975 in Szene gesetzt: Richard Lesters *Drei Musketiere*. Vor Ort übrig geblieben sind nur die Kulissen, in denen etliche der Western-Filme von Sergio Leone entstanden waren: Ein paar hölzerne Hausfassaden, vor denen nun berittene Pistolero-Darsteller ein Spektakel bieten, das Touristen anlocken soll. Die Erinnerungen an die kurze große Zeit hat der Filmregisseur Sergio Corbucci in seinem Buch *La producción cinematográfica en Almería: 1951–1975* festgehalten:

»Während der Nächte ging es hoch her. Das Grand Hotel von Almería schien in Beverly Hills zu stehen. Hier konnte man Burt Reynolds, Clint Eastwood, Claudia Cardinale, Brigitte Bardot, Anthony Quinn, Raquel Welch ebenso begegnen wie Henry Fonda, Burt Lancaster oder Gene Hackman und vielen anderen. Nach der täglichen Arbeit am Set fanden sich alle hier ein, um zu genießen, was Almería zu bieten hatte: die Weine, den Jabugo-Schinken, die Darbietungen der Flamenco-Tänzerinnen und

Klein-Hollywood heute

-Sänger. Man konnte den Eindruck gewinnen, der Geburt eines zweiten Hollywood beizuwohnen.«

Die einzige vom Film-Boom herbeigeführte bleibende Errungenschaft auf dem Gebiet von Wohlstand und Fortschritt ist der verschlafene Flughafen ein wenig außerhalb der Provinzhauptstadt, auf dem 1968 erstmals ein im Ausland gestartetes Flugzeug landete: Es hatte aus London eine Film-Crew herangeschafft.

Von den Suiten des Grand Hotel fällt der Blick auf die alten Erz-Verladeanlagen des Hafens, der ebenfalls schon mehr Betriebsamkeit erlebt hat. In der weitläufigen Halle der noblen Herberge schlucken dicke Teppiche jeden Schritt der Gäste, von denen man indes zumeist nur noch weiß, daß sie keiner kennt. Der souveräne ältere Herr, der hinter dem Tresen der Rezeption mit leisen Tönen das Kommando führt, hat ein Einsehen mit dem Spurensucher ohne zwingende Fährten und weist uns auf die über viele Jahre dem Verfall preisgegebene herrschaftliche Villa in Santa Isabel an der Playa de los Tritones hin. Das aus dem 19. Jahrhundert stammende Gemäuer wird zum Zeitpunkt unseres Besuches gerade von Absolventen der örtlichen Berufsschule zu restaurieren begonnen. Es geht nicht nur darum, den jungen Leuten alte handwerkliche Techniken in praktischer Arbeit am Objekt beizubringen. Dieses Haus soll ein mit Multimedia-Installationen ausgestattetes Museum vor allem zu Ehren eines Mannes werden, der es vom 19. September bis zum 6. November 1966 gemietet hatte: John Lennon lebte da während der Dreharbeiten zu Richard Lesters Film *How I Won the War* (1967), in dem er den Sergeant Gripweed darstellte. Hier, so meinen die örtlichen Lennon-Fans herausgefunden zu haben, feierte der Beatle seinen 26. Geburtstag – zur Party kam Ringo Starr aus New York angeflogen. Vor allem aber soll er in diesem Haus eines seiner erfolgreichsten Lieder komponiert, sowie dessen erste Version eingespielt haben: *Strawberry fields forever*.

Ein Mann, der sich an alle illustren Gäste erinnern kann, die in den letzten Jahrzehnten diese Stadt aufgesucht haben, weil sie fast ausnahmslos seine Gäste waren, ist Christian Salas, ein aus Algerien stammender Franzose. Er betreibt am Parque N. Salmeron die bemerkenswerteste Bar von Almería – Port of Spain –, in der ein betont britisches Ambiente vorherrscht. Das gilt nicht nur für den äußeren Rahmen. Dreißig Sorten Tee und etwa sechzig Whisky-Marken sind im Angebot. Am Wochenende wird zumeist von leibhaftig anwesenden Musikern Jazz gespielt, und häufig gibt es Ausstellungen orientalischer Malerei zu sehen. Die beständigste Attraktion freilich bleibt der Blick hinaus auf das Meer, wenn pünktlich zum ersten Drink die Sonne wie eine rotglühende Kugel am Horizont versinkt. Bilder wie diese muß wohl Rafael Alberti gesehen haben, als er in den zwanziger Jahren einige Zeit in der Stadt verbrachte:

»Almería gefiel mir. Es war wie ein Vorposten Afrikas. Wenn nachts der Terral wehte, ein heißer Wind aus der Wüste, waren am Morgen die Hausflure voller Sand. Die Frühlingssonne brannte wie im Sommer. Ein laues, blaues Meer gestattete mir, beinahe alle Tage zu baden. Am Strand oder unter den Palmen des Parks begann ich die Gesänge zu schreiben, die den letzten Teil von *El alba del alhelí* bilden sollten. Ein hübsches philippinisches Mädchen war meine Freundin ... Mit diesem Mädchen stieg ich über die Dachterrassen und lauschte an den breiten Schornsteinöffnungen auf die Gespräche in den Küchen. Wie schön war es, bei einbrechender Dunkelheit zusammen auf diesen Terrassen zu sitzen und zu sehen, wie draußen auf den Schiffen die Lichter angingen und am Himmel sich die Sternbilder abzuzeichnen begannen.«

Das Ghetto La Chanca

Auf die Attraktionen von Sevilla und Granada anspielend, hatte Juan Goytisolo festgestellt, ihm gefalle Almería, »weil es weder eine Giralda noch eine Alhambra hat, weil es sich nicht hinter feinen Kleidern und aufwendigem Schmuck zu verbergen trachtet, weil es eine nackte, ehrliche Erde ist.« Tatsächlich hat er sich in der Provinzhauptstadt vor allem auf jenes Viertel konzentriert, das mehr noch räudig als nackt und ehrlich ist: Das ursprüngliche Fischer- und Arbeiterquartier La Chanca – so lautet auch der Titel eines Buches von Goytisolo, das ihm die Zensoren des Franco-Regimes nicht mehr durchgehen ließen. Es konnte vorerst nur im Ausland erscheinen. Der Autor schildert, wie er vom Festungshügel aus auf dieses Quartier blickt:

»Das Viertel La Chanca duckt sich leuchtend weiß zu seinen Füßen, wie eine Sinnestäuschung. Ganz unten am Grunde des trockenen Flußbettes wirken die kleinen Häuschen wie Spielwürfel, nach Lust und Laune hingeworfen. Die geologische Wuchtigkeit, die Nacktheit der Landschaft sind atemberaubend. Winzig, rechteckig ziehen sich die Hütten den Hang hinauf und fügen sich in die verbrannte Berglandschaft, eingekerbt wie Karfunkel. Um La Chanca herum breiten sich die Kreideböden wie ein Meer aus; die felsigen Bodenwellen des Ödlandes gehen in die Ausläufer des Gádor-Gebirges über. Man überblickt ein weites Panorama, und der Betrachter fühlt sich ein wenig wie ein Störenfried. Die Bewohner der Vorstadt gehen ihrem ermüdenden Leben nach, ohne sich darum zu kümmern, wer ihnen von oben aus zuschaut.«

Schließlich taucht er, geführt von einem, der dort lebt, in ein Labyrinth des Elends ein: »Den ganzen Spätnachmittag lang führt mich mein Freund durch sein Reich des Hungers und der Rachitis, des Trachoms und der Lepra, und Luiso wird ganz heiser vom Sprechen, und auf seinem Gesicht zeigt sich eine grimmige Lust, ein wilder und verzweifelter Stolz … Luiso führt mich durch ein Wirrwarr von Pfaden. Als wir den oberen Teil des Hanges erreichen, haben sich die Hütten in einfache, offene Löcher im steilen Felshang verwandelt, ohne Anstrich, ohne Türen und Fenster … Im Inneren der Hütten kann ich die deformierten Gestalten von Alten, Frauen und Kindern ausmachen. Der Wahnsinn und die Tuberkulose wüten in ihnen, und ich habe den Eindruck, daß sie sich bei unserem Näherkommen verstecken.«

Die in den Abhang gegrabenen Wohnhöhlen sind längst aufgegeben und meist verfallen. Nächst den Höhleneingängen stehen indes noch immer entlang enger, verwinkelter Gassen allerlei Behausungen, die dem entsprechen, was in Spanien *chabolas* genannt wird. Immer wieder ersetzt ein Karton das Fensterglas, Abwässer rinnen offen über die Gassen, allerorten türmt sich der Müll gleich neben Hauseingängen. Ein paar mitten in diese Gegend plazierte neuere Wohnblöcke vermögen den Eindruck, unversehens in die sogenannte Dritte Welt geraten zu sein, nicht zu korrigieren. Und sie haben ebenso wenig vermocht, die soziale Realität von La Chanca aufzuhellen. Wo Goytisolo vor Jahrzehnten proletarischen Zusammenhalt von Menschen geortet hat, die trotz ihrer verheerenden Lebensbedingungen klassenbewußten Stolz zu wahren wußten, beherrscht nun nicht selten aggressives Lumpenproletariat die Szene. Freilich, schon damals stellte der Besucher fest: »1960 bedeutet der Joint für die Männer von La Chanca so etwas wie die Kommunion. Für ein paar Stunden vergißt der Raucher den Lohn von sechsunddreißig Peseten, den Haß auf den Nächsten, den Hunger der Kinder. Langsam entspannen sich seine Gesichtszüge und ein Lächeln der Brüderlichkeit breitet sich darauf aus.«

Nun ist dieser Ort eine Hochburg des Handels mit wesentlich härteren Drogen und anderer Formen von Kriminalität. Der Fremde, der diesen Ort aufsucht, tut gut daran, sich auf einen örtlichen Gastgeber berufen zu können, dessen Wort da als Gesetz gilt. José Fernández ist ein solcher Mann – etwas über 40 Jahre alt, groß, kräftig, mit einer mächtigen Mähne üppig gelockten Haares. Man kennt ihn in Spanien und in der Musik-Szene der ganze Welt unter dem Namen Tomatito. Sein Ruf gründet darauf, daß er nach Paco de Lucía der Leibgitarrist des früh verstorbenen, schon zu Lebzeiten mystifizierten Flamenco-Sängers Camarón de la Isla war. Über Geld muß sich Tomatito nicht mehr viele Gedanken machen. Als Zeichen seines Wohlstandes hat er sich ein Chalet in einer Touristen-Urbanisation etwas außerhalb der Stadt Almería zugelegt. Dort bewahrt er seine mehr als zwanzig Gitarren unter einem Bild von Camarón auf, das eine ganze Wand füllt. Doch seinen Lebensmittelpunkt hat Tomatito noch immer dort, wo er geboren wurde und wo seine gesamte Familie – »zwischen 40 und 50 Leute« – nach wie vor lebt. Eben in La Chanca, woher desgleichen seine Frau stammt, die gerade 15 Jahre alt war, als er sie geheiratet hat. »Es entspricht unserer Kultur, daß alle auf die gleiche Weise leben«, begründet der international erfolgreiche Musiker seine Anhänglichkeit an den Ort seiner Herkunft und an seine Sippe. Diese Kultur, das ist jene der *gitanos*, wie sich in diesem Land jene Leute selbst nennen, für die in Deutschland die Bezeichnung Zigeuner als unschicklich gilt. In Spanien vertreten selbst aufgeklärte Menschen häufig den Standpunkt, die Gitanos lebten vor allem als Folge einer Selbstausgrenzung überwiegend isoliert von der spanischen Gesellschaft – in Ghettos, wie La Chanca weithin eines ist.

Die Welt der Gitanos und andere Widersprüche

Tomatito verkörpert jedenfalls den Widerspruch, mit dem die Spanier den Gitanos meist begegnen: Mit Herablassung oder gar offener Verachtung – die aber in Vergötterung umschlägt, sobald einer aus dem Kreis der Verfemten es in der von Gitanos beherrschten Flamenco-Szene nach ganz oben geschafft hat. Es ist eine allgemein bekannte Tatsache, daß mit dieser Szene keineswegs selten die Drogen-Szene eng verflochten ist und beide Bereiche von den gleichen Paten beherrscht werden. Aus diesem Grund werden an spanischen Stammtischen nicht selten die Gitanos pauschal zu Drogenhändlern erklärt – doch es findet keine öffentliche Debatte darüber statt, warum junge Gitanos in der Regel faktisch keine Chance haben, eine bürgerliche Erwerbskarriere einzuschlagen. In dem Punkt unterscheidet sich das sonst eben von einem überaus toleranten kulturellen Klima geprägte Andalusien – neben Madrid die Hochburg der Gitanos – kaum vom Rest Spaniens. Das entspricht der vorherrschenden Neigung, Konflikten auszuweichen, indem man sie ignoriert. Dabei ist die lokalpatriotische Verklärung des eigenen Lebensraumes allemal hilfreich – selbst dann, wenn die unendliche Harmonie nur noch im nostalgisch gefärbten Rückblick wahrzunehmen ist. Der wiederum ist allerorten die Spezialität der Heimatdichter – und deren bekanntester Vertreter in Almería ist Antonio Prieto, 1933 geboren, sowie im Hauptberuf Literaturprofessor an der Universität von Madrid. Für seinen Roman *Tres pisadas de hombre* (Drei Schritte des Menschen) erhielt er den *Premio Planeta*, dessen Bedeutung hauptsächlich darauf beruht, daß er der höchstdotierte Literaturpreis in Spanien ist – gestiftet von dem aus Andalusien nach Barcelona emigrierten und dort zu Reichtum gelangten Verleger José Manuel Lara Fernández, der bekannt war für seine guten Beziehungen zum Franco-Regime. Prieto wurde dieser Preis 1955 zugesprochen – zu einer Zeit also, da in spanischer Sprache geschriebene Literatur, welche die soziale Realität zum Thema hatte, überwiegend nur in Lateinamerika im Original verlegt und verbreitet werden konnte. Die Werke etwa von García Lorca oder Alberti – doch ebenso die gesamte Weltliteratur der Gegenwart, von Faulkner bis Sartre – konnten junge Spanier damals allenfalls aus Büchern kennenlernen, die von Buenos Aires her ins Land geschmuggelt wurden, erfahren wir in Goytisolos Memoiren.

Prieto zeichnet in seinen Romanen ein Almería, das geprägt ist von gehobener folkloristischer Lebensart: Da macht der Duft von Jasmin in taufeuchten Nächten die Besucher von Freiluftkinos trunken, werfen sich die Herren in den Smoking für einen Ball im Casino, nachdem sie den Nachmittag beim Schachspiel an einem Bambustischchen an der Strandpromenade zugebracht haben, und aus den Cafés dringen die Stimmen der bekanntesten Bolero-Interpreten der Epoche.

Allerdings, es existiert nicht mehr, jenes inmitten der Zeitenläufe stehengebliebene Almería, das »so attraktiv war wie eine Insel, die außerhalb der Geschichte segelt. Seinen Raum hat der Wind von den hohen Hügeln zum Meer hinabgeneigt, so daß alles zum Meer hinsah, sich zu ihm hinwandte und ohne das Meer keinen Sinn ergab«, wie es in *La plaza de la memoria* (Der Platz der Erinnerung) heißt – jenes Buch, für das der Autor 1995 gerade noch mit dem Roman-Preis Andalusiens bedacht wurde: Ein Abgesang auf die einstigen Flaneure, die »kamen und gingen, in Worte oder Stille gehüllt, und akzeptierten, daß das Schicksal stets an einem anderen Ort zugegen war als jenem, wo man gerade lebte. Das Schicksal, so klein und langweilig es auch sein mochte, verlangte nach Bewegung, kreisförmig ein ums andere Mal in monotonen Runden.«

Almería: Der erblindete Spiegel des Meeres

Wie nahezu alles in Almería läßt selbst der Paseo Marítimo nunmehr vor allem vermuten, man sei irgendwo in Nordafrika in eine Hafenstadt einer längst aufgegebenen europäischen Kolonie gelangt, aus der tatsächlich abzuziehen allerdings schlicht vergessen wurde. Der mehr zu ahnende denn zu erkennende Moder schleichend eingezogener Bedeutungslosigkeit läßt selbst die noch mit Alltagsleben erfüllten Teile der Stadt beinahe hinfälliger erscheinen als die Ruinen ihres ältesten Bauwerkes: Der Alcazaba – mit dem weit ausgreifenden Mauerring und den an diesem plazierten Wehrtürmen eine der monumentalsten Festungsanlagen auf der iberischen Halbinsel. Sie wurde oberhalb der Mündung des während der meisten Zeit des Jahres zum Wadi ausgetrockneten Río Andarax errichtet von den Mauren, die Almería den Namen gaben: Spiegel des Meeres. Goytisolo zitiert den arabischen Geographen Muhammad al-Adrisi: »Almería war die bedeutendste muselmanische Stadt zur Zeit der Almoraviden. Es war damals eine Stadt mit bedeutenden Gewerben, und man zählte in ihr unter anderem achthundert Seidenwebstühle... Den Hafen der Stadt liefen Schiffe aus Alexandria und Syrien an, und in ganz Spanien gab es keine reicheren, keine im Handwerk und Gewerbe tüchtigeren Leute als ihre Bewohner...«

Der Alcazaba fiel 1489 – somit nur drei Jahre vor dem letzten großen muslimischen Bollwerk in Europa, der Alhambra von Granada – in die Hände der Katholischen Könige. Von denen war nie zu erwarten gewesen, was den erinnernswertesten der von hier aus sein kleines Reich regierenden Herrscher auszeichnete: al-Mutasim (1037–1091) verabscheute alle kriegerischen Unternehmungen, und er kümmerte sich kaum um Politik. Sein ganzes Interesse und seine Leidenschaft galten den Wissenschaften und der Poesie.

Als der damals noch nach seiner Berufung suchende englische Schriftsteller Gerald Brenan – den wir gleich in den Alpujarras kennenlernen werden – in den zwanziger Jahren nach Almería kam, registrierte er »schlichtes neunzehntes Jahrhundert und zudem sehr provinziell«. Noch wesentlich härter fiel das Urteil eines örtlichen Geheimpolizisten aus, dem der Brite gelegentlich seiner Milieustudien in einem Bordell dieser Stadt begegnete:

»Lassen Sie mich in aller Offenheit sagen, sie ist eine Schande für Spanien. Ich bin hier geboren und liebe meine Stadt, aber keiner kann mir erzählen, sie wäre keine Schande. Wissen Sie, wie die anderen Spanier sie nennen? Sie nennen sie *el culo de España*, ›den Hintern Spaniens‹, und obwohl ich das als persönliche Beleidigung ansehe, da es sich gegen meine Stadt richtet, muß ich zugeben, daß sie nicht ganz unrecht haben. Eine solche Ignoranz, ein solcher Mangel an Kultur wie hier ist eine Schande für das ganze Land. Wissen Sie, daß siebzig Prozent der Einwohner weder lesen noch schreiben können? Wir, die Leute von Almería, die ein Gewissen haben, sind zutiefst beschämt. Glauben Sie mir!«

Ausgerechnet hier hatte Federico García Lorca von 1905 bis 1909 die Schule besucht. Er war in einem noch immer existierenden und bewohnten Haus an der kleinen Plaza de Balmes untergebracht. In seine Erinnerung eingeprägt haben sich aber offenkundig die Zustände und Vorgänge im wüsten Land rundum, wo die *Bluthochzeit* geschah und allem Anschein nach *Bernarda Albas Haus* zu finden ist – eine Heimstätte von ewigem Darben und dogmatischem Aberglauben, welcher das Denken und Leben der Menschen dort bestimmt. Vor allem jener, die dazu verdammt sind, unter einem Dach zu leben, bis der Tod sie scheidet.

Die Dörfer der Alpujarras

Dieses Haus der Bernarda Alba hat man sich allerdings nicht in den Steppen um Níjar vorzustellen, sondern – obwohl es viele im Zentrum von Granada vermuten – irgendwo auf den Bergrücken, die hinter Almería ansteigen bis zu den höchsten Gipfeln der iberischen Halbinsel: den nahezu 3500 Meter hohen Spitzen der Sierra Nevada, deren südliche Ausläufer den Namen Alpujarras führen. Als Boabdil, der letzte maurische Herrscher von Granada, 1492 den Katholischen Königen weichen mußte, zog er sich mit seinen Getreuen in diese Bergeinsamkeit zurück, um ein letztes kleines Mauren-Königreich auf europäischem Boden zu schaffen. Noch immer bilden die Alpujarras eine ganz eigene Welt, die dort beginnt, wo Lanjarón aufhört – das traditionsreiche Kurbad mit seinen Tafelwasserquellen. Villenartige Sommerresidenzen und Kurhotels im Stil der alten Zeit, hinter Hecken verborgen und umgeben von kleinen Parks, zeigen an, daß es hier schon seit langer Zeit eine kultivierte Form des Tourismus gibt. Es sind seit jeher nicht zuletzt vermögende Marokkaner, die während der heißesten Monate das kühlere Gebirgsklima bevorzugen. Würdi-

Der Himmel voller Schinken in Trevélez

ge ältere Herren, in die Djellaba gehüllt, sowie unentwegt die Gebetskette der Muslime durch die Finger laufen lassend, verbreiten einen Hauch von Zauberberg am west-östlichen Divan.

Am obersten Ende der von Lanjarón ausgehenden Straße liegt der zweite von Fremden schon seit langer Zeit häufig besuchte Ort dieser Region: Trevélez, nur dreißig Kilometer Luftlinie vom Mittelmeer entfernt in 1500 Meter Seehöhe das höchstgelegene Dorf Spaniens. Wuchtige, zu einem guten Teil aus Natursteinen errichtete Häuser stehen entlang schmaler, häufig steiler Gassen – eine an Bergdörfer etwa in der Schweiz erinnernde Oase des Wohlstandes, die auf der Spezialität von Trevélez gründet: Jamón serrano – dem Bergschinken. Die Einheimischen pflegen mannigfaltige Gerüchte über das Geheimnis der Besonderheit dieses Schinkens in die Welt zu setzen: Er werde während des Winters zur Reife hoch über dem Dorf im Schnee vergraben. Oder aber im eisigen Schneewind getrocknet.

Gesicherte Tatsache ist, daß in jedem besseren Haus von Trevélez der Himmel buchstäblich voller Schinken hängt. In den zahlreichen Wirtshäusern des Ortes baumeln jeweils mehrere hundert prächtige Exemplare von der Decke und warten solcherart auf einen Käufer.

Solche Kundschaft kommt gewiß nur in Ausnahmefällen aus den verstreuten Weilern zwischen Lanjarón und Trevélez. Die stehen wie weiße Vogelnester an den wenigen steilen Straßen, die sich in Serpentinen durch schroffe, von den Gebirgsbächen gegrabene Einschnitte winden. Der Blick folgt den wie Wellen zum Meer hin ausrollenden Hügeln. Stille und Einsamkeit herrschen hier. Das gilt sogar dort, wo sich an einen Abhang gesetzte Bauernkaten zu einem Dorf zusammendrängen: flach und mit Schlacke bedeckt die Dächer, eigentümlich rund die Schornsteine, schwarz die Gewänder der alten Frauen, die sich einen aus Weidenruten geflochtenen Stuhl auf die mit Feldsteinen gepflasterte Gasse gestellt haben und Fremde unverhohlen mustern. An den Wegkreuzungen draußen vor den Weilern sehen wir immer wieder einmal ein paar alte Männer plaudernd beisammensitzen. Worüber sie sich hier wohl unterhalten mögen?

Die jüngeren Leute sind zum Großteil fortgezogen. Das Leben eines Schaf- oder Ziegenhirten, der dazu vielleicht ein wenig töpfert, reizt sie nicht. Die bis hoch in die Berge hinauf zwischen Trockenmauern angelegten Terrassenfelder werden nur noch selten bewirtschaftet. Auch sie sind Relikte aus maurischer Zeit. Als Spaniens Krone die Alpujarras im 16. Jahrhundert endgültig zu christianisieren trachtete und Landlose aus dem Nordwesten Spaniens hier ansiedelte, durften lediglich einige getaufte Mauren zurückbleiben. Man brauchte sie, weil ansonsten niemand mit den komplizierten Bewässerungsanlagen umzugehen gewußt hätte.

Die Entdeckungen des Gerald Brenan

In einem dieser Dörfer, in Yegen, hatte sich kurz nach dem Ersten Weltkrieg, an dem er als junger Offizier teilgenommen hatte, der 1894 auf Malta geborene Engländer Gerald Brenan niedergelassen. Der Mann war ein Produkt des britischen Kolonialreiches – schon während seiner Kindheit und Jugend hatte es ihn nach Südafrika und dann nach Indien verschlagen –, das er gleichwohl »erstickend« empfand, weil es »wenig Raum ... für einen jungen Mann ließ, dessen Horizont sich mit der Lektüre von Poesie verändert hatte, und den keiner der gängigen Berufe befriedigen konnte.« Als Motiv für die Suche nach einer anderen Heimat nannte er später »Auflehnung gegen die Lebensformen der englischen Mittelklasse«.

Nach Spanien zog Brenan ursprünglich schlicht in der Erwartung, in diesem Land von der bescheidenen Abfertigung, die ihm beim Austritt aus der Armee zustand, länger als anderswo leben zu können: »Sobald der Krieg zu Ende war und ich die Uniform ablegen konnte, machte ich mich auf die Suche nach einer Umgebung, in der es sich freier atmen ließ. Ich nahm eine größere Anzahl Bücher mit, dazu wenig Geld und die Hoffnung, lange genug durchzuhalten, um zu erlangen, was ich dringend brauchte – Bildung. Danach würde ich weitersehen.«

Brenan lebte zwischen 1920 und 1934 etwa sieben Jahre lang in Yegen – die restliche Zeit reiste er durch Spanien. Nach 1945 kehrte er in dieses Land zurück und starb 1987 in der Gegend von Málaga. Nicht zuletzt in den Alpujarras hatte er auf sehr eigentümliche Art gefunden, was er suchte: Bildung also. Hier reifte er zu einem bedeutenden Hispanisten und Schriftsteller, der in seinem Buch *Südlich von Granada* mit kauziger Lakonie die auf viele Generationen altem Aberglauben beruhenden Eigenarten der Eingeborenen festhielt. Offenbar war es ihm gelungen, das Vertrauen seiner dortigen Nachbarn in ausreichendem Maße zu erlangen, um sie über höchst intime Dinge befragen zu können:

»Manchmal konnte ich María dazu bewegen, über Hexerei zu sprechen. Wie sie mir sagte, hatten die *hechiceras*, die Hexen, ihre besten Tage bereits hinter sich. Durch den einige Jahre zuvor erfolgten Bau der Straße waren ihre Aktivitäten erheblich beschnitten worden. Ihre Kunst erfordere Abgeschiedenheit, und deshalb waren sie sehr verärgert über die Bauarbeiten. Wäre ich aber ein paar Jahre früher nach Yegen gekommen, so hätte ich nach Marías Versicherung noch sehen können, wie sie bei Mondlicht durch die Luft schwebten, wie Eulen in den Pappeln hockten und schließlich zu den Dreschplätzen flogen, auf denen sie ihre Versammlungen abhielten. Ihre Mutter war, wenn María das auch nicht sagte, eine bekannte Hexe, eine *hechicera*, gewesen, während der Müller ein Hexenmeister gewesen war, den sie selbst mehrere Male hatte durch die Luft fliegen sehen. Das war erstaunlich, denn der Müller war ein untersetzter, schwerer Mann von über sechzig Jahren. Sein Körperbau ließ keinesfalls einen Menschen vermuten, der sich jeden Samstagabend wie ein Hubschrauber von seinem Dach in die Lüfte erhebt.

Das Symbol für die Macht einer Hexe waren Mörser und Stößel, die von der Mutter auf die Tochter vererbt wurden. Da aber jede Familie einen Mörser besaß – sie rangierten unter den notwendigen Haushaltsgegenständen gleich hinter der Bratpfanne und noch ein ganzes Stück vor dem Wasserkessel – ließ sich nicht ohne weiteres sagen, welchen davon magische Eigenschaften innewohnten. Vielleicht besaßen nur die alten hölzernen, die neuerdings von Messingmörsern verdrängt wurden, die nötige Kraft. Trotz des Straßenbaues waren sie immer noch häufig in Gebrauch; denn hatte man auch die Kunst des Fliegens verlernt, so war doch das Brauen von Liebestränken im Schwunge geblieben. In einer sich verändernden Welt müssen sich sogar Hexen an die neuen Bedingungen anpassen, und mit der Zunahme des Luxus und des Lasters, die allgemein als ein Symptom der modernen Zeiten angesehen wurden, hatte die Kunst, Liebestränke herzustellen, neue Bedeutung gewonnen.«

Dies weist schon ein wenig darauf hin, in welchem Maße die weitverbreitete Einschätzung, wonach es sich bei Andalusien um die allerkatholischste Ecke des kreuzkatholischen Spanien handle, zu einem nicht unerheblichen Teil auf Mißverständnissen beruht. In Andalusien wird das vor allem dort deutlich, wo sich die Sitten und Lebensweisen am wenigsten verändert haben. Wer genauer hinsieht, wird erahnen können, wie sehr in diesem Landstrich – der zu den am längsten besiedelten Gebieten Europas zählt – uralte heidnische Bräuche nachwirken, die gewiß ebenso von den muslimischen Riten der Mauren transformiert und schließlich übertüncht wurden von einem teils durchaus aufgezwungenen Katholizismus. Ferdinand und Isabella, die Katholischen Könige, die 1492 das mehrhundertjährige Bemühen der Reconquista mit der Eroberung des Kalifats von Granada vollendet hatten und die in der Folge das riesige Land mit seiner keineswegs einheitlichen Bevölkerung zu einem rigoros auf die Krone ausgerichteten Zentralstaat umgestalteten, bedienten sich dabei in erster Linie zweier Elemente, die als ideologische Klammer ihr Reich zusammenhalten sollten: Der kastilischen Sprache und der katholischen Religion. Daß diese Zwangsbeglückung nicht immer und überall dankbar angenommen wurde, beweist der hohe Stellenwert, den die Herrschenden der Inquisition in Spanien einräumen mußten. Im übrigen griffen ebenso spätere diktatorische Regime auf die gleichen Integrations- und Disziplinierungselemente zurück – so das Regime von Franco, dem im übrigen seine nunmehr in Madrid regierenden politischen Enkel in dem Punkt kräftig nachzueifern versuchen. Man war und ist noch immer bemüht, die von der kastilischen Dominanz abweichenden kulturellen Identitäten zu marginalisieren, sowie die

Kleriker-Hierarchie als politisches Instrument auf seine Seite zu ziehen. Tatsächlich aber wird auf diese Weise seit jeher ein vom Gesamtstaat abgekoppelter Lokalpatriotismus gedüngt und ein bei aller – von der Macht des Aberglaubens gespeisten – Religiosität ein anarchisches Verhältnis zur Amtskirche genährt. Um so abgelegener eine Gegend ist und je weiter folglich die herrschenden Mächte entfernt sind, desto deutlicher findet das etwa bei der Religionsausübung seinen Ausdruck. Das steht in einem bemerkenswerten Gegensatz zu dem in Mitteleuropa insbesondere in ländlichen Bereichen üblichen obrigkeitshörigen Respekt der Bevölkerung gegenüber jeglichem vom Klerus installierten Reglement. Wohl in diesem Sinne sind Brenans Beobachtungen zu verstehen:

»Bei der Messe am Sonntagmorgen zeigte sich das Desinteresse deutlicher. Die Frauen, die entweder schwarze Mantillas trugen oder Kopftücher, belegten die vorderen Reihen, während hinten eine Gruppe von Männern stand, die redeten und schwatzten und mitunter auch während der Messe rauchten. Andere Männer standen draußen auf dem Platz. Sie meinten, sie hätten der Messe schon beigewohnt, wenn sie nur die Tür im Auge behielten und sich bekreuzigten, sobald sie die Glocke zur Wandlung läuten hörten. Hunde rannten ein und aus, Kinder spielten, und es herrschte eine allgemeine Atmosphäre der Gleichgültigkeit.

Als ich mich später mit der Religionsgeschichte Spaniens im sechzehnten Jahrhundert eingehender beschäftigte, stieß ich auf viele zeitgenössische Beschwerden über die Art des Benehmens. Nach modernen Maßstäben waren in diesem Zeitalter des Glaubens die Sitten extrem respektlos, die Leute tanzten, aßen und tranken in der Kirche, sie redeten, lachten und schnupften während der Messe Tabak und trafen sich auch in den Kapellen, um zu flirten und ihre Liebschaften auszutragen. Das ließ vermuten, daß Yegen nicht die religiöse Gleichgültigkeit des neunzehnten Jahrhunderts angenommen, sondern im Gegenteil das auf Ungezwungenheit und Vertrauen fußende sorglose Benehmen einer früheren Zeit bewahrt hatte. Auch in dieser Hinsicht trug es mittelalterliche Züge.«

So gesehen wird der Reisende in Andalusien noch immer vielerorts vermuten können, jäh ins Mittelalter gelangt zu sein. Das legt nicht nur das Gepräge nahe, das etwa bei den Karwochenprozessionen in den Städten herrscht. Mindestens in gleichem Maße gilt dies für die Dörfer, wo aus Anlaß des jeweiligen

Patronatsfestes oder bei den traditionellen Wallfahrten – den *romerías* – eine extrovertiert zur Schau gestellte Frömmigkeit praktiziert wird, die indes allemal in höchst leiblichen Sinnestaumel mündet. Da wird üppig getafelt, kräftig gezecht – und die am Rande solcher religiöser Veranstaltungen bei außerehelichen Begegnungen gezeugten Kinder tragen gewiß nicht unerheblich zu der in Andalusien vergleichsweise hohen Geburtenrate bei. Das ist freilich kein Widerspruch, wenn man die hier traditionell verankerte volkstümliche Form der Glaubens berücksichtigt – und die gründet eben unbewußt, aber tief im Heidnischen: Ein Heiligenbild, eine Heiligenstatue ist kein Medium, um darüber mit dem höheren Wesen in Kontakt zu treten – der Kultgegenstand als solcher wird angebetet und verehrt. Dies gilt zumal für die Bildnisse und Statuen der Jungfrau, die besungen werden wie eine ihrer Reize wegen betörende Frau. Es gibt einen immerwährenden Wettstreit, wer die schönere Madonna in der Kirche seines Heimatortes hat – und die Männer wetteifern darum, wer ihr im buchstäblichen Sinne am nächsten ist. Auch das hat Brenan in den Alpujarras erlebt:

»Die Prozession der Virgen de los Martirios war ein eindrucksvolles Ereignis. Die Jungfrau wurde unter wildem Glokkengeläute, Raketenfeuer und Gewehrschüssen aus der Kirche herausgetragen. Dreißig Männer trugen ihr fröhlich dekoriertes Floß und ihre golden glitzernde Schleppe… Nach alter Sitte hatte jedes Dorf des *partido*, des Verwaltungsbezirks von Ugíjar, das Recht, sie einen Teil des Weges zu tragen. Die Strecke wurde in Abschnitte unterteilt, die ordnungsgemäß aufgestellten Träger standen bereit, und wenn die Jungfrau eine wartende Gruppe erreichte, rief der Zeremonienmeister, der die Prozession mit seinem versilberten Zepter anführte, ›Yegen‹ oder ›Mairena‹, und die Männer dieses Dorfes übernahmen die Figur. Manchmal weigerten sich die Träger allerdings, sie abzugeben, es entstand dann ein Aufruhr, Beleidigungen und selbst Schläge wurden ausgetauscht, bis der Mayordomus schließlich seine Autorität durchgesetzt hatte.«

An diesen Bräuchen hat sich in Andalusien weithin nur wenig verändert. Und in den Alpujarras scheint ebenso der mehr auf Geselligkeit als auf Effizienz abzielende Arbeitsalltag, wie Brenan ihn beschrieben hat, bis heute im Grunde gleichgeblieben zu sein. Wenn vor der Kirche von Yegen ein kleines Einfriedungsmäuerchen um einen Baum gezogen wird, beschäftigt das gleich drei ausgewachsene Männer, um die sich der Rest der männlichen Dorfbevölkerung als interessierte Zuschauer schart – fast durchwegs Greise und Kinder.

Tauchen einmal Fremde auf, weiß jeder, warum diese hierher gekommen sind. Unaufgefordert wird uns der Weg zu dem einfachen, aus Bruchsteinen gefügten Haus gewiesen, an dem eine Tafel verkündet, daß Gerald Brenan hier gewohnt hat. Schlicht Gerald wird er von den Leuten aus dem Dorf genannt – ganz so, als lebte er immer noch da und sei lediglich für einige Zeit verreist. Der Anblick des schlichten, sich durch nichts von den anderen Häusern des Ortes unterscheidenden Gemäuers mit seinen engen Kammern, in die nur durch winzige Fenster etwas Tageslicht dringt, läßt mit Erstaunen daran denken, welche kapriziösen Gäste Brenan hier mitunter für mehrere Wochen beherbergt hat. So Virginia Woolf, die im Frühjahr 1923 mit ihrem Gatten Leonard via Granada anreiste. Der Gastgeber hat in *South from Granada* notiert, wie er mit ihr entlang der Bergpfade wanderte – über Fragen der Kunst parlierend, oder aber literarischen Klatsch vor allem über die Mitglieder des Bloomsbury-Kreises, aber auch andere dichtende Zeitgenossen erörternd. Etwa Miss Woolfs ambivalente Haltung zu T. S. Eliot betreffend. Oder die Abneigung, die sie D. H. Lawrence entgegenbrachte.

Die Bedeutung Gerald Brenans liegt freilich nicht darin, daß er sporadisch ein wenig hochkulturelles Leben in die Bergeinsamkeit der Alpujarras gebracht hat. Mit dem hier erworbenen Grundstock an Einsichten über Land und Leute brach er in den folgenden Jahren und Jahrzehnten zu ausgedehnten Erkundigungen weiter Teile Spaniens auf, die ihren Niederschlag fanden in seinen Büchern *The Face of Spain* und *The Spanish Labyrinth* – Werke, die allerdings bis in die Gegenwart nur wenigen Spaniern bekannt sind. Doch von denen werden sie überaus geschätzt, wie dem Urteil von Juan Goytisolo in dessen Buch über *Spanien und die Spanier* zu entnehmen ist:

»1949, nach dreizehnjähriger Abwesenheit, bereist Gerald Brenan einige Monate lang die Mittel- und Südregionen der Halbinsel und veröffentlicht, nach England zurückgekehrt, ein Buch, in dem er seine Reiseeindrücke zusammenfaßt: ›Das heutige Gesicht Spaniens‹. Borrow war in unser Land gekommen, um die biblische Botschaft zu verbreiten; Hemingway hatte uns besucht, um Stierkämpfe zu beobachten. Brenans Vorhaben geht mehr in die Breite, und es ist vor allem sehr viel komplexer. Als gelehrter

Kenner der Sprache, Geschichte und Literatur Spaniens hatte der Autor des ›Spanischen Labyrinths‹ sieben Jahre lang, bis in die ersten Monate des Bürgerkrieges, in Andalusien gelebt, und seine Darlegung und Deutung der Ursachen dieses Konflikts ist bis heute eine der solidesten und überzeugendsten Arbeiten über dieses Thema.«

Um so interessanter ist es, wie ein solcher Mann die nach dem Krieg vom Franco-Regime dem Land aufgezwungene Normalität registrierte. Jene provinzielle Selbstgefälligkeit also, die bis in die Gegenwart nachwirkt – dies naturgemäß in erster Linie bei dem Teil der Bevölkerung, der etwa eineinhalb Jahrzehnte nach dem Übergang zur Demokratie aus freien Stücken den Rückweg eingeschlagen hat zu einer Regierung der politischen Enkel Francos, indem sie der Partido Popular eine absolute Mehrheit bescherte: einer Partei, die von Manuel Fraga gegründet wurde. Bei ihm handelt es sich um den letzten – in der Tat vor allem für Zensur zuständig gewesenen – sogenannten Informationsminister Francos. Auch die jüngeren Führungskader dieser zwischen neoliberalem Maulheldentum und autoritärem Staatsverständnis vor allem mit Vetternwirtschaft befaßten Reaktionäre-Versammlung – allen voran der gegenwärtige Regierungschef José María Aznar – stammen fast durchwegs aus Familien der Franco-Nomenklatura. Diese Partei stützt sich auf eine soziale Basis, deren anonyme Repräsentanten Brenan schon Mitte des 20. Jahrhunderts eindrücklich beschrieben hat, indem er exemplarische Figuren vorführte, in denen dann wiederum Goytisolo etliche seiner Landsleute präzise gezeichnet sah:

»Da ist zum Beispiel der Andalusier, der sich über die Heuchelei der Leute aus der Mancha beklagt; der seltsame Schriftsteller, der ihn für die Lokalzeitung interviewen will und ihn schließlich anpumpt; oder der gute Priester, der voll Stolz den neuen Altar seiner Kapelle zeigt: Es war der letzte Schrei auf dem Gebiet des mechanischen Spielzeugs; er war ausgestattet mit sämtlichen technischen Finessen, die in Aktion traten, sobald man auf einen Schaltknopf drückte. Lichter strahlten auf und erloschen; eine Tür öffnete sich, und das Allerheiligste schwebte langsam empor, ›wie eine Sonne aus Gold‹ – so erklärte der Pfarrer –, ›empor in einen Himmel voller Engel‹.«

Festgefügte Vorurteile gegenüber dem, was man nicht kennt, dreistes Hochstaplertum, das sich hinter aufgestülpter Würde zu verbergen trachtet, sowie infantiler Aberglaube in seiner katholischen Ausprägung sind in Spanien nach wie vor auf absolut gleiche Weise zu beobachten – das aber vor allem bei jenem städtischen Kleinbürgertum, das in erster Linie die gegenwärtige politische Restauration des Post- oder Philo-Franquismo möglich gemacht hat. Dies zeigt sich kaum irgendwo sonst im Land so deutlich wie in Andalusien: In den Städten gab es zuletzt überwiegend Mehrheiten für die Franco-Nachgeburten. Doch die andalusische Regionalregierung ist vorderhand wie seit dem Beginn der neuen demokratischen Ära fest in der Hand der Sozialdemokraten, die ihre treuste Gefolgschaft – ein Phänomen, das im Zusammenhang mit der Tatsache gesehen werden muß, daß es in dieser Region mangels Industrie nur in sehr begrenztem Maße städtisches Industrieproletariat gab – in den ländlichen Gebieten haben: kleinen Dörfern, in denen die PSOE – die Sozialistische Arbeiterpartei Spaniens – regelmäßig einen Stimmenanteil von weit über 50 Prozent einfährt. Das läßt sich wahrscheinlich am ehesten mit sozialen Instinkten erklären, die über Generationen geschärft wurden als Folge der absoluten – von der Staatsmacht immer wieder mit Waffengewalt gefestigten – Herrschaft der wenigen Latifundisten über das Heer der besitzlosen Landarbeiter. Unter denen und ihren Nachkommen ist zwar gleichfalls jegliche Art von Aberglauben fest verankert – doch der manifestiert sich viel seltener als in den Städten in autoritätsfixierter Bigotterie, sondern eher in gewohnheitsmäßiger Opposition gegenüber dem Klerus.

Schon Brenan hatte vermutet, daß es wohl nur sehr wenige spanische Seelen in der Vorhölle gebe, »denn das größte Unglück für den Spanier ist die Armut im Geiste oder der Mangel an Gefühlen. Und daher hinterlassen die großen Schicksalsumschwünge, die diese Menschen erleben, eine Spur in ihren Gesichtern, eine Spur, die besonders deutlich zu gewahren ist, weil gerade ihre Gesichter sehr ausdrucksvoll sind. Was man bei manchen Personen, die älter als fünfzig sind, an Ausdruck entdeckt, ist zuweilen ganz ungewöhnlich.«

Juan Goytisolo, dessen Blick auf seine Landsleute dadurch geschärft ist, daß er sie als Folge seines zuerst mehr oder weniger erzwungenen und dann freiwillig gewählten Exils in Paris und danach in Marokko die überwiegende Zeit seines Lebens aus gewisser Distanz beobachtet hat, stimmt Brenans Sicht rückhaltlos zu: »Wir können diese Worte nur unterschreiben. Verglichen mit der Beweglichkeit und Lebhaftigkeit der spanischen Mienen wirken die deutschen, schweizerischen, skandinavischen oder englischen Gesichter fast immer fade. Unter Leuten vom Dorf findet man oft Gesichter von bemerkenswerter Würde und hohem Adel: seien sie nun barsch oder fröhlich, selbstversunken oder übermütig – selbst da, wo offenkundige Schauspielerei beteiligt ist, kann man die Stärke und Anziehungskraft der Persönlichkeit nicht ernstlich bestreiten.«

Besonders wichtig an der eben zitierten Feststellung ist der Hinweis auf das Dorf, denn in den Städten beginnt sich auch in Spanien längst die Einheitsphysiognomie der Kleinbürger einer globalisierten Welt durchzusetzen: übergewichtig und unterbelichtet – Menschen also, denen man ansieht, daß bei ihnen weder Körper noch Geist in Bewegung gehalten werden, weil sie sich von den weltweit gleichen Fernsehprogrammen berieseln, einlullen, zu ausdrucks- und konturlosen Klößen transformieren lassen. Wo diese pervertierte Form von Fortschritt noch nicht oder zumindest nur in homöopathischen Dosen angelangt ist, offenbart sich, was eben noch für verblüffende Rückständigkeit gehalten wurde, als ein erhabenes Relikt aus einer verlorengehenden Zeit. Das gilt für die Alpujarras in besonderer Weise, und wohl deshalb hat diese Region schon vor Jahrzehnten eine starke Anziehungskraft auf den für soziale Prozesse besonders sensiblen Zweig einer jungen Generation ausgeübt, die es für angebracht hielt, die Welt zu verändern und damit bei sich selbst zu beginnen. Die Rede ist somit von denen, die um 1968 und danach aufgebrochen waren zu mannigfaltigen langen Märschen – für etliche führte der Weg zu meditativen Lebensformen, die ihren Ursprung im Fernen Osten hatten. Doch da es zumal im Spanien dieser Zeit nur wenige gab, die sich eine Reise gleich bis Indien, Nepal oder Tibet leisten konnten, lag der Rückzug in die Alpujarras buchstäblich nahe.

High sein, frei sein, Buddha kann dabei sein

Adelaida García Morales hat es zu einer Chronistin der Alpujarra-Fraktion der Aussteiger dieser Zeit gebracht. Sie gehörte damals zum Freundeskreis eines zuvor an der Costa del Sol tätig gewesenen österreichischen Architekten, der sich ein Refugium in Capileira geschaffen hatte. Das wurde zum Anlaufpunkt für etliche junge Leute, die innerhalb des in Agonie dahinsiechenden Franco-Staates diesem entfliehen wollten. Adelaida García Morales, die aus der Extremadura stammt, Philosophie studiert, in unterschiedlichen Jobs gearbeitet und sich schließlich in Sevilla einer Theatergruppe angeschlossen hatte, gelangte 1973 erstmals nach Capileira. Dort wähnte sie sich an Bord eines manövrierunfähigen Schiffes, »das verloren auf hoher See treibt, fernab von allen Küsten.« So hat sie ihre ersten Eindrücke in dem 1985 veröffentlichten Buch *El silencio de las sirenas* (Das Schweigen der Sirenen) beschrieben:

»Kaum jedoch hatte ich den Gasthof Las Angustias hinter mir gelassen und näherte mich den Alpujarras, hatte ich den Eindruck, eine genau bezeichnete Grenze zu überschreiten und in eine fremde, ganz in sich gekehrte Welt einzudringen, eine Welt, eingeschlossen in eine zeitlose Stille. In den schweigenden Bergketten lag eine Unmenge kleiner Dörfer versteckt, gleichgültig gegenüber der äußeren, nur fern und undeutlich wahrgenommenen Welt.«

Die Zuzügler, die da kiffend, sich LSD einwerfend und in Kleidern auftretend, deretwegen sie den Einheimischen »nackt wie Ziegen« erschienen, von der unausgesprochenen Illusion ausgegangen waren, ein von gewissermaßen Edlen Wilden besiedeltes Territorium entdeckt zu haben, das frei von jeglicher niederer Gesinnung sei, mußten eine von ihrer Beschlußlage unerfreulich abweichende Realität zur Kenntnis nehmen:

»Nach und nach lernt man, daß diese scheinbare Ruhe alles andere als ein Zeichen des Friedens ist. Heftige Leidenschaften ziehen die Fäden im Leben dieser Menschen, das im ersten Augenblick so heiter wirkt. Hinter ihren zurückhaltenden, fast abweisenden Blicken lauert immer ein feindliches Mißtrauen, die Erinnerung an einen alten, aber noch nicht vergessenen Haß, eine unmögliche Liebe, die ein Leben zerstört hat... Und nach und nach entdeckt man in den scheuen Augen dieser Dörfler eine grausame Gleichgültigkeit, eine verächtliche Neugier und auch den Schmerz vieler Trennungen, den Schmerz eines sterbenden Volks. Und dann sieht man überall auch die Krankheit, die man hier nicht heilt, weil es kein Geld gibt, nutzloses Leben zu verlängern.«

Es ist ein mit dem Instrumentarium der Ratio niemals vollends auszulotender Schockzustand, der überall auf der Welt um sich greift, wo unterschiedliche Kulturen und Zivilisationen unvorbereitet aufeinandertreffen. Die alten Leute in den Alpujarras, deren eigene Nachkommenschaft seit langem abzuwandern pflegt, sobald sich dafür eine Möglichkeit bietet, müssen das Auftreten der fremden Gestalten wohl empfunden haben wie jemand, der sich im Sterbezimmer weiß und nur noch wünscht, in Frieden die ewige Ruhe zu erlangen – aber sich plötzlich mit bunten Vögeln konfrontiert sieht, die ausgerechnet hier ihr Fest feiern wollen. Und die zu allem Überfluß glauben, damit ein gutes Werk zu vollbringen. Gewöhnlich erweist sich unter solchen Umständen gleichwohl die normative Kraft der von altersher am jeweiligen Ort vorherrschenden Verhältnisse als die stärkere Komponente. Sie erzwingt ohne offenkundige Repression den Versuch der Integration – der als bestmögliches Ergebnis zur Einsicht gedeihen kann, daß man als Auswärtiger immer ein Fremder bleiben wird, der am neuen Ort seine eigenen emotionalen Wurzeln entwickeln muß, die in jedem Fall künstlich eingepflanzte sein werden:

»Manchmal habe ich dieses Dorf mit seiner Stille und seiner Ruhe verflucht. Jetzt aber glaube ich, daß ich nicht mehr fortgehen könnte, denn diese Berge überraschen mich ein ums andere Mal mit ihrem vollkommenen Schweigen. Sie scheinen aus der Dunkelheit der Erde selbst hervorzuquellen. Sie ragen dort in die Höhe, frei und ohne jeglichen Sinn, eine Landschaft aus der Zeit vor den Menschen.«

Eine besiedelte Landschaft können die Alpujarras indes auf Dauer nur bleiben, wenn noch mehr Menschen von auswärts kommen – im günstigen Fall solche, die hier im Grunde nichts verändern, sondern lediglich einiges verbessern wollen. Etwa in der Art der in Bubión entstandenen Villa Turística: Eine Hotelsiedlung, behutsam im lokalen Baustil in die Landschaft gesetzt, doch ausgestattet mit allem modernen Komfort. Der aus Granada zugewanderte Hoteldirektor kann den Begriff »sanfter Tourismus« mehrsprachig hersagen, und offenkundig weiß er sehr wohl, was diese Worte bedeuten. »Ohne Tourismus werden diese Dörfer bald völlig aussterben«, sagt er, »doch sie dürfen trotzdem ihren Charakter nicht verlieren, denn sonst verlieren sie ihre Einzigartigkeit und damit ihre Attraktivität.«

In Bubión bemüht man sich erkennbar, diesen Widerspruch zu lösen. Reitställe gibt es da, markierte Wanderwege, Pensionen und Restaurants, Keramikwerkstätten und Kunsthandwerkläden – doch nichts zu groß, von nichts zu viel. Für die Einheimischen ist die Präsenz von Fremden längst alltäglich, doch deshalb ändert niemand seine Art zu leben. Und weil das niemand von ihnen verlangt, empfinden sich die Leute von Bubión auch nicht bedroht von ihnen völlig fremder Lebensart. Auch in diesem Ort begannen die Veränderungen damit, daß sich auswärtige junge Leute dort ansiedelten. In dem Fall waren es solche, die zum Buddhismus konvertiert waren und angeleitet von einem aus Tibet angereisten Lama in Bubión ein buddhistisches Zentrum errichteten. Als dieses geistige Oberhaupt dann in den Achtzigerjahren starb, schien dies das Ende der Initiative zu bedeuten. Die Rettung kam von María Torres aus Alicante, die über die Hippie-Bewegung zum Buddhismus und so nach Bubión gelangt war. Während dieses langen Marsches hat sie nebenbei acht Kinder geboren – und ihr jüngster Sohn erwies sich aus der Sicht ihrer Glaubensgemeinschaft als Reinkarnation des verstorbenen Lama, der das Zentrum von Bubión zu seiner Sache gemacht hatte. Das Projekt war gerettet durch den Umstand der Wiedergeburt seines geistigen Oberhauptes – das allerdings erneut auf sein hohes Amt vorbereitet werden mußte, weshalb das Kind in ein tibetanisches Mönchs-Kloster verbracht wurde. María Torres blieb in Bubión und kümmert sich da um das esoterisch interessierte Touristen-Publikum, das die Alpujarra-Buddhisten und deren Meditationszentrum besucht. Sie hat ein Buch darüber geschrieben, was so alles erlebt und empfindet, wer in der andalusischen Bergwelt zu einer Art Gottesmutter wird: *Sobre la cola del cometa OSEL* (Auf dem Schweif des Kometen OSEL) fand in Spanien zahlreiche neugierige Leser.

Ein Rocker wird zum Bauern

Auf welche soziale Realität sich einstellen muß, wer an einem Ort wie den Alpujarras Dörfern seßhaft werden will, hat hingegen auf ebenso authentische wie unterhaltende Weise ein Landsmann Brenans beschrieben: Chris Stewart, der seine Laufbahn als Schlagzeuger von Peter Gabriels Band Genesis begann, sich danach als Schafzüchter und Reiseschriftsteller versuchte, sowie schließlich auf die Idee verfiel, einen vor dem Verfall stehenden kleinen Bauernhof nahe des Weilers El Valerio zu erwerben und diese Landwirtschaft wieder zu beleben. Dem Selbsterfahrungs-

Bauer mit Maulesel in den Alpujarras

bericht, den er darüber verfaßt hat, wurde 1999 von der Jury des British Book Award das Prädikat »Newcomer of the Year« verliehen. Der Titel des Werkes lautet *DRIVING OVER LEMONS* – das bezieht sich auf den Versuch des Autors, gelegentlich der ersten Fahrt zu dem ihm zum Kauf angebotenen Anwesen den von den Bäumen gefallenen, überall auf dem Weg liegenden Zitronen auszuweichen – aus britischer Sicht schließlich eine exotische und somit wertvolle Frucht. Der einheimische Begleiter machte ihm indes klar, daß sich hier niemand bücken werde, um Fallobst aufzuheben – also könne das Zeug auch gleich von den Autoreifen zerquetscht werden.

Kurzum, es gab von allem Anfang an Mißverständnisse am laufenden Band beim Zusammentreffen eines um sensibles Verhalten bemühten Fremden mit bauernschlauen Einheimischen. Allein der Gedanke, einem armen alten Mann schnöde dessen Heimat abgehandelt zu haben, belastete Stewarts Gewissen – bis er dieses Thema einmal im Wirtshaus mit seinen neuen Nachbarn erörterte:

»Sie erzählten mir, wie froh Romero wäre, das Land zu verkaufen, und ich klärte sie darüber auf, daß er ständig darüber klage, wie sehr er dieses Stück Erde liebe und wie schrecklich es für ihn sei, sich davon zu trennen, besonders ›wegen dieses schäbigen Almosens‹, das er dafür von mir erhalte.

Bernardo hätte sich beinahe an seinem Wein verschluckt. ›Er und seine Leute haben seit Jahren verzweifelt versucht, das

Grundstück zu verkaufen‹, sagte er. ›Und sie konnten es gar nicht erwarten, in die Stadt zu ziehen. Er war gerade dabei, das Anwesen Domingo für eine Million zu geben – dann bist du gekommen und hast ihm fünf Millionen dafür gegeben. Er muß gedacht haben, der Himmel habe dich geschickt. Ich meine, wer zum Teufel würde ein Grundstück kaufen, das keinen Zufahrtsweg hat, keine Wasserleitung, keinen Stromanschluß – und dann dieses riesige Stück Land, das bearbeitet werden muß? Ich muß schon sagen, das war sehr kühn von dir, das zu kaufen. Oder vielleicht bist du völlig verrückt?‹

›Ich bin wenigstens zur Hälfte verrückt‹, stimmte ich bei, ›aber irgendwie werden wir es schon schaffen. Es ist eine aufregende Herausforderung, und außerdem ist es immer noch besser, als in einem Büro als Versicherungsangestellter zu arbeiten.«

Da wird gewiß kein Einzelschicksal geschildert. Schreiten doch immer mehr Leute aus dem grauen und kalten Norden zur Tat, sich den Traum vom Leben im Süden zu erfüllen – und in Andalusien findet sich abseits der Tourismuszentren bis in die Gegenwart das eine oder andere Häuschen, dessen Kaufpreis mit ehrlicher Arbeit aufzubringen ist. Was indes dem Ausländer als preiswert, wenn nicht gar billig erscheint, stellt für die einheimischen Landleute ein Vermögen dar, das so einfach ausgerechnet für ihr Haus hinzublättern nur von einem Verrückten erwartet werden kann. Wem es tatsächlich gelingt, einen solchen an die Angel zu bekommen, der will seinen Triumph naturgemäß auskosten, also seinen Fang stolz der Nachbarschaft präsentieren. Doch davon ahnte Stewart noch nichts, als der Kleinbauer, dessen Anwesen er eben erworben hatte, ihn zu einem Ausritt ins nächste größere Dorf einlud – auf den klapprigen Packgäulen dieses Mannes. Freilich, das dem Ausländer zugewiesene Pferd hatte kein Zaumzeug – es war lediglich durch eine kurze Leine mit dem anderen Pferd verbunden, daß der Eingeborene am Zügel führte: »Nun neigt ein Reiter dazu, sich ein wenig erhaben zu fühlen über seine bescheideneren, zu Fuß gehenden Mitmenschen, sowohl wegen des Vorteils der Höhe als auch wegen einer gewissen Arroganz, die das Pferd – oder manche Pferde zumindest – auf seinen Reiter überträgt. Wenn man jedoch ein erwachsener Mann ist und auf einem Pferd geführt wird, läßt dieser Effekt erheblich nach. Tatsächlich fühlt man sich wie ein Kriegsgefangener, der dreckige Rest eines besiegten Gegners.

Dieses Gefühl überkam mich zum ersten Mal, als die Feldarbeiter sich aufrichteten und umdrehten, um uns vorbeikommen zu sehen, unsere jämmerliche Prozession, bestehend aus einem Mann, zwei Pferden, vier räudigen Kötern, tausend Fliegen und einem Gefangenen.

Wie konnte ich ein wenig Würde ausstrahlen, in dieser demütigenden Position? Fragmente der Erinnerung an weit zurückliegende Reitstunden lösten sich hilfreich aus dem dämmerigen Reich des Gedächtnisses – diese Sprüche, die man nie vergißt: ›Knie anpressen, Zehen hoch, Fersen runter, Rücken gerade und den Kopf hoch in gerader Linie zwischen den Ohren des Pferdes, mit fröhlicher und aufmerksamer Miene in Marschrichtung.‹

All das tat ich, zuerst mit verschränkten Armen, dann mit den Händen an den Hüften, dann mit einer Hand an die Hüfte gestützt und mit der anderen den Schweiß von der Stirne wischend – eben so, wie ich dachte, daß das ein richtiger Reiter tun würde. Nonchalant kratzte ich mich an verschiedenen Stellen meines Körpers, aber bald gingen mir die Stellen aus. Einige Zeit lang beschäftigte ich einen Arm nützlich damit, meine Augen vor der Sonne zu schützen. Ich versuchte, einige Fliegen von den Flanken des Pferdes zu verscheuchen, was in Sachen Würde ein wenig half, aber ich schlug eine verlorene Schlacht.

Es ist einfach nicht möglich, den geringsten Rest an Selbstachtung zu wahren, wenn man auf einem räudigen Packpferd geführt wird, entlang einer Straße, die von zukünftigen Nachbarn gesäumt wird, von denen jeder ein geborener Reiter ist. Pedro wußte das. Tatsächlich wurde mir bald klar, daß er die ganze Sache zu meiner Erniedrigung geplant hatte. Er kostete die Situation in vollen Zügen aus, winkte jedem zu, an dem wir vorbeikamen, um die Aufmerksamkeit auf Pedro den Eroberer zu lenken und auf dieses in höchstem Maße hilflose Bündel von Ausländer, das er sich zugelegt hatte.

Ich konnte mir den Klatsch im Tal nur allzu gut vorstellen: ›Romero hat sich diesen reichen Ausländer zugelegt‹ – alle Ausländer gelten als reich – ›und er schleppt ihn auf diesem knochigen Packpferd herum wie einen Sack Bohnen. Der arme Kerl scheint von irgendeinem Ungeziefer befallen zu sein. Er kratzt sich die ganze Zeit...‹«

Wer sich als Auswärtiger in das andalusische Landleben zurückzuziehen gedenkt, sollte weiters darauf vorbereitet sein, daß seine dortige Nachbarschaft von ihm absolute Anpassung an die örtlichen Gepflogenheiten erwartet. Wobei recht besehen eigentlich gar nicht von Anpassung gesprochen werden kann, denn zumal die älteren Leute vermögen sich schlicht nicht vorzustellen, daß irgend etwas irgendwo auf der Welt gewöhnlich anders gehandhabt wird, als dies bei ihnen *costumbre* ist. Auch das hat Stewart erlebt und beschrieben:

»Jede ländliche Verrichtung hat in den Alpujarras ihren zugewiesenen Tag, übereinstimmend mit dem zunehmenden und abnehmenden Mond oder damit, daß etwas auf einen Freitag fällt. So fängt das Jahr immer damit an, daß am 1. Januar der Knoblauch gesät wird; dann werden die Weinreben beschnitten – am 24. oder 25., je nachdem, wo genau man wohnt. Die meisten Arbeiten hängen mit dem Namenstag eines Heiligen zusammen – ebenso wie viele meteorologische und kosmische Phänomene. So zum Beispiel das Verschwinden der Schwärme von Pferdebremsen, die das Dorf Fregenite plagen, jeweils exakt am Johannistag.

Das System ist logisch. Es ist sehr viel einfacher, sich an den Namenstag eines Heiligen zu erinnern – etwas, das jedem von Geburt an ins Hirn gehämmert wurde –, als ein aus Zahlen bestehendes Datum. So wird die enorme Last an Information, die ein analphabetischer Bauer in seinem Kopf behalten muß, auf ein erträgliches Maß reduziert. Mit der Hilfe der Heiligen wissen sie auswendig, was wann getan werden muß.

Aus irgendeinem Grund – schlechte Organisation, Vergeßlichkeit, Faulheit – erwischte ich nicht immer den richtigen Tag. Letztes Jahr habe ich die Reben am 29. Januar beschnitten – ziemlich mit mir zufrieden, weil ich so nahe am richtigen Datum dran war. Josefina aus dem Dorf kam vorbei. Sie blieb stehen und sah mich mißbilligend an: ›Du sollst Reben am 25. beschneiden!‹

›Ich weiß, aber ich bin nur vier Tage zu spät. Das ist doch nicht allzu schlimm?‹

›Wir beschneiden unsere immer am 25., egal ob es regnet oder die Sonne scheint. So kriegen sie keine Krankheiten oder Insektenbefall.‹

›Heißt das, ihr müßt keine chemischen Pflanzenschutzmittel benützen?‹

›Bist du verrückt? Wir nebeln sie mit jedem Pestizid oder Fungizid ein, dessen wir habhaft werden können!‹

Woraus man ersehen kann, wie wichtig es ist, den richtigen Tag zu erwischen.«

Auch Verständigungsprobleme sollten in Betracht gezogen werden. Da kann jemand an einer Sprachschule den Spanisch-Kurs mit ausgezeichnetem Erfolg absolviert haben – im andalusischen Alltag wird garantiert ganz anders gesprochen. Daran kann man sich rasch gewöhnen. Doch etwas länger dauert es mitunter bei manchen Einheimischen, bis sie sich daran gewöhnen, daß ein Ausländer bemüht ist, sich in einer Sprache mitzuteilen, die der ihren mehr oder minder nahe kommt. Folglich wurde zuerst einmal der örtliche Maurer, den Stewart gegen gutes Geld häufig beschäftigte, zum Dolmetscher auserkoren:

»›Das ist also dein Ausländer, Domingo – spricht er Spanisch?‹

Arsenio war der Inbegriff eines Schäfers aus den Alpujarras – klein, sehnig und braungebrannt wie Leder. Seine knorrigen Züge spalteten sich zu einem Grinsen, während er heftig meine Hand schüttelte.

›Einen schönen Platz haben Sie hier, Arsenio.‹

Ein Ausdruck höchster Verwirrung machte sich in seinem Gesicht breit. ›Was hat dein Ausländer gesagt, Domingo?‹

›Er sagt, es gefällt ihm hier.‹

›He, he, wunderbar, prächtig. Gut, essen wir etwas.‹

›Also ... wir haben eben gefrühstückt. Könnten wir nicht ...‹

›Was sagt er, Domingo?‹

Es war aussichtslos, zu versuchen, sich direkt mit Arsenio zu verständigen. Er war der Überzeugung – und damit steht er nicht allein –, daß jemand, der nicht aus den Alpujarras kam, nicht zu verstehen sei. Er schaltete in dem Moment, da ich sprach, einfach ab, blickte zu Domingo, als ob ich etwas garstiges gesagt hätte, und wartete darauf, daß dieser meine Worte wiederhole.«

Szenen wie diese wären naturgemäß an der Costa del Sol oder in anderen für den Tourismus voll erschlossenen Gegenden Andalusiens längst undenkbar. Dort sind eher die »Hier sprechts Deutsch«-Schilder immer häufiger zu sehen. Was ist davon zu halten? Juan Goytisolo hat darüber in der 1978 aktualisierten Ausgabe seines 1969 erstmals im schweizerischen Exil erschienenen Buches *Spanien und die Spanier* nachgedacht:

»Meine persönliche Haltung ist eher zwiespältig. Wenn ich der spanischen Landschaft gegenübertrete, so tue ich es mit dem inneren Widerstreit und der Zerrissenheit Brenans: von einem ästhetischen und zugleich kritischen Standpunkt aus, als aktives Subjekt und als distanzierter Betrachter. Mein längerer Aufenthalt in Industrieländern hat mich empfänglich gemacht für den etwas wilden und rauhen Reiz der vorindustriellen Landschaft: So bin ich, dem heutigen Touristenboom zuvorkommend, wohl einer der ersten Spanier gewesen, die die düstere Schönheit der Gegend um Almería erfaßten; als ich hinkam, sah ich sie bereits mit den Augen eines Menschen, der schon mehr oder weniger der modernen Konsumgesellschaft angehörte. Die grandiose, phantastische Felswüste von Tabernas... und die ursprüngliche, zauberhafte Küste zwischen Cartagena und dem Kap Gata konnten mit ihrem ›afrikanischen‹ Gepräge für jene Spanier nichts Verlockendes an sich haben, die sich – vernünftigerweise – bemühten, eben diesem ›Afrikanismus‹ zu entrinnen, und deren Wünsche auf eine bebaute, von der schöpferischen Tätigkeit des Menschen geformte Landschaft gerichtet waren...

Heute, wo die sichtbarsten und aufdringlichsten Erkennungszeichen der Konsumgesellschaft (Tankstellen, Snackbars, Motels, Plakate) die bis vor kurzem noch natürliche Landschaft der Halbinsel mit einem Vorhang verfremdender Reizmittel überziehen, beginnen die Spanier ihr eigenes Land mit anderen Augen anzuschauen und einer Ursprünglichkeit nachzulaufen, die mehr und mehr verschwindet; ihr Zauber nimmt tatsächlich um so mehr zu, je exotischer und rarer sie wird. Die bewußte und besonnene Übernahme der ›ökonomischen‹ Kriterien einer modernen Industriegesellschaft führt paradoxerweise zur sentimentalen Verherrlichung der primitiven und altertümlichen Werte...«

Kapitel 3

Das verlorene Paradies – Der Abstieg in die Gegenwart von Granada

Es war einer jener klaren Sonnentage, die typisch sind für den Herbst in Andalusien. Wir kamen vom Westen und fuhren auf das Gebirge am Horizont zu. Die höchsten Spitzen der Sierra Nevada waren mit Schnee bedeckt – schon wieder oder noch immer? Unterhalb des Bergmassivs waren die Umrisse von Granada mehr zu erahnen denn zu erkennen. Doch die rotschimmernde Alhambra meinten wir oberhalb der Stadt deutlich sehen zu können.

Noch etwas anderes schob sich ins Bild: die grauen Industrieblocks und Wohnmaschinen, die den historischen Stadtkern einschnüren. Santa Fé ist mit diesem Neubaugürtel, der in die Vega hinauswuchert – die fruchtbare Ebene mit ihren Kornfeldern und Birkenwäldern, die im Sonnenlicht silbrig glänzen – schon beinahe zusammengewachsen: eine schlichte Siedlung hinter einer im Quadrat angelegten Stadtmauer mit vier Toren, von denen jedes den Weg in eine andere Himmelsrichtung freigibt. Wir kommen an einer Fremdenpension vorbei, die den Namen Colón führt, wie Christoph Kolumbus in Spanien genannt wird. Danach an einer Bar desselben Namens, an einem Friseurladen namens Isabel – nach Colóns Gönnerin, der kastilischen Königin –, an einer Apotheke Rey Fernando, wie deren königlicher Gatte hieß ...

Im Zentrum des Quadrats stoßen wir auf eine in keiner Hinsicht bemerkenswerte Kirche. Eine Tafel belehrt uns, die Fläche davor sei der Exerzierplatz der Armee gewesen, die unter dem

Kommando der Katholischen Könige von hier aus die letzte maurische Bastion in Europa belagerte. Granada eben. Vielmehr die Alhambra, die maurische Königsburg, die eindrucksvoll davon zeugt, daß ihre Erbauer allen anderen Künsten ungleich mehr zugetan waren als der Kriegskunst. Doch davon später.

Eine andere Tafel im Zentrum von Santa Fé weist uns auf den Palast von Isabel und Fernando hin – doch wo ist er? Wir umkreisen das Gebäude, an dem diese Aufschrift angebracht ist, öffnen die Pforte im Zaun zwischen der Kirche und dem einstöckigen, zur einen Hälfte mit einem weißen Fassadenanstrich versehenen, zur anderen Hälfte schäbigen Gemäuer, und suchen nach einem Durchgang. Vielleicht liegt der königliche Palast hinter einer der Mauern verborgen, die uns bei jedem neuen Anlauf den Weg versperren.

Schließlich fragen wir einen mit gelangweiltem Blick vorbeischlendernden Polizisten, wo der Palast zu finden sei.

»Na hier – steht doch drauf«, sagt er und weist auf das armselige Haus, das wir schon die ganze Zeit umkreisen.

Vielleicht mag es ja manchem gegeben sein, den Atem der Geschichte zu fühlen – zu sehen ist er nicht. Zumal hier nicht, wo Kolumbus 1492 von den spanischen Königen endlich grünes Licht für seine erste Expedition erhielt, die ihn eigentlich hätte nach Indien führen sollen. Und von wo aus diese zu Beginn desselben Jahres die Einnahme Granadas befehligten. Es war in mehrfacher Hinsicht ein schicksalhaftes Jahr, von dem ausgehend Spanien und die Welt verändert werden sollten. Niemand scheint berufener, uns dies darzulegen, als Carlos Fuentes, der Mexikaner, der aussieht wie der vollkommene Andalusier. Man kann es auch so sagen: Sein äußeres Erscheinungsbild erinnert an den ägyptischen Schauspieler Omar Sharif. Ein attraktiver Mann somit – zudem einer mit Haltung, innerer wie äußerer. Der Sohn eines Diplomaten hatte schon als Kind einiges von der Welt gesehen und dann seiner Regierung selbst im diplomatischen Dienst an so bedeutenden Orten wie Paris gedient. Dieser Laufbahn setzte er ein jähes Ende, um auf diese Weise dagegen zu protestieren, wie seine Regierung in den späten Sechzigerjahren gegen rebellische Studenten vorgehen ließ. In erster Linie war Carlos Fuentes ja selbst immer ein kritischer Intellektueller. Und als solcher hat er sich nie nur mit den Angelegenheiten seines eigenen Landes befaßt, sondern stets die ignorante Arroganz der Barbaren aus dem Norden – also den USA – mit ätzenden

Kommentaren seziert, sowie mit seiner Heimat im weiteren Sinne gelitten. Die stellt für gebildete Lateinamerikaner jeder Ort dieser Welt dar, wo Spanisch gesprochen wird. Wenngleich solche Leute einen sehr ambivalenten Patriotismus zu praktizieren pflegen. Klar, sind sie doch das Produkt einer *mestizaje* – der Vermischung europäischer Eroberer und Einwanderer mit amerikanischen Ureinwohnern. Folglich gleichermaßen die Nachkommen von Vergewaltigern und Vergewaltigten. Wer sich dessen bewußt ist, wird nach seinen Wurzeln ebenso wie nach den Entwicklungen, die zu seiner gegenwärtigen Existenz geführt haben, stets auf beiden Kontinenten suchen: in der Alten ebenso wie der Neuen Welt. Und er wird seinen Blick dabei des weiteren auf den Orient richten, woher viele der Einflüsse nach Spanien – vor allem nach Andalusien – gelangt sind, die sich dann von hier aus bis jenseits des Atlantik ausbreiteten. Wir werden später auf eine der Ursachen zu sprechen kommen, warum Spaniern gewöhnlich jener weite Horizont fehlt, um den ihnen die schmale Elite der gebildeten Lateinamerikaner häufig überlegen ist. Weil insbesondere bei ihm diese Überlegenheit evident ist, können wir uns beim Versuch, Spanien – und vor allem Andalusien – verstehen zu lernen, bei den Beobachtungen und Überlegungen von Carlos Fuentes bedienen. Wir werden also auf unserer Reise noch häufig bei diesem Autor nachlesen, der wie kaum ein anderer das wahre Wesen hispanischer Literatur verkörpert, von der man getrost behaupten kann, daß ihr Mekka in Andalusien liegt: Nämlich ein stetig sich erneuerndes Bindeglied zwischen Orient, Okzident und Neuer Welt zu sein. Eine Literatur zudem, die sich aus Quellen speist, die über drei Kontinente verteilt sind. In *Terra nostra*, dem bedeutendsten seiner Romane, verknüpft Fuentes mit leichter Hand klassisches europäisches Bildungsgut mit den Mythen des vorkolumbianischen Amerika. In *Der vergrabene Spiegel* wiederum, seinem scharfsinnigen Essay über *Die Geschichte der hispanischen Welt*, bezieht er zudem vor dem Hintergrund von Granada das maurische Erbe in diese Achse ein:

»Sicherlich waren sich Ferdinand und Isabella bewußt, wie wichtig die Einnahme Granadas war, aber sie können nicht ernsthaft den Schaden vorausberechnet haben, den sie im selben Jahr 1492 durch die Vertreibung der Juden über Spanien brachten. Und als sie einen obskuren Seemann namens Christoph Kolumbus auf eine wilde Jagd hinter den Horizont schickten, schloß die Hoffnung der Monarchen, die Portugiesen auf dem schnellsten

Seeweg nach Indien auszumanövrieren, mit Sicherheit nicht die Erwartung ein, daß sie auf einen völlig neuen Kontinent stoßen würden, das dritte große Ereignis von 1492. Dagegen wird die vierte Großtat dieses entscheidenden Jahres in den Geschichtsbüchern kaum erwähnt: Antonio de Nebrija veröffentlichte die erste Grammatik der spanischen Sprache, ein Instrument von künstlerischer Bedeutung, moralischer Stärke, politischer Offenheit und multirassischer Einheit, das viele Tugenden und die meisten Narrheiten der katholischen Monarchen Isabel de Castilla und Fernando de Aragón überleben sollte.«

Indes vermochte die Vollendung der Sprache, der Cervantes sich bedienen sollte – auf den wiederum dieser Autor ebenso wie nahezu alle bedeutenden Schriftsteller hispanischer Herkunft sich beziehen – nicht aufzuwiegen, was Fuentes an anderer Stelle als unwiederbringlichen Verlust benennt: die in al-Andaluz vollzogene Symbiose von maurischer Sinnlichkeit und jüdischer Rationalität.

Bis in die Gegenwart gehört zumal in Spanien für viele das Trugbild zur Staatsdoktrin, wonach die in Granada endgültig vollzogene Ablösung der maurischen Herrschaft durch einen sich auf christlichem Fundamentalismus gründenden Staat ein Ausdruck allumfassender Überlegenheit abendländischer Zivilisation sei. Dem zu widersprechen blieb meist den Außenseitern der traditionellen spanischen Gesellschaft vorbehalten – wie Federico García Lorca, der in zumindest literarischer Hinsicht bedeutendste Sohn dieser Stadt, bei allem Erfolg einer war: »Es war ein verhängnisvolles Ereignis, obgleich sie in den Schulen das Gegenteil behaupten. Eine bewundernswerte Kultur, Dichtung, Architektur und eine in der Welt einmalige Delikatesse – alles ging verloren, um eine verarmte, jämmerliche Stadt, eine Wüste zu hinterlassen, die heute von der schlimmsten Bourgeoisie Spaniens bevölkert ist«, schrieb der Dichter, kurz bevor er 1936 von den Franco-Faschisten entführt und ermordet wurde.

Das offizielle Spanien hatte lange Zeit versucht, die Umstände und Hintergründe dieses Verbrechens zu vertuschen. Es blieb ausländischen Hispanisten vorbehalten, in langwierigen Recherchen die Wahrheit ans Licht zu bringen. Einer von ihnen war der 1939 in Dublin geborene Ian Gibson, der sich an den Universitäten von Belfast und London mit spanischer Literatur befaßt hatte. Er war im Werk von Gerald Brenan auf erste Hinweise gestoßen, die ihm signalisierten, daß in der Causa García Lorca noch einiges aufzuklären wäre. Gibson begab sich nach Spanien und forschte dort weiter, wo es den Einheimischen gewöhnlich geraten schien, nicht so genau hinzusehen. Das Ergebnis war ein Buch über Lorcas Tod, dann eine Lorca-Biographie, sowie eine Reihe weiterer Werke zu hispanischen Themen. Nach dem Ende der Franco-Herrschaft ließ sich Gibson dauerhaft in Spanien nieder. Inzwischen ist er spanischer Staatsbürger und in dem zwischen Granada und Málaga gelegenen kleinen Ort Huerta de San Cecilio, wo er seinen Wohnsitz aufgeschlagen hat, nun nebenbei als sozialistischer Kommunalpolitiker tätig. Ian Gibson hat ebenso den einzigartigen Stadtführer *Lorcas Granada* publiziert, in dem er deutlich macht, welche Geisteshaltung hinter der am Dichter verübten Bluttat stand. Einer der Mörder brüstete sich, er habe dem Dichter »weil er ein Schwuler war, zwei Kugeln in seinen Arsch« abgefeuert. Gibson ist überzeugt, daß es sich bei diesem Mann keineswegs um einen einzelnen Verwirrten gehandelt hat: »Dieser Art war die Mentalität der örtlichen Bourgeoisie.«

Zu dieser Einschätzung wurde der Biograph nicht zuletzt von seinem Protagonisten bewogen:

»Seine bissige Einstellung zur Mittelklasse Granadas hat Lorca konstant beibehalten. In seinen Briefen kommt diese Haltung gegenüber seinen Mitbürgern immer wieder zum Ausdruck, und er behauptet, die Granadiños seien keine echten Andalusier, sondern eher die kulturlosen Nachkommen der christlichen Eroberer aus dem Norden, die jenes Gebiet neu besiedelten und allem, was sie dort vorfanden, mit völliger Unsensibilität begegneten…

Seine Ansichten zu dem Granada unter der Oberfläche hat Lorca am klarsten in seinem Vortrag über den granadinischen Dichter Pedro Soto de Rojas (1584–1658) dargelegt. Den Titel seines langen Gedichtes *Paraíso cerrado para muchos, jardínes abiertos para pocos* (Paradies, für viele versperrt; Gärten, für wenige geöffnet) hielt Lorca für die genaueste Definition des wahren Geistes von Granada.«

Auf den Spuren von Federico García Lorca

Santa Fé taugt somit wohl nicht so recht als Ouvertüre zu einem Besuch von Granada. Also fahren wir ein paar Kilometer weiter in das benachbarte Fuentevaqueros, wo der Dichter als Sohn eines

Huerta San Vicente, das Geburtshaus von Federico García Lorca, 1931

Großgrundbesitzers und der Lehrerin des Ortes geboren wurde. Und zwar in dem für Spanien schicksalhaften Jahr 1898, als mit Kuba die letzte überseeische Kolonie aufgegeben werden mußte, was den lange zuvor schon eingeläuteten Rückfall des vormaligen Weltreiches in die politische Bedeutungslosigkeit besiegelte. Doch exakt diese »Katastrophe« – so wird der Vorgang in Spanien noch immer genannt – war es, die eine Gruppe von Dichtern und Denkern in den Vordergrund treten ließ, die – indes auf sehr dissonante Weise – Spaniens Identität in den Mittelpunkt ihrer Werke rückten: die sogenannte Generation von 1898. Teils an diese anzuknüpfen, mehr indes noch ihr neue Antworten und vor allem eine neue Literatur entgegenzusetzen, war später ein Intellektuellen-Zirkel bemüht, zu dem auch Lorca zählte: die sogenannte Generation von 1927. Sie wird unsere Wege noch mehrfach kreuzen – auch deshalb, weil ihr innerster Kern von Andalusiern gebildet wurde. Das wiederum war gewiß kein Zufall, was in besonderer Weise am Beispiel von Federico García Lorca deutlich wird. Er zählte zwar zu den Dichtern, von denen die spanische Literatur an die Moderne herangeführt wurde. Aber »Federico war mehr Andalusier als Spanier, ich möchte sogar sagen, mehr Andalusier als Dichter«, lesen wir in einem Essay von Emilio Garrigues: »Ich will damit nicht erklären, Andalusien sei der einzige Schlüssel zu seiner Persönlichkeit, aber ganz sicher ist es einer, vielleicht sogar der Hauptschlüssel.«

Der Ort von Lorcas Geburt also: Das Bett, in dem er entbunden wurde, steht in dem liebevoll restaurierten Gemäuer eines für diesen Landstrich typischen dörflichen Landhauses. Das Leben und Werk des Dichters wird sorgfältig dokumentiert, ein Führer widmet sich engagiert jedem Besucher. Der Mann scheut sich auch nicht, darauf hinzuweisen, daß das Geburtshaus nur noch nachgeordnete Bedeutung besitzt, seit es in den späten 90ern endlich gelungen ist, die Stadtverwaltung zur Finanzierung einer zentralen Lorca-Gedenkstätte zu bewegen: der Huerta San Vicente – ein Landhaus, das der Familie des Dichters ab 1926 als Sommerresidenz diente. Damals stand das weißgekalkte Gebäude mit seinen schmiedeeisernen Balkongittern, das sich in einem kleinen Park hinter Zypressen verbirgt, faktisch noch in der Vega. Nun ist das Anwesen eingeschnürt vom Neubaugürtel der Stadt, liegt direkt an der Nord-Süd-Umgehungsstraße, die selbst schon wieder zu den eher innerstädtischen Verkehrsadern zählt.

Es war vor allem Laura García Lorca de los Ríos, Federicos tatkräftige Nichte – ehemals Schauspielerin, dann leitendes Redaktionsmitglied der *Vogue* in New York –, die dafür gesorgt hat, daß es hier gleichwohl nahezu wieder so aussieht wie in den Jugendjahren ihres Onkels. Den zentralen Platz im Salon nimmt der Flügel ein – darüber ist das Abiturzeugnis aufgehängt –, an dem der Poet, der ursprünglich Musiker werden wollte, täglich übte. Hier musizierte er mit seinem Freund Manuel de Falla, dem aus Cádiz stammenden Komponisten, der sich nächst der Alhambra niedergelassen hatte.

Eine schmale Treppe führt ins Obergeschoß, wo in Lorcas Schlafzimmer Gemälde von Alberti und Dalí hängen – zwei seiner engsten Freunde, die er in Madrid kennengelernt hatte. Dorthin war Federico 1919 aus der provinziellen Enge seiner Heimatstadt geflohen – mitten hinein in die politischen Umbruchsereignisse, die vorerst in die Ausrufung der Republik münden sollten. Das war der Ort und das waren die Umstände, die dem Poeten den Durchbruch als Dramatiker bescherten. Lorca definierte seine eigene Rolle in dem spanischen Drama, das als lustvolles Spiel begann, auf recht eigenwillige Weise. Einerseits lehnte er eine politische Funktion des Dichters ab: »Ist das nicht schade? Das bedeutet das Ende seines künstlerischen Schaffens!« Gleichwohl sah er sich als politische Figur: »Natürlich bin ich Revolutionär, denn es gibt keinen echten Dichter, der das nicht wäre.« Als Revolutionär wiederum sah er seinen Platz in erster Linie am Theater – so wie er sich dieses wünschte:

»Ein Volk, das seinem Theater nicht hilft und es nicht fördert, ist, wenn nicht tot, so doch todkrank; so auch das Theater, das nicht den sozialen Pulsschlag der Geschichte aufnimmt, das Drama ihrer Menschen, die unverfälschte Eigenart ihrer Landschaft und ihres Geistes, ihr Lachen und ihr Weinen; solch ein Theater hat nicht das Recht, sich Theater zu nennen, sondern muß Spielsaal heißen oder Ort, wo man das Abscheuliche tut, was mit Zeitvertreib bezeichnet wird.«

Auf dem kleinen Arbeitstisch in seinem Zimmer in der Huerta San Vicente liegt die von Benjamin Palencia geschaffene Original-Druckvorlage für ein Plakat der Studenten-Theatergruppe La Barraca, mit der Lorca in den frühen dreißiger Jahren bis in die hintersten Winkel des Landes getingelt war, um das Licht der Kultur in die finstersten Nischen zu tragen. Das entsprach der Politik der jungen Republik. Es war für ihn ein Geben und Nehmen, bei dem der Dichter vielerlei Einsichten und Anregungen für seine Arbeit gewann. Das betont Dámaso Alonso – selbst Dichter, vor allem aber Kritiker und als solcher der Theoretiker und Chronist der Generation von 1927 –, wenn er in seinen *Essays zur spanischen Literatur* berichtet, es »schlossen sich in unseren Tagen aufs neue die wesenhaft spanischen Züge zusammen, verdichtete sich unsere weitverstreute Tradition, der Witz unseres Verstandes, die Schlagfertigkeit unserer Bauern, die eigentümliche Atmosphäre und die Vogeltrillern ähnlichen Fiorituren unserer Volksweisen; all diese Elemente blühten auf und vereinigten sich, zur Vollkommenheit gesteigert. Daraus erwuchs die Kunst García Lorcas.«

Dieses plötzlich pulsierende Leben war freilich schon bald als ein Traum zu erkennen, dessen Ende sensible Gemüter absehen konnten. Federico García Lorca entwickelte erste Ahnungen in diese Richtung, als er in den Jahren 1929/30 eine mehrmonatige Reise nach Amerika unternahm – angezogen vor allem von Kuba, das bis in die Gegenwart für viele Spanier als eine Art verlorenes Paradies gilt. Doch er bereiste ebenso die USA und gelangte dort in Städte, die für einen jungen Mann aus dem provinziellen Spanien wie von einem anderen Planeten erscheinen mußten. *Dichter in New York* lautet der Titel des Gedichtbandes, der gelegentlich dieser Reise entstand und in dem deutlich wird, in welchem Maße er aus der Entfernung die Zustände und Vorgänge in seiner

Heimat klarer zu sehen begann. Auch darauf macht uns Carlos Fuentes aufmerksam, der stets die großen Zusammenhänge im Blick hat:

»Obwohl Spanien eine Verstrickung in den Ersten Weltkrieg vermeiden konnte, war es machtlos, als es durch zwei Sachverhalte in Mitleidenschaft gezogen wurde. Einmal wurde es von den Widersprüchen und Gefahren eines korrupten, kriegsmüden, desillusionierten Europa überflutet. Zweitens mußte Spanien erkennen, daß die Welt draußen genauso tragisch deformiert war, wie es das von sich selbst glaubte – so deformiert wie eine sich auflösende Uhr in einer Landschaft von Salvador Dalí, so schockierend wie der aufgeschnittene Augapfel in der Szene von Luis Buñuels Film *Ein andalusischer Hund*. Sogar Federico García Lorca, der Dichter der schmelzenden Schönheit Andalusiens, sah die Welt als eine unfruchtbare, schlaflose Hölle: ›Und auf der Welt schläft niemand. Niemand, niemand‹, schrieb er in seinem *Dichter in New York*. Und als ob er Calderón de la Barca über die Jahrhunderte hinweg antworten wollte, fügte er noch hinzu: ›Das Leben ist kein Traum. Habt acht! Habt acht!‹

In Spanien mußte man genauso achtgeben. Lorcas Schauspiele und Gedichte sind schicksalstrunken. Der Schatten des Todes hängt über ihnen. ›Todesschreie steigen auf nahe beim Guadalquivir‹, so hört sie der Dichter im *Tod des Antonito el Camborio*, aber er spricht sich selbst in der dritten Person an und wendet sich an seine zukünftigen Mörder: ›Ach, Federico García/Ruf die Guardia Civil!‹«

Als schließlich am 18. Juli 1936 das um Franco gescharte Generals-Gesindel putschte, war dem Dichter wohl klar, daß alle seine Vorahnungen nicht bloß ein böser Traum gewesen waren. Er verließ Madrid, suchte Schutz in Granada, das die Faschisten indes schon am 20. Juli in ihre Gewalt brachten. Und als sie erkennen mußten, daß der Widerstand fast überall im Land bei weitem heftiger war, als sie das erwartet hatten, versuchten sie in dieser Stadt alle Gegenwehr durch besonders brutalen Terror im Keim zu ersticken. Lorcas Schwager, der nur etwa eine Woche im Amt gewesene sozialistische Bürgermeister von Granada, Manuel Fernández Montesinos, wurde noch an diesem 20. Juli vom Falange-Pöbel entführt und kurz darauf ermordet. Anfang August versuchte Federico unterzutauchen. Er versteckte sich gewissermaßen im Rachen der Bestie: in dem nahe der Kathedrale in der Calle Angulo gelegenen Haus – es beherbergt nun ein Hotel –

seines Dichterfreundes Luis Rosales, dessen beide Brüder zu den führenden Falangisten von Granada zählten. Er wurde verraten, entführt und im Morgengrauen des 19. August nahe des Dorfes Víznar wenige Kilometer oberhalb von Granada erschossen. Seine Leiche wurde wohl dort in einer Schlucht nahe der Fuente de las Lágrimas – der Quelle der Tränen – verscharrt.

Vom Zimmer des Dichters in der Huerta San Vicente führt eine Tür auf einen kleinen Balkon, auf den er in seinem Gedicht *Despedida* (Abschied) zu sprechen kommt:

Wenn ich sterbe,
macht den Balkon nicht zu
Das Kind ißt Orangen
Von meinem Balkon aus sehe ichs
Der Schnitter mäht Korn
Von meinem Balkon aus spür ichs
Wenn ich sterbe,
macht den Balkon nicht zu

Von hier aus also hat Federico García Lorca auf das Panorama der Stadt geblickt, über die er an einen Freund schrieb: »Das ist Granada. Als Schönheit ist es unglaublich. Aber es hat eine überraschende Wirklichkeit.« In diese Kategorie fällt wohl, wie das offizielle Granada in den letzten Jahrzehnten mit dem jüngeren Kultur-Erbe der Stadt umgegangen ist. Zwar finden wir im Stadtzentrum eine Plaza Mariana Pineda mit einem Denkmal für diese Frau, die 1833 von den Schergen des tyrannischen Königs Fernando VII. erschossen wurde, weil sie die Flagge der Liberalen bestickt und ihre Gesinnungsgenossen nicht verraten hatte. Doch dieses Monument wurde bereits 1841 errichtet. Indes wurde 1966 das gleichfalls an diesem Platz domizilierende Teatro Cervantes beseitigt, in dem am 29. Mai 1929 erstmals in seiner Heimatstadt García Lorcas Stück *Mariana Pineda* aufgeführt wurde. Bei ihm wurde die volkstümliche Legende von Marianas Opfertod nicht zuletzt zu einer Anklage gegen die der Franco-Diktatur vorangegangene *dictablanda*: die vergleichsweise noch sanfte Diktatur von Primo de Rivera, eines in Generalsuniform auftretenden Rauschkindes aus der andalusischen Sherry-Stadt Jerez. Erneut läßt der Dichter darin Todesahnungen anklingen. Doch damals noch mit der Hoffnung auf eine neue Zeit verknüpft:

Kein Mensch in Granada
schaut auf, tritt ans Fenster, wenn Sie da vorbeiziehn
zum Tod. Andalusier schwatzen, doch lassen
im Stich mich. Und wenn auch! Denn e i n e r wird kommen
und sterben mit mir – das genügt. Doch er kommt ja
als Retter!

Ein paar Straßen weiter, in der Calle Aguilas, stehen wir vor dem mit einer Kette verschlossenen Haustor einer längst unbewohnten Ruine. Ein 1870 angebrachtes Schild kündet davon, dies sei der letzte Aufenthaltsort von Mariana Pineda gewesen. Doch kein Wort darüber, was weiter geschah.

In Granada wird ein ganz anderes Andenken hochgehalten. Jedes Jahr am 2. Januar reisen traditionell die Rechtsextremen aus dem ganzen Land hierher, um zusammen mit den örtlichen Stützen der Gesellschaft die Einnahme der Stadt durch die Katholischen Könige zu zelebrieren. Mit Trommelwirbel und Fanfarenklang, unter wehenden Bannern und teils angetan mit historischen Kostümen ziehen Traditionalisten und schlimmeres Gesindel zur Gran Via – zum monströsen Standbild der Königin, vor der Kolumbus kniet. Das in Bronze gegossene Paar spiegelt sich in der braunen Glasfassade eines besonders häßlichen Bankpalastes, was gewiß Zufall ist, doch eines tieferen Sinns nicht entbehrt. Hier wird alljährlich demonstriert für die Seligsprechung von Isabel als »Dank für die Evangelisierung Amerikas.« Diese gute Tat war zwar mit einem aberwitzigen Völkermord an den Ureinwohnern der Neuen Welt verbunden, welcher zahlenmäßig in der Geschichte der Menschheit ziemlich einmalig dasteht. Doch derlei Überlegungen anzustellen gilt noch immer als abartig unter den ehrbaren Bürgern der Stadt, die am 2. Januar zuerst einmal die Kathedrale aufzusuchen pflegen, um im Gebet spirituelle Stärkung zu suchen am Grabmal der Katholischen Könige, auf dem geschrieben steht: *MAHOMETICE SECTE PROSTRATORES ET HERETICE PERVICACIE EXTINCTORES* (Bezwinger der mohammedanischen Sekte und Vernichter des ketzerischen Eigensinns).

Doch wie das so ist in Spanien und insbesondere in Andalusien: Die Gegensätze liegen stets eng beieinander. Gleich gegenüber dem Eingang zur Königlichen Kapelle finden wir im Haus Nr. 14 der Calle Oficios eines der ältesten und zugleich besten Restaurants von Granada, das Sevilla. García Lorca verkehrte hier gerne. Der schon erwähnte Dámaso Alonso hat die Episode überliefert, wie er 1927 – unmittelbar nachdem sich die Generation von 1927 in Sevilla gewissermaßen konstituiert hatte – von Federico in dieses Lokal eingeladen wurde und der Gastgeber den Wirt an den Tisch rief und ihn bat, *Primera Soledad* von Luis de Góngora zu rezitieren – dem intellektuellen Urahnen der Generation von 1927, dem wir in Córdoba begegnen werden. Tatsächlich schaffte der Mann das Kunststück, die 1091 Zeilen dieses hochkomplizierten Gedicht-Torsos aus dem Gedächtnis fehlerfrei vorzutragen.

Die Rückkehr der Jünger des Propheten

Nun führt Juan Luis Álvarez – ein Neffe des von der Poesie besessenen Wirtes – das Lokal, das nach wie vor überaus empfehlenswert ist. Der jetzige Patron kann zwar keine Gedichte rezitieren, doch er ist eine unerschöpfliche Quelle für Informationen über den aktuellen Stand der Stadtgespräche. Er scheint klammheimliches Vergnügen dabei zu empfinden, wenn er berichtet, was seine Mitbürger seit etlicher Zeit als die massivste Bedrohung für ihre Stadt empfinden: die stetige Re-Islamisierung von Granada. Doch die geht nicht etwa von den zugewanderten magrebinischen Händlern aus, die in dem fraglos aus touristischen Gründen auf dem Gelände des vormaligen maurischen Seidenmarktes im Zentrum von Granada nach orientalischem Vorbild gestalteten Suk allerlei Tand feilbieten. Muslimischer Lebensstil breitet sind vor allem deshalb seit Jahren rasant in Granada wieder aus, weil zum Islam konvertierte Spanier aus allen Landesteilen in diese Stadt zu ziehen pflegen. Ihr Revier ist der Albayicín-Hügel, zugleich das bevorzugte Quartier der örtlichen Künstler und Intellektuellen. Einer von ihnen führt uns dort ein: Felipe Romero, 1930 geboren, war während der Diktatur ein mutiger Anwalt mit überwiegend proletarischer Klientel. Nun kann er sich endlich ganz seiner Leidenschaft widmen: der Schriftstellerei. Sein Thema sind vor allem die Kuriositäten seiner Heimatstadt, die er in vorderhand zwei Büchern gesammelt hat, die freilich nur auf Spanisch vorliegen: *El segundo hijo del mercader de sedas* (Der zweite Sohn des Seidenhändlers) und *Paseo naif por las iglesias de Granada* (Argloser Rundgang durch die Kirchen

Granadas). Als Ausgangspunkt unseres Erkundungsgangs hat er die zentrale Plaza Nueva vorgeschlagen, die sich tatsächlich vorzüglich als Startort für jede Besichtigungstour in dieser Stadt anbietet. Konkret: Die dort domizilierende Buchhandlung Morabitum, ein Zentrum des neo-islamischen Kulturlebens von Granada und zudem ein Ort für Freunde gedruckter Kuriositäten. Hier findet der Liebhaber nicht alltäglicher Werke etwa eine romanhafte Biographie eines Cordobeser Toreros, verfaßt von einem baskischen Muslim. Allah u akbar, wie die südlichen Nachbarn so treffend zu sagen pflegen.

Doch so richtig beginnt der andalusische Orient erst, als wir die Caldería vieja hinaufschlendern zum Albayicín. Wie auf der anderen Seite der Meerenge von Gibraltar stehen hier entlang der engen Gassen die Türen zu den kleinen Werkstätten der Handwerker offen: die des Schuhmachers ebenso wie jene des Gitarrenbauers, des Schreiners wie des Kupferschmieds. Im Gemischtwarenladen an der Ecke wird Cus-Cus angeboten, und viele herkömmliche Kneipen wurden längst in eine *tetería* verwandelt: eine Teestube mit ein paar niedrigen Tischchen, in deren Metallplatten Arabesken getrieben wurden. Schummriges Kerzenlicht fällt aus bunten Glasampeln auf Wandteppiche, Keramik und kupfernes Gerät. Er riecht nach Patchouli, Orangenblüten und süßen, wohl nicht ganz gesetzeskonformen Rauchwaren. Aus einer filigran gearbeiteten Kanne wird in kleine Porzellanschälchen *te moruño* gegossen – maurischer Tee eben, und nicht *infusión*, wie in Spanien jene Flüssigkeit genannt wird, die Festlandeuropäer gewöhnlich für Tee halten.

Im Gegensatz zum Stadtzentrum von Granada, das unentwegt von lärmendem und stinkendem Autoverkehr verstopft ist, kann der Besucher auf dem Albayicín geruhsam flanieren und dabei ständig neue Entdeckungen machen. So weist ein Schild auf die Möglichkeit hin, den Daheimgebliebenen eine Postkarte zu senden, die den Reisenden in einer Szene aus *Tausend und eine Nacht* zeigt. Diese Geschäftsidee hat sich Manuel Castillo einfallen lassen, der als Requisiteur beim Film tätig war. Der von seiner Familie seit Generationen bewohnte Carmen – ein typisches Granadiner Bürgerhaus mit einem üppigen Terrassengarten – bietet freien Ausblick auf die am gegenüberliegenden Hügel thronende Alhambra. Vor dieser Kulisse posiert eben eine für die Aufnahme altarabisch eingekleidete Kleinfamilie: Vater und Sohn mit dem Krummdolch im Gürtel. Die Frau Mama schwankt noch, ob sie verschleiert abgelichtet werden will. Den reichhaltigen Kostümfundus hat Manuels Frau Pilar drüben in Marokko aufgestöbert – sie war Kostümbildnerin beim Film.

Nach der Arbeit besuchte sie früher mitunter ein Fitness Studio. Inzwischen steht ihr ein Granada angemessenerer Ort zur Verfügung, um nicht einzurosten: Yamilas Bauchtanzschule. Deren dunkelmähnige sowie ein wenig zu der im Orient bei Frauen überaus geschätzten Üppigkeit neigende Chefin stammt aus Sevilla und hat sich in Kairo ausbilden lassen. Dort tanzen auch Männer, erzählt sie, und führt ihrer durchweg weiblichen Klientel vor, wie stilgerecht die Hüften zum Schwingen und der Bauchnabel zum Kreisen gebracht werden. Die Damen kichern bei der Vorstellung, derlei im Verband mit andalusischen *machotes* auszuführen. Nein, meinen sie übereinstimmend, dafür wären ihre Männer gewiß nicht zu haben. So weit ist die al-Andaluz-Renaissance wohl doch noch nicht gediehen.

Ein paar Häuser weiter landen wir in einem Gewölbe, wo Mohamed Umar Pérez Tello – ein richtiger spanischer Neo-Muslim – an den Mixturen von Parfums tüftelt, die er nach altmaurischen Formeln herstellen will. Das erklärte Ziel des zartgliedrigen Bartträgers ist es, zehn schon vor mehr als 1000 Jahren verbreitet gewesene Aromen zu rekonstruieren: »Granada war ein Weltzentrum des Parfums, doch damit hat die Inquisition aufgeräumt und solcherart bewirkt, daß wir bis heute von den französischen Parfums kolonialisiert werden.«

Ishaq Sierra wiederum, ein nach seinem Übertritt zum Islam aus der Gegend von Madrid zugewanderter Ingenieur, widmet sich neben seiner leitenden Tätigkeit in der von der muslimischen Gemeinde gegründeten Fabrik für Möbel im maurischen Stil der Wiederbelebung einer anderen Tradition von al-Andaluz: daß nämlich Geld tatsächlich seinem Nennwert entspricht. »VALOR POR VALOR« (Wert für Wert) – ein Aufkleber mit diesen Worten ist neben Kreditkarten-Schildern an den Türen etlicher Restaurants und Läden vor allem am Albaycín zu sehen. Was bedeutet: Hier werden die von Sierra im Auftrag seines Emirs aufgelegten Silber-Dirhame und Gold-Dinare als Zahlungsmittel akzeptiert. Dem Promotor dieses Unternehmens eignet zwar ein wenig der Habitus eines Kreissparkassen-Filialleiters. Das bewahrte ihn gleichwohl nicht davor, von anonymen Denunzianten der Falschmünzerei bezichtigt zu werden.

Granada bleibt eben Granada. Das wird so richtig deutlich, als wir die Plaza de San Miguel erreicht haben – einen der schönsten Aussichtspunkte des Albayicín, wo an die Stelle der alten Moschee eine katholische Kirche getreten ist. In deren Nachbarschaft wollen die Muslime der Stadt eine neue Moschee bauen. Gegen Mitte der neunziger Jahre waren zwei *ulemas*, muslimische Gelehrte also, aus Marokko angereist, um die korrekte Ausrichtung des geplanten Bauwerkes nach Mekka zu bestimmen. Einer bediente sich dabei nach uralten Vorbildern gefertigter astrologischer Gerätschaften. Der andere peilte per Computer die Signale eines Satelliten an. Derlei ergänzt sich für die Muslime von Granada durchaus harmonisch. Wenn sich ihre Kinder am Freitag in der Koran-Schule versammeln, erhalten sie Unterricht in Arabisch – der Sprache des Buches – und Türkisch, der klassischen Handelssprache der islamischen Welt. Und sie lernen, im Internet zu surfen. Geistig im Mittelalter verharren indes die katholischen Fundamentalisten der Stadt. Doch ihr Einfluß ist groß. Mit bürokratischen Winkelzügen konnten sie vorderhand verhindern, daß die geplante Moschee tatsächlich gebaut wird.

Es ist wohl klar, auf welcher Seite Federico García Lorca in dieser Auseinandersetzung gestanden hätte. Von diesem Teil der Stadt aus blickte er häufig hinab auf das von ihm geliebte, doch ihm zugleich von den örtlichen Stützen der Gesellschaft vergällte Granada. Und in einem Carmen am Albayicín lebt die Hauptfigur von *Doña Rosita la soltera* (... die Alleinstehende), mit der er der Haushälterin seiner Familie ein Denkmal gesetzt und zugleich deutlicher als in jedem anderen Stück seine Sicht von Granada dokumentiert hat. Der Dichter suchte die bessere Seite seiner Heimatstadt bei denen, die in dieser ausgegrenzt wurden. Das waren vor allem die *gitanos* – die Zigeuner, die damals noch in den Höhlen ihres heiligen Berges, des Sacromonte, lebten. Der Hügel erhebt sich hinter jenem des Albayicín und dem der Alhambra an der Straße in Richtung Murcia. In ihrem *cante jondo* – dem mäandernden Flamenco-Gesang – erkannte der Dichter die vollkommenste Äußerung der andalusischen Seele. So entstand sein *Poema del cante jondo* und danach *Romancero gitano*: poetische Beschreibungen der entblößten Abhänge mit ihren Feigenkakteen und Agaven, überragt von der Kirche San Miguel el Alto. »Der jugendliche Lorca kam oft hier herauf, um den Gesängen und Tänzen der Zigeuner beizuwohnen, und er hatte viele Freunde unter ihnen«, berichtet Ian Gibson. »Seine Beobachtungen zeigten ihm mehr und mehr, daß sie die tiefsten Elemente der andalusischen Psyche repräsentieren. Er war fasziniert vom Geheimnis um ihre Herkunft und von der Art, wie sie trotz ständiger Verfolgung durch die Behörden über Jahrhunderte hinweg ihre Identität gewahrt haben.«

Es waren keineswegs nur die Behörden, die in den Gitanos minderwertige Subjekte erblickten. Selbst Geistesgrößen ihrer Zeit schrieben gelegentlich Ansichten und Urteile mit leichter Hand nieder, die verblüffen und beschämen. So finden wir in dem Bericht, den der französische Romantiker Theophile Gautier gelegentlich seiner 1840 unternommenen Spanien-Reise verfaßte, über den Sacromonte die Eintragung:

»Der Eingang zu diesen Höhlen ist gekalkt; anstelle der Tür ist ein Strick gespannt, über den ein ausgefranstes Stück Teppich gleitet. Hier drin wimmelt und mehrt sich das wilde Volk. Die Kinder von dunklerer Hautfarbe als eine Havanna spielen nackt ohne Rücksicht auf Geschlecht vor der Schwelle und wälzen sich im Staub, während sie scharfe, kehlige Laute ausstoßen. In der Regel sind die Zigeuner Hufschmiede, Maultiertreiber, Veterinäre und vor allem Pferdehändler... Ihr eigentlicher Beruf ist im Grunde Dieb.

Die Zigeunerinnen verkaufen Amulette, sagen wahr und widmen sich den fragwürdigen Tätigkeiten, die bei den Frauen ihrer Rasse üblich sind...«

Das ist nur ein Beispiel von vielen aus dieser Zeit und den folgenden Epochen. Wir können erkennen: Ein wenig zivilisatorischen Fortschritt hat es in den letzten Jahrzehnten zumindest unter den Dichtern und Denkern gegeben. Nicht einmal mehr unverbesserliche Reaktionäre dieses Standes pflegen derart plumpen Rassismus zu verkünden. Was indes die Gitanos betrifft, so sind unter ihnen in Andalusien noch immer viele Hufschmiede und Pferdehändler zu finden. Vielleicht haben sie im Sinne Lorcas ihre Identität bis in die Gegenwart bewahrt – und verbergen dies bloß aus gutem Grund. Wer nun den Sacromonte aufsucht, erblickt eine verwirrende Mischung von Orten absoluter Verwahrlosung und schon an der nächsten Ecke die Stätten übelsten Touristen-Kitsches, wo für Reisegruppen Flamenco-Darbietungen arrangiert werden, die mit wahrem Flamenco so wenig zu tun haben wie Volkskultur mit dem vertrottelten Musikantenstadl. Und es gibt ebenso adrett eingerichtete Wohnhöhlen, die an Touristen vermietet werden. Wollte Lorca heute noch authentischen Flamenco erleben, so müßte er seinen

Freund Rafael Alberti in der Gegend um Cádiz besuchen – wie wir das später noch tun werden.

Über allem thront die Alhambra

Doch was immer Granada ansonsten zu bieten hat – für den Großteil der Reisenden ist dies bloß Beiwerk zur Hauptattraktion, der Alhambra, die pro Jahr von über zwei Millionen Menschen besichtigt wird: das meistbesuchte Monument Spaniens, das genau genommen aus drei – in gewissem Sinne sogar vier – Komplexen besteht: den Gärten des Generalife, den Palästen der Alhambra, sowie den diesen vorgelagerten Festungsanlagen. Und dann eben noch dem in dieses Ensemble später hineingedrängten Palast aus habsburgischer Zeit, der wenigstens insofern eine vernünftige Funktion erfüllt, als er nunmehr ein Museum islamischer Kunst beherbergt. Dies kann als Frucht der seit etwa einem Jahrzehnt zu beobachtenden Besinnung auf das maurische Erbe Andalusiens auf breiter Ebene gelten – eine Entwicklung, die inzwischen sogar die Tourismus-Strategen erreicht hat. Wobei das Erstaunliche darin besteht, daß es so lange gedauert hat, bis man sich dieser Wurzeln auf breiter Front zu entsinnen begann. In der Tat nämlich hat die Geschichte von al-Andaluz weithin kaum bewußt wahrgenommene Spuren etwa im Vokabular ganz Spaniens hinterlassen. Der in Granada lebende Historiker Antonio Domínguez Ortiz, Doyen der Andalusien-Forschung, zählte in der Landessprache über 2000 Worte eindeutig maurischer Herkunft. Prägnantes Beispiel: *Inshallah* – So Gott will – mutierte im Castellano zu *ojala*: hoffentlich.

Doch selbst unter aufgeklärten europäischen Intellektuellen setzte sich erst im 19. Jahrhundert eine positive Sicht auf die Jahrhunderte von al-Andaluz durch, die in der kollektiven Erinnerung des Orients ohne Unterbrechung präsent blieben. Erwähnt ein arabischer Dichter in seinem Werk Granada, Córdoba, Sevilla oder eine andere bedeutende Stadt von al-Andaluz, so ist es bis heute üblich, an der Stelle den frommen Wunsch einzuflechten: »Allah möge sie dem Islam zurückgeben.«

Die Faszination dieser versunkenen, doch in ihren Monumenten teils noch gegenwärtigen Welt, ist sogar bei säkularisierten Muslimen mit westlichem Lebensstil zu orten, wie das Bei-

Die Alhambra vor den Gipfeln der Sierra Nevada

spiel des in England lebenden indischen Dichters Salman Rushdie zeigt, der mit *Satanische Verse* die Mordlust seiner fundamentalistischen Glaubensgenossen geschürt hatte. Als nächstes schrieb er einen Roman, der schon mit dem Titel *Des Mauren letzter Seufzer* anspielt auf Abu abd-Allah Muhammad, der von jenen, die ihn besiegt haben, Boabdil genannte letzte maurische Herrscher über Granada. Als der sich bei seinem Rückzug in die Alpujarras auf der Anhöhe des Padul noch einmal umwandte, um einen letzten Blick auf die Alhambra zu werfen, soll er in Tränen ausgebrochen sein – worauf ihn seine Mutter mit den Worten zurechtgewiesen habe: »Was flennst du wie ein Weib, da du nicht kämpfen wolltest wie ein Mann.«

El suspiro del moro wird dieser Aussichtspunkt genannt – nun Standort eines gleichnamigen Ausflugsgasthofes. Bei Rushdie indes finden wir uns am Ende einer über nahezu 600 Seiten sich hinziehenden islamischen Reise von odysseehaften Verstrickungen endlich an einem vertrauten Ort wieder:

»Und so sitze ich hier im letzten Licht auf diesem Stein, unter diesen Olivenbäumen, und blicke über das Tal hinaus auf einen fernen Hügel; da steht sie, die Glorie der einst mächtigen Mauren, ihr triumphales Meisterwerk und ihre letzte Festung. Die Alhambra, Europas rotes Fort, Schwester der Festungen von Delhi und Agra – Palast der ineinandergreifenden Formen und geheimen Weisheiten, der Lusthöfe und Wasserspiele, dieses Monument einer letzten Möglichkeit, das dennoch stehengeblieben ist,

Der Löwenhof der Alhambra, Illustration aus Washinton Irvings Geschichten von der Alhambra

nachdem ihre Eroberer längst gefallen sind; wie das Testament einer verlorenen, doch innigsten Liebe, einer Liebe, die über die Niederlage, die Vernichtung, die Verzweiflung hinaus besteht; einer gescheiterten Liebe, die größer ist als das, woran sie gescheitert ist, und wie das Testament des profundesten all unserer Bedürfnisse, des Bedürfnisses nämlich ineinanderzufließen, den Grenzen ein Ende zu setzen, die Grenzen des Ichs abzuschaffen. Jawohl, ich habe sie über eine meeresweite Ebene hinweg erblickt, obwohl es mir nie vergönnt gewesen war, in ihren vornehmen Höfen zu wandeln. Ich betrachte sie im Abendlicht, und während es schwindet, steigen mir Tränen in die Augen.«

Es war ein Dichter der nicht alltäglichen Sorte, dem es zu einem guten Teil zu danken ist, daß die Alhambra noch immer existiert und somit als literarischer Ort wiederentdeckt werden konnte. Von Washington Irving ist die Rede, ursprünglich Jurist und in den USA gebürtig. Im Anschluß an eine ausgedehnte Reise durch Europa war er 46-jährig 1829 nach Granada gelangt und fand die Alhambra als Ruine vor. Viele der Brunnen waren versiegt, in den Palästen hausten »Schmuggler, Diebe und Schurken aller Art«, in den Türmen waren Soldaten einquartiert. Seit dem Beginn des 18. Jahrhunderts hatten keine königlichen spanischen Hausherren mehr in diesen Gemäuern residiert. Vor dem gänzlichen Verfall wurden sie von napoleonischen Besatzungstruppen bewahrt, die zwischenzeitlich da eingezogen waren. Der einzige intakte Teil war das 1495 am Rande der Palastanlage eingerichtete Franziskanerkloster, das nun den *parador* beherbergt, also ein luxuriöses Hotel – nicht das billigste, doch gewiß das stimmungsvollste Quartier, das der Reisende unserer Tage an dem Ort finden kann. Washington Irving ließ sich für einige Monate in den verlassenen Gemächern der Alhambra nieder und notierte:

»Ich betrete bezauberten Boden und bin von romantischen Bildern umgeben. Von meiner ersten Kindheit an, als ich an den Ufern des Hudson zuerst in die Blätter der alten spanischen Geschichte von den Kriegen um Granada mich vertiefte, war diese Stadt Gegenstand meiner wachen Träume, und oft durchschritt ich im Geist die romantischen Hallen der Alhambra. Sieh da den Tagtraum nun verwirklicht? Doch kann ich meinen Sinnen kaum trauen und glauben, daß ich wirklich den Palast des Boabdil bewohne und von seinen Balkonen auf das ritterliche Granada hinabschaue. Während ich durch diese orientalischen Gemächer streife und das Murmeln der Brunnen und den Gesang der Nachtigallen höre, während ich den Duft der Rosen einatme und den Einfluß des balsamischen Klimas fühle, bin ich fast versucht, mich in das Paradies Mohammeds zu denken...«

Zuvor hatte Washington Irving in Madrid die Landessprache erlernt, sowie in Bibliotheken und Archiven alles an Dokumenten gesichtet, was er dort über al-Andaluz und die erste Epoche danach finden konnte. Das fand seinen Niederschlag in Biographien, die er über Christoph Kolumbus und Mohammed verfaßte – aus historischer Sicht gründlich überholte Werke, doch kuriose Zeugnisse der Weltsicht eines unverbesserlichen Romantikers. In Granada setzte Irving seine Forschungen fort, studierte Chroniken und trug Legenden aus alter Zeit zusammen. 1832 wurden erstmals seine *Geschichten von der Alhambra* veröffentlicht, die für damalige Begriffe rasch weltweite Aufmerksamkeit fanden. In Deutschland zählten die Brüder Wilhelm und Alexander von Humboldt zu den aufmerksamen Lesern der Schriften des Nordamerikaners – und desgleichen Heinrich Heine, der die Vertreibung der Mauren aus Spanien bereits in seiner zum größten Teil 1820 in Bonn und Göttingen entstandenen Tragödie *Almansor* thematisiert hatte. Also knapp ein Jahrzehnt, bevor Irving nach Granada gelangt war. Daher ist auszuschließen, daß Heine sich schon bei der Arbeit an diesem Werk auf die *Geschichten von der Alhambra* stützte – obwohl bereits der Auftrittsmonolog des Almansor diese Vermutung nahelegt:

Es ist der alte, liebe Boden noch,
Der wohlbekannte, buntgestickte Teppich,
Worauf der Väter heil'ger Fuß gewandelt!
Jetzt nagen Würmer in den seidnen Blumen,
Als wären sie des Spaniers Bundgenossen.
Es sind die alten, treuen Säulen noch,
Des stolzen Hauses stolze Marmorstützen,
Woran ich oft mich angelehnt als Knabe.
Oh, hätten unsre Gomeles und Ganzuls,
Abencerragen und hochmüt'ge Zegris
So treu, wie diese Säulen hier, getragen
Den Königsthron im leuchtenden Alhambra!
Es sind die alten, guten Mauern noch,
Die glattgetäfelten, die hübsch bemalten,
Die stets dem müden Wandrer Obdach gaben!
Gastlich geblieben sind die guten Mauern,
Doch ihre Gäste sind nur Eul' und Uhu.

Wahrscheinlich ist, daß sich Washington Irving und Heinrich Heine bei ihren Studien zu einem nicht unerheblichen Teil die *Historia de las guerras civiles en Granada* von Pérez de Hita zu Rate zogen, die seit 1805 in deutscher Übersetzung unter dem Titel *Geschichte des Bürgerkrieges in Granada* vorlag.

Heine selbst gelangte, soweit das bekannt ist, nie bis Andalusien. Doch er orientierte sich bei seinen Reisebildern über andere Orte am Werk von Irving. Vorderhand waren es vor allem französische Dichter, die das vom Amerikaner Beschriebene mit eigenen Augen gesehen haben wollten.

»Die von Washington Irving in seinen *Tales of the Alhambra* zusammengetragenen volkstümlichen Legenden kamen mir ins Gedächtnis«, lesen wir in *Voyage en Espagne*, dem überwiegend Andalusien gewidmeten Bericht einer Reise, die Theophile Gautier 1840 (laut manchen Quellen erst 1843) unternahm. Da hatte er sich in Paris bereits einen Namen als Lyriker gemacht und zudem mit plakativen Protesten gegen das philiströse Kunstverständnis seiner Zeit – etwa gelegentlich der Uraufführung von Victor Hugos *Hernani* – für literarische Skandale gesorgt. Auch aus dieser Quelle sollte Gautier in Andalusien schöpfen: »In einem der Gedichte seiner *Orientales* sagt Victor Hugo von Granada:

Elle peint ses maisons de plus riches couleurs.

Das stimmt genau. Die Häuser einigermaßen wohlhabender Leute sind auf die mannigfaltigste Weise derart bemalt, daß die Illusion von plastischen Bauelementen, Grisaillenmustern und Basreliefs entstehen.«

Von Ian Gibson wissen wir, daß der Franzose »ein von Lorca und seinen Freunden sehr bewunderter Autor war«. Aus deren Sicht hat Gautier eindringlicher als jeder andere Autor den Zauber des Waldes in Worte gefaßt, den noch immer auf einem Pfad durchqueren kann, wer den Weg von der Stadt hinauf zur Alhambra zu Fuß zurücklegt:

»Das Geräusch des plätschernden Wassers vermischt sich mit dem heiseren Schwirren von hunderttausend Zikaden oder Grillen, deren Musik niemals aufhört. Und trotz der Kühle dieses Fleckens konfrontieren sie die Gedanken wieder mit der Glut des Südens. Überall sprudelt das Wasser hervor, unter den Baumwurzeln und aus den Rissen des alten Gemäuers. Und je heißer es ist, desto mehr schwellen die Brunnen an, denn sie nähren sich vom schmelzenden Schnee. Wasser, Schnee und Feuer, diese Mischung macht Granadas Klima einzigartig in der Welt, ein wahrhaft irdisches Paradies.«

Theophile Gautier, der zusammen mit einem befreundeten Kunsthändler reiste, den die Erwartung umtrieb, im Spanien der politischen Wirren – es tobte gerade ein erbitterter Erbfolgestreit um die Krone – und demzufolge säkularisierten Klöstern spottbillig Gemälde von Murillo und Goya einhandeln zu können, schrieb indes nicht nur. Ebenso zeichnete und malte er, was ihm während dieser Reise bemerkenswert erschien. Alexandre Dumas, der 1846 als Abgesandter Frankreichs zu einer Hochzeit im spanischen Königshaus geladen war – *Der Graf von Monte Christo* und *Die drei Musketiere* hatten ihm ebenso jenseits der Pyrenäen bereits Ruhm beschert – und der danach mit großem Gefolge durch Andalusien reiste, erkannte hier Gautiers Überlegenheit wohl an: »Er arbeitet zugleich mit Feder und Pinsel, meistert als einziger sowohl das Handwerk der Worte als auch das Zauberwerk der Farben und kann das malen, was ich nicht einmal zu skizzieren wage.«

Es war eine Zeit, als Dichter sich zugleich als Entdecker verstanden und ihr Werk durch dokumentarische Beschreibungen dessen, was sie auf ihren Reisen sahen und erlebten, erweiterten. So kommt es, daß uns aus Dumas Feder das Buch *Nach Spanien und Nordafrika* vorliegt, das freilich allerlei verwirrende Ortsangaben enthält. So etwa, wenn der Autor über die oberhalb der Alhambra angelegten Gärten des Generalife berichtet:

»Das Wunderbare am Generalife sind nicht seine Säle, seine Bäder, Korridore und Arkaden, das alles findet man im Winterpalast – der Alhambra – großartiger und schöner, sondern seine Gärten mit ihren schattigen Gewölben und Taxusbäumen, die kunstvoll als Lauben und Heckengänge geschnitten sind, die ausgemauerten Bäche vieler Quellen sowie die Ruheplätze, wo man sich niedersetzen kann, um die ganze Welt zu vergessen und dem ewig murmelnden Wasser und dem Gesang der Singvögel zu lauschen. Blühende Zitronenbäume, Orangen und Datteln, Jasmin und Rosen erwecken in Ihnen, Madame, die Vorstellung, daß Sie eine Sultanin sind, welche von einem duftenden, wohlriechenden Gürtel vor der prosaischen Umwelt geschützt ist, und das gelegentliche Rauschen von hohen Zypressen klingt manchmal wie Liebesseufzer der längst dahingegangenen früheren Bewohner dieses irdischen Paradieses.«

Dumas hat die Bauwerke im Zustand des Verfalls gesehen, und er war überzeugt, daß dieser Vorgang unumkehrbar sei. »Ich fürchte, daß die Zeit nicht mehr fern ist, wo auch die Alhambra nicht mehr sein wird.« Doch, wie gesagt, zumal das von Washington Irving geweckte weltweite Interesse hat im 20. Jahrhundert eine Restaurierung bewirkt, die für sich als kleines Wunderwerk gelten kann. Mit dem nüchternen Pragmatismus des Nordamerikaners registrierte der beflissen wie ein Oberlehrer den Spuren seines Landsmannes folgende Romancier James A. Michener in seinem als Folge mitunter einschläfernder Faktenhuberei umfänglichen Reisebuch *Iberia*, daß von den Baubehörden südlicher Länder offenkundig schon zur Zeit der Mauren mit irritierend laxen Maßstäben gemessen wurde:

»Zu meiner Verwunderung stellte ich fest, daß die Alhambra wohl ein architektonisches Meisterwerk, aber keineswegs solide gebaut ist. Haltbarkeit scheint ihren Schöpfern kein Anliegen gewesen zu sein. Die Decken mit ihrem erlesenen Stalaktitwerk bestehen aus gewöhnlichem Stuck, den man mit einem Fingerknöchel abstoßen könnte, und aus Gips sind auch die Wände mit ihren durchdachten geometrischen Mustern. Erstaunlich, daß diese Palastbauten siebenhundert Jahre überdauern konnten.«

Wir erkennen: In den mannigfaltigen Reaktionen auf dieses Ensemble wird der gravierende Unterschied der Kulturen zumal in unserer Zeit deutlich. Eben haben wir mit Michener die Stimme des – unter seinesgleichen als außergewöhnlich gebildet anzusehenden – Repräsentanten einer Nation vernommen, welche die reichste und mächtigste des Globus ist, sowie sich von der Schöpfung dazu ausersehen wähnt, ihren *way of live* dem Rest der Welt mehr oder weniger eindringlich nahezulegen. Und die uns doch in erster Linie nur mit monströser Banalität belästigt. Aus dem den USA benachbarten Mexiko hingegen, das nördlich des Rio Grande ebenso wie diesseits des Atlantik zumeist nur als Entwicklungs- oder allenfalls Schwellenland wahrgenommen wird, das man zu schulmeistern hat, erreichen uns die Gedanken eines Carlos Fuentes:

»Das granadinische war das letzte Königreich, das von 1248 bis 1492 über die Abenddämmerung des arabischen Spanien herrschte. Wenn man sich ihm heute nähert, muß man sich vorstellen, daß es dort einmal nichts gegeben hatte außer dem Tal, dem Fluß und den Bergen der Sierra Nevada. Hier kamen die Nomaden aus der Wüste zur Ruhe, und hier beschlossen sie, einen Garten anzulegen, dessen Schönheit einzigartig auf dieser Welt sein sollte. Es ist, als hätten sie die Stimme Gottes gehört, die ihnen befahl: ›Baut hier im Licht der Fackeln einen Palast und nennt ihn Alhambra‹, was ›die rote Zitadelle‹ bedeutet.

Vielleicht konnte nur ein Volk, das den Durst der Wüste kannte, diese außerordentliche Oase von Wasser und Schatten erfinden: Eine Abfolge von Toren und Türmen, Räumen und Höfen gibt der Alhambra eine Atmosphäre sowohl von Abgeschiedenheit wie auch von Abgeklärtheit, als ob alle Freuden der Welt hier zu fassen wären, mit Händen und Augen...

Schließlich erkennt man, daß dieses Zusammenspiel aus filigranem Stuck, blauen Kacheln und unglaublichen Perspektiven nur einen Zweck hat, nämlich das Wasser zu beschützen... Die Patios, die einzigartigen Höfe der Alhambra sind wie Tempel des Wassers: Die schlanken Säulen der Myrtenbäume sind ebenso auf Schutz bedacht wie die zwölf Löwen in ihrem Hof. Aber während der Dauer eines Tages und sogar noch in der Nacht versteht man, daß es die fortwährende Vermischung und Koexistenz all der Schattierungen von Zeit und Natur ist – Licht, Schatten, Luft, Erde, Sonne, Mond –, die wirklich das Herz der Alhambra beschützen: ihre Teiche, ihre Brunnen, ihre Wasserläufe.«

Wir werden Córdoba als die Hochburg der kulturellen Koexistenz der drei monotheistischen Religionen unter muslimischer Herrschaft kennenlernen – Granada hingegen markierte die höchste Stufe verfeinerter maurischer Lebensart ebenso wie das Ende derselben in Europa. Ein Prozeß, der wohl des weiteren gedeutet werden kann als Beginn eines über viele Epochen sich vollziehenden nicht nur machtpolitischen, sondern desgleichen kulturellen Rückzuges der islamischen Welt zurück zu ihren Fundamenten und zu fundamentalistischen Reglementierungen. Diese Entwicklung nachzuzeichnen würde den hier gesetzten Rahmen sprengen. Verharren wir also bei dem aus heutiger Sicht verblüffenden Phänomen eines hochgradig sinnenfreudigen, aus der Position der Stärke unbefangen vielfältige fremde Einflüsse aufnehmenden und perfektionierenden Islam, wie ihn die Mauren von al-Andaluz kreierten. Ihre Offenheit reichte bis hin zu scheinbar profanen Dingen. So gilt es noch heute in Andalusien unter Weinliebhabern als Tatsache, daß die hier einrückenden Muslime entgegen den einschlägigen Geboten des Korans rasch eine Zuneigung zum Rebensaft entwickelt hätten – der für sie nicht Alkohol, sondern gewissermaßen ein Kunstwerk gewesen sei. Belege dafür finden wir in der in al-Andaluz entstandenen maurischen Poesie, die mit offenen Worten sinnliche Genüsse jeglicher Art pries – so Ibn Labbun in seinen aus dem 11. Jahrhundert stammenden Versen:

Ich denk an diese Nacht zurück mit Sorgen.
Weil sie nicht wiederkehrt. Die Herrin mein
Goß nur den Wein ins Glas vom Abend bis zum Morgen
Mit ihrer schlanken Hand aus Elfenbein.

Sie bog sich wie ein Zweig, wenn ich mich ihr gesellte.
Und war noch schöner als der runde Mond.
Alle Genüsse bauten um uns ihre Zelte.
Und gnädig hat das Unglück uns verschont.

Wollt ihr die Lippen süß mit Küssen füllen?
Der Laute lauschen mit verzücktem Ohr?
Wenn wir auch tausendfach die Wünsche stillen:
Sie tauchen nur mit neuer Kraft empor.

Es ist bezeichnend für die Bewußtseinslage des christlichen Europa, wenn weithin die Theorie akzeptiert wird, das Ende maurischer Herrschaft in Andalusien sei eine Folge von Dekadenz gewesen – konkret: Der Verkümmerung der militärischen

Fähigkeiten der seinerzeitigen Eroberer als Resultat ihres genußsüchtigen Lebenswandels. Eine These, welche der Überlegenheit reduzierter Zivilisation das Wort redet – und die somit leider gewiß nicht grundlegend falsch ist. Dies wurde im Laufe der Historie noch des öfteren bewiesen. Angesichts des Umstandes, von welcher Art Leuten die Welt zur Zeit regiert wird, ist dies zudem eine Einsicht von beklemmender Aktualität. Jedenfalls war der Triumph der Reconquista über die Erbauer und Herren der Alhambra tatsächlich ein Ausdruck der schlußendlichen Machtlosigkeit von Geist und Ästhetik gegenüber der von keinerlei Zweifeln und Rücksichten angekränkelten Barbarei der Mediokren, die sich zum Maß aller Dinge ausgerufen haben. Somit scheint schon in al-Andaluz vorweg Marxens Analyse widerlegt worden zu sein, wonach die Weltgeschichte eine solche der Klassenkämpfe sei. In der Tat blicken wir eher auf eine Geschichte stetig wiederkehrender Machtakkumulation des leistungsbereiten Mittelmaßes. In diesem Bereich sind fraglos Ferdinand und Isabella, die Eroberer von Granada, zu verorten. Wobei anzufügen ist, daß solche Mächte ihre Leistungsfähigkeit stets vorrangig im destruktiven Bereich zu entfalten vermochten.

Dieser Erkenntnis konnten sich gelegentlich sogar solche Kulturträger nicht verschließen, deren Schaffen genau besehen ein authentischer Ausdruck jener limitierten geistigen Gestaltungskraft ist, welche etwa in Spanien in ungebrochener Linie von den Katholischen Königen bis zu dem von einem nicht zu kleinen Teil der Gesellschaft moralisch wie intellektuell niemals aufgearbeiteten Franco-Regime und dessen politischen Enkeln führt. Wie wir an anderer Stelle noch erörtern werden, begegnet uns Spanien stets und allerorten in Gestalt von zwei fundamentalen Gegensätzen – der zwei Spanien. Und die kulturelle Hegemonie jenes Spanien, das seinen Ursprung in der Reconquista hat, sorgt bis in die Gegenwart dafür, daß etwa literarische Auseinandersetzung mit der eigenen Geschichte nur selten über das Niveau pathetischen Schulbuchgeschwätzes hinausgelangt. Mit der Zerschlagung der kurzlebigen Republik wurde in Spanien die literarische Moderne mundtot gemacht, ins Exil verbannt. Während in jenem Amerika, das südlich des Rio Grande liegt, trotz der enormen räumlichen Entfernung von den kulturellen Metropolen der Neuzeit in spanischer Sprache eine Literatur geschaffen wurde, welche nicht bloß Anschluß an die Moderne findet, sondern dieser dazu mit den Mitteln des Magischen Realismus neue Dimensionen eröffnet, verkümmerte in Spanien auch die Literatur. Die Generationen der unter Franco herangewachsenen Autoren verharren überwiegend ästhetisch selbst dann noch in der Nachhut, wenn sie inhaltlich den Beweis für ihre Ankunft in der Gegenwart erbringen wollen. Ein treffliches Beispiel für diesen Typus des zeitgenössischen spanischen Schriftstellers ist der im eigenen Land mit allerlei Preisen bedachte, in den Stand einer Zelebrität erhobene Antonio Gala, der sich das verlockende Granada-Thema nicht entgehen lassen wollte und mit *El manuscrito carmesí* einen Roman in Form fiktiver Aufzeichnungen des letzten maurischen Herren der Alhambra verfaßte:

»Kastilien leerte sich: Alle wollten in den Süden fliehen, ihre primitive Landwirtschaft kam zum Erliegen; die großen, das Land verwüstenden Wanderherden der Meseta breiteten sich aus; ausländische Händler wurden zugelassen, welche die Wolle kauften, das einzige, was Kastilien außer Kälte hervorbringt. Und, den Ruin vor Augen, wandte man sich an die Hebräer, die Geld hatten und in ihrer Mehrzahl auch Andalusier waren. Die Kastilier vermochten, um weiterhin essen und Geld ausgeben zu können, nur zwei Einnahmequellen aufzutun: die Feldzüge gegen uns und das Abschlachten der Juden. Die schlechten Schuldner benutzten eine finale Methode, um ihre Schulden zu begleichen: ihre Gläubiger umzubringen. Diese Situation war dazu angetan, religiös bemäntelt zu werden: je fanatischer, je blinder, um so praktischer. Aber kämpfen die Kastilier für ihren Glauben oder für ihr Überleben? Ist es nicht das Geld, um das sie gegen jene kämpfen, die es besitzen? Dennoch, da sie nicht gewohnt waren, ein Handwerk oder eine Technik zu beherrschen – im ersten waren wir, im zweiten die Juden versiert – half es ihnen wenig, das Land zu besitzen, wenn sie dieses nicht bebauten, oder die Posten zu besetzen, wenn sie keinen Nutzen daraus zu ziehen und nicht zu verwalten wußten. Ist jemand, der seinen Nutzen nicht kennt, der wahre Herr eines Astrolabiums oder eines Kompasses, oder der Herr eines Gartens, wer ihn nicht bepflanzt und die Blumen nicht genießt? Das unbedeutende Volk von Kastilien konnte sich nur durch Kriegsbeute und Plünderung von Synagogen und Moscheen halten; aus wirtschaftlichem Interesse war es immer bereit, dem zuzujubeln, der es gegen Granada und die Siedlungen der Juden führte. Und ihre Könige andererseits benutzten geschickt diese Totschlägerargumente: keine religiösen Argumente, die sich auf das ewige Leben berufen, sondern wirtschaftliche, die sich auf dieses Erdenleben bezogen, auch wenn sie mit verdrehten Augen Frömmigkeit heucheln.«

Dieses Zitat ist keineswegs böswillig gewählt, sondern beredter Ausdruck der literarischen Probleme, die sich beim Bemühen ergeben, veränderten politischen Rahmenbedingungen gerecht zu werden. Doch selbst die historischen Tatsachen sind bei weitem komplexer, als man dies nach der Lektüre von Antonio Galas salbungsvollem Sermon vermuten könnte. So zitiert – ein Beispiel nur – Cees Nooteboom in seinem *Umweg nach Santiago*, der ihn allerorten nebst anderen auch laufend literarische Kuriositäten finden läßt, auf die eigentlich zumal seine spanischen Kollegen schon lange zuvor gestoßen sein müßten, aus einem Schreiben, das Isabella an ihren Botschafter beim Papst gerichtet hatte: »Ich habe große Katastrophen verursacht und Städte, Länder, Provinzen und Königreiche entvölkert, aber ich habe es aus Liebe zu Christus und Seiner Heiligen Mutter getan. Es sind nur Lügner und Verleumder, die sagen, ich hätte es aus Geldsucht getan, denn nie habe ich auch nur einen *maravedi* von den konfiszierten Gütern der Juden angefaßt.«

Und Nooteboom fragt: »Stimmte das? Die Juden durften ihr Geld nicht mitnehmen, und was sie vor ihrem Exodus in Prozessen verloren hatten, wurde in die letzten Kriegsanstrengungen gegen die Araber gesteckt.«

Es war wohl in erster Linie das fundamentale Unverständnis, mit dem die königlichen Landsknechte eines allem Sinnlichen feindlichen Christentums den Zeugnissen maurischer Hochkultur begegneten, was sie auf die absurde Idee brachte, ihre eigenen Monumente an die Stelle oder direkt neben jener der ihnen kulturell unerreichbar überlegenen Mauren zu stellen, wie dies der Habsburger Karl V., zugleich als Carlos I. König von Spanien, mit dreister Selbstgefälligkeit tat. Der Enkel von Isabella und Ferdinand, sowie Sohn von Philipp dem Schönen und Johanna der Wahnsinnigen, in dessen Reich vor allem dank der Eroberungen in der Neuen Welt die Sonne tatsächlich niemals unterging, soll zwar beim Anblick der Alhambra ausgerufen haben: »Unselig der Mann, der alles dies verlor!« Was ihn indes nicht daran hinderte, sämtliche Vorbauten südlich des Myrtenhofs schleifen und an dieser Stelle seinen titanischen Palast errichten zu lassen, für den schon Alexandre Dumas das schlichte Wort »häßlich« angebracht fand. Cees Nooteboom, der aus den Niederlanden kommende Flaneur im Weltmaßstab, dessen Reisebücher poetischen

Zauber ebenso verbreiten wie überraschende Einsichten, hat in *Der Umweg nach Santiago* den Bogen von der maurischen Alhambra zum habsburgischen Protzgemäuer skizziert:

»So schweifen die Gedanken im Generalife zwischen Rosen, Palmen und Lorbeerbäumen; dunkelgrünes Wasser mit schwimmenden *nenúfares* und versteckten Fröschen, Gemurmel von Springbrunnen unter Zypressen, in der Ferne die weißen Berge. Hier spazierten Theophile Gautier und Richard Ford, Washington Irving und Louis Couperus, ein doppelter Kodex von Glück und Melancholie schreibt die Gedanken vor, nur wer mit Plastik gepanzert ist, kann sich dem entziehen. Die rötlichen Mauern der Alcazaba, deren Tönung sich von Stunde zu Stunde verändert, die geordneten Gärten rings um mich, der angefressene Backstein der Festungsmauern, der bei bestimmtem Sonnenlicht zu bluten scheint, die Tore und Patios, die ich an diesem Tag gesehen habe, die bis zum Wahnsinn getriebene Verfeinerung der Ornamentik in Gängen und Sälen, und dann plötzlich, inmitten all dessen, wie ein Eindringling an die Reste dieses verschwundenen Orients geklebt, der Renaissancepalast Karls V. als ein Diktum von Macht und Sieg. Streng steht er da, ein schroffes Quadrat... Säulen und Bäume sind auf seltsame Weise miteinander verwandt, die vielfarbenen Steinbrocken, die die Natur einst, als wäre es eine höhere Form von Sülze, in diese Marmorbäume gepreßt hat, zeugen von einer neuen Militärkaste, die über den Globus ausgeschwärmt ist, um Imperien zu zerstören und mit dem Gold zurückzukehren, mit dem man Heere ernährt, Paläste erbaut und Inflation erzeugt.«

Eindringlicher und wahrhaftiger läßt sich die Entstehungsgeschichte der in unseren Tagen einem neuen Höhepunkt ihrer Barbarei zustrebenden Weltherrschaft des Okzidents gewiß nicht mit wenigen Bildern beschreiben. Die Überlegenheit dieses Autors beruht auf der Weisheit der uralten Einsicht, zu wissen, daß man nichts weiß – also auf dem Respekt vor der Tatsache, daß die eigene Kultur nur eine Möglichkeit, doch kein Maßstab ist. Darauf gründet die zeitlos gültige Tatsache, daß auch Weltmächte fremde Kulturen zwar vernichten, aber nicht besiegen können – und daß man wohl nur aus der Position der Machtlosigkeit des Intellektuellen jene seherische Gabe zu entwickeln vermag, welcher das Bewußtsein für die eigene Blindheit vorangeht, wie sie Nooteboom in der Alhambra evoziert:

»Das Wasser berührte den Rand des Beckens und floß nicht

darüber, die Löwen mit ihren blinden Gesichtern, den kleinen Ohren, den schuppigen Brüsten flüsterten mit Wasserstimmen, ich stand zwischen den schmalen Säulen wie in einem Marmorwald, ich war der Blinde, der die Fontäne im Becken gesehen hatte, der gesehen hatte, wie der Wind den einsamen Wasserstrahl, der senkrecht stehen wollte, sanft bog, und wie das Wasser zu etwas zerstob, das davonflog und für einen Moment irrsinnig aufblinkte, ich war derjenige, der die beiden kleinen Orangenbäume im Löwenhof... gesehen hatte, und doch war ich ein Blinder, weil ich nicht wußte, daß es Buchstaben waren, da am Beckenrand, ich hatte nur Verzierungen gesehen, doch es waren Worte, ich sah einen sich selbst nachlaufenden, in sich selbst zurückfließenden Arabeskenstrom, und doch war es Schrift, aber sogar wenn ich so nahe an den Springbrunnen hätte herankommen können, daß ich den mäandernden Girlanden mit den Fingern von rechts nach links hätte folgen können, hätte mein Mund den Klang dieser Worte nicht bilden können, hier zwischen diesen Mauern, bin ich blind und stumm.«

So führt uns die Alhambra schlußendlich zur Frage: Was bedeutet sehen? »O selig, Auge zu sein in diesem Garten der Schönheit«, schrieb zur Zeit der Hochblüte von al-Andaluz der Hofdichter und Wesir Ibn Zamrak. Das Schriftbild seiner Verse ziert neben jenem des Lobs Allahs die Wände der Säle rings um den Löwenhof. Und Nooteboom stellt auf ein andalusisches Volkslied verweisend fest: »Die Copla hat recht, blind sein in Granada muß die schlimmste aller Strafen sein, gib also dem Blinden ein Almosen.« Carlos Fuentes wiederum schreibt diese Einsicht einem seiner Landsleute zu: »Kein Wunder, daß in die namenlose Welt der Sprichwörter das Gedicht eines mexikanischen Dichters, Francisco de Icaza, eingegangen ist, das diese Stadt beschreibt: ›Es gibt kein größeres Leid, als blind zu sein in Granada‹.«

Können alle diese klugen Menschen irren? In einem gewissen Sinne vielleicht doch. Jorge Luis Borges, der 1899 in Buenos Aires geborene, literarisch universal gebildete Dichter und vielen europäischen Kulturträgern überlegene Kenner europäischer Kultur, war bereits erblindet, als er sein Sonett über die Alhambra verfaßte, in dem er nicht vom Licht, nicht von den Farben, nicht von den sichtbaren Zeugnissen der Vergangenheit sprach, sondern von dem, was er mit den Sinnen wahrgenommen hatte: Wie die Blumen duften, wie der Marmor sich anfühlt, welche Musik das strömende Wasser hervorbringt...

Kapitel 4

Das versunkene Paradies

Aufstieg und Fall der Stadt Córdoba

Von alten Meistern kann man allemal lernen. So hat etwa Alexandre Dumas – inzwischen ist er uns ein vertrauter Weggefährte – schon 1846 vorexerziert, wie sich auf lakonische und dennoch gemütvolle Weise ein Bericht über die Stadt beginnen läßt, die das nächste Ziel unserer literarischen Reise durch Andalusien ist:

»Nach der Ankunft in Córdoba, dieser alten Kalifenstadt am Guadalquivir, der zur Maurenzeit noch für Galeeren schiffbar war, wo maurische Mühlen und die Bögen einer Römerbrücke noch heute von der jahrtausendealten Geschichte dieser Stadt zeugen, wo in einer erbitterten Schlacht zwischen Cäsar und Pompejus 22 000 Legionäre ihr Leben lassen mußten und später Sultane und Emire ihre selbstzerstörerischen Machtkämpfe mit Dolchen, Gift und seidenen Schnüren ausfochten, wo zur Zeit von Napoleons Invasion scheußliche Massenmorde verübt wurden, komme ich endlich dazu, Ihnen wieder zu schreiben.«

Monsieur Dumas war mit seinem Gefolge und großer Angst, von Wegelagerern ausgeraubt zu werden, von Granada hierher gereist. Der Weg, den er wählte, wurde nunmehr von den andalusischen Tourismus-Promotoren zur »Route der Kalifen« ausgerufen, die der an den Zeugnissen versunkener Kulturen interessierte Reisende nicht bloß auf herkömmliche Weise mit dem Auto, sondern in organisierter Form wahlweise auch mit dem Fahrrad oder zu Pferd zurücklegen kann. Und in jedem der Dörfer am Weg, in dem die Ruinen von Festungsanlagen auf die

Schlachten und Scharmützel verweisen, die da zwischen den Mauren und den christlichen Reconquistadoren vor über fünfhundert Jahren geschlagen wurden, wartet nunmehr ein ehrenamtlicher einheimischer Fremdenführer darauf, den auswärtigen Gästen die Lokalgeschichte seines Ortes zu erzählen. Das Erbe von al-Andaluz, erfahren in Gesprächen mit solchen zumeist älteren Herren, die auf diese Weise etwas Abwechslung in ihren Ruhestand bringen, erlebt jedoch nicht nur eine zum Zwecke touristischer Vermarktung von Werbestrategen ersonnene Renaissance. Seit das Land die Enge der jahrzehntelangen Diktatur überwunden und Anschluß an die moderne Zivilisation gefunden hat, blickt man mit neuem Stolz zurück auf die Geschichte kultureller Vielfalt, die Andalusien einmal Weltgeltung verschafft hatte.

Doch ebenso auf kulturgeschichtlich bedeutsame Orte aus späterer Zeit werden wir an dieser Wegstrecke hingewiesen. So nimmt man in Castro del Río für sich in Anspruch, über jenen Kerker zu verfügen, in dem Miguel Cervantes mit der Niederschrift des *Don Quijote* begonnen habe. Indes, der unsterbliche Dichter war zu Lebzeiten etlichenorts für einige Zeit eingeknastet, und was er in welcher Zelle tatsächlich zu Papier gebracht hat, läßt sich exakt nicht rekonstruieren. Seine Probleme mit der Justiz in Sevilla – denen wir uns im nächsten Kapitel widmen werden – erscheinen uns für den Fortschritt der Literatur freilich um einiges bedeutsamer gewesen zu sein.

Nach Córdoba also. Die in ihren Ursprüngen von den Römern erbaute Brücke, die Dumas am Eingang zur Stadt überquert hat, führt noch immer geradewegs zur Mezquita hin. Doch es lohnt, ein wenig am südlichen Ufer des Flusses zu verharren, wofür ein Landsmann von Monsieur Dumas gesorgt hat: der 1913 in Marseille geborene Roger Garaudy nämlich. Er ist nebstbei als Romancier hervorgetreten, gehörte zeitweilig der französischen Nationalversammlung, sowie den höchsten Gremien der kommunistischen Partei seines Landes an, die ihn 1970 seiner nonkonformistischen Haltung wegen ausschloß. Der Philosoph ursprünglich marxistischer Prägung begann sich von da an Schritt für Schritt im doppelten Sinne auf die grüne Seite zu schlagen: auf jene des Ökologismus und dazu zur grünen Fahne des Propheten. Einmal zum Islam konvertiert, erkor Garaudy das Erbe von al-Andaluz und insbesondere Córdoba zu seinem neuen Lebensthema. Hier hat eine nach ihm benannte Stiftung ihren Sitz,

Die römische Brücke am Eingang zur Stadt, rechts der Torre de Calahorra

die rührig bemüht ist, das Andenken an das maurische Andalusien zu bewahren. Oder besser: zu rekonstruieren. Der bislang spektakulärste Erfolg dieser Anstrengungen domiziliert im Torre de Calahorra, einer direkt an der Römerbrücke erbauten Festungsanlage, die in ein *Museum der drei Kulturen* verwandelt wurde. Mit modernsten technischen Mitteln wird hier ein plastischer und lebendiger Eindruck davon geschaffen, wie man sich das historische al-Andaluz vorzustellen hat. Das Unternehmen kann sich eines enormen Publikumserfolgs erfreuen. Ist es doch gelungen, hier komplexe Zusammenhänge anschaulich und doch nicht hemmungslos vereinfachend darzustellen.

Der Reigen der Geistesgrößen, die aus Córdoba kamen, begann indes schon vor der maurischen Epoche. Daran erinnert uns die an der Puerta de Almodóvar postierte Statue des in einer Toga auf seinem Sockel stehenden Seneca, dem wir die Einsicht verdanken: »Glücklich im rechten Sinn kann nämlich niemand genannt werden, dem die Wahrheit verschlossen bleibt.«

Lucius Annaeus Seneca, der laut gängiger Lehrmeinung vier Jahre vor unserer Zeitrechnung in Córdoba geboren wurde, ist neben vielem anderen ein früher Ahn jener zahlreichen Andalusier aus allen Epochen, die ihre Heimat verlassen mußten, um das ihnen gebührende Ansehen zu erlangen. Als Redner und Philosoph, Dichter und Dramatiker, Erzieher des jungen Nero und in der politischen Funktion eines Konsuls brachte er es zu einem der bedeutendsten Männer des damaligen Weltzentrums Rom – ein Stoiker, dessen Anwendung der Philosophie auf das Alltagsleben noch immer – oder sogar nun erst recht – von verblüffender Aktualität ist. Es erscheint jedenfalls unmittelbar auf unsere Zeit gemünzt, wenn er festhielt: »Die menschlichen Angelegenheiten sind keineswegs so erfreulich geordnet, daß das Beste auch den größten Anklang fände. Es ist deshalb ein bedenkliches Zeichen, wenn der Pöbel Beifall klatscht.«

Oder aber – allerlei Theorien des Handelns mit einem klaren Gedanken vorwegnehmend: »Wir unternehmen nicht deshalb nichts, weil die Dinge so schwierig sind, sondern sie sind so schwierig, weil wir nichts unternehmen.«

Schließlich schrieb Seneca den Machthabern seiner Zeit ins Stammbuch, was über die Jahrhunderte die meisten ihrer Nachfolger noch immer nicht begriffen zu haben scheinen: »Jeder kann dem Menschen das Leben, keiner den Tod nehmen: ihm stehen tausend Tode offen.«

»Stoizismus war die Reaktion der Antike auf das Ende der Tragödie und den Verlust der Göttlichkeit. Befreit vom tragischen Erbe aus Schicksal und Unterwerfung unter die Launen der Götter wurde der Mensch zum Maß aller Dinge, doch fand er heraus, daß seine Freiheit untrennbar verbunden war mit seiner Einsamkeit«, legt Carlos Fuentes in *Der vergrabene Spiegel* dar und fährt fort: »Seneca erklärte, daß uns in Zeiten der Mühsal, wenn alles um uns herum zu scheitern scheint, keine andere Hilfe bleibt als unser inneres Leben. Und daß diese Innerlichkeit alle Werte der stoischen Seele zusammenbringen muß: Freiheit und Leidenschaft, Natur und Tod – als bewußt anerkannte Realitäten, nicht als tragisch erduldetes Schicksal.«

Von Fuentes lernen wir schließlich das spezifisch spanische – und noch mehr andalusische – Wesen dieses universellen Denkers anhand der spanischen Reaktion auf ihn zu erkennen:

»Die Wirkung seiner Philosophie auf Spanien war stark und dauerhaft. Bis zum heutigen Tage steht Seneca in Spanien für Weisheit, und Weisheit bedeutet Verständnis dafür, daß das Leben nicht glücklich ist – denn wer würde schon Philosophen brauchen in einer glücklichen Welt? Mit dem Tod konfrontiert, nahm Seneca selbst eine stoische Haltung ein. Nachdem er bei Nero in Ungnade gefallen war, nahm er des Kaisers Zorn vorweg und beging Selbstmord. Seneca hat Spanien eine unvergängliche Philosophie geschenkt, die zutiefst in der spanischen Seele wohnt, ihre Exzesse dämpft und sie nach den großen Abenteuern von Krieg und Entdeckung, Eroberung, Gewalt und Tod zu sich selbst zurückbringt. Spanien, ein Land der Heiligen, Maler, Dichter und Krieger, hat die Erkenntnisse des Stoizismus endlos wiederholt, vor allem, wie sogleich gesagt sei, in Cervantes‹ Don Quijote, in dem der Held schließlich von seinen verrückten Abenteuern ablassen muß, indem er nach Hause zurückkehrt, zu sich selbst und zu seinem Tod.«

In dieser Stadt auf Senecas Spuren zu wandeln, muß freilich als kontemplativer Akt vollzogen werden. Von ihm geblieben sind seine Schriften – doch nicht Steine, die mit dem weisen Mann in Verbindung zu bringen wären. Wer trotzdem nach solchen sucht, kann eigentümliche Überraschungen erleben. Dies jedenfalls hat uns Alexandre Dumas überliefert, der gehört hatte, »daß es in Córdoba außer anderen Sehenswürdigkeiten auch die Überreste von Senecas Haus gab, das ich später besichtigen wollte.« Wenn Monsieur sich in der Folge bei Einheimischen erkundigte, wo dieses Gebäude zu finden sei, löste er damit ihm ein wenig eigenartig dünkende Reaktionen aus, die er sich nicht zu erklären vermochte. Bis Dumas endlich eines Abends in Männergesellschaft zu jenem Haus geführt wurde. Aus seinen Umschreibungen können wir schließen, daß man ihn in eine Art Bordell brachte.

Vom äußeren Erscheinungsbild her ist in Córdoba nur sehr wenig so geblieben, wie es zur bedeutendsten Zeit der Stadt einmal war. Wer etwa nach dem Alcázar der Kalifen sucht, wird zum nunmehrigen erzbischöflichen Palais verwiesen – das über die Jahrhunderte bis zur Unkenntlichkeit seines Ursprungs verändert wurde. Am ehesten noch vermittelt die *judería* einen Eindruck von der ehemaligen Stadt der Kalifen: das am Rande der Mezquita liegende frühere Wohnviertel der jüdischen Bürger von Córdoba, das nun das touristischste ist. Die entlang des Labyrinths enger, häufig mit Steinen gepflasterter Gassen aneinandergereihten weißgekalkten Häuser schaffen ein klassisches andalusisches Ambiente. Vielerorts erlauben schmiedeeiserne Gittertore einen Blick in die Patios, die schattigen Innenhöfe, die von ihren Bewohnern in anmutige Gärten verwandelt wurden. Dichtgedrängt stehen die bemalten Blumentöpfe an den Hauswänden, auf Stiegen, Balkonen und Brunnen, hängen und schweben, wo immer sich ein Haken anbringen läßt. Was aus den Töpfen wächst, klettert die Säulen und Mauern empor. Über der gesamten Judería liegt ein schwerer Duft nach Jasmin und Orangenblüten.

Da so gut wie alle auswärtigen Besucher der Stadt hier zu flanieren pflegen, reiht sich naturgemäß Bar an Restaurant, Andenkenladen an Schmuckgeschäft. Freilich, es gibt ebenso Andalusiens zur Zeit einzige Synagoge, und auch sonst ist einiges an jüdischem Leben zurückgekehrt. Tür an Tür stehen für die Kundschaft in der Judería die Silberschmiede eines unentwegt seinen Schnauzer bürstenden Marokkaners sowie der von zwei wuschelköpfigen Zuzüglern aus Madrid betriebene Tonträger-Laden offen, der ausschließlich jüdische Gesänge im Angebot hat. Konfliktträchtig wird solche Nachbarschaft laut beiderseitigem Bekunden nur zweimal im Jahr: wenn in der Meisterschaft die Erbfeinde des spanischen Fußballs aufeinander treffen. Die CD-Händler drücken dann die Daumen für Real Madrid, der Moro für den FC Barcelona.

Seit wenigen Jahren überragt ein schlankes Minarett die weißwürfeligen Häuser. Hier domiziliert – ausgestaltet mit bunten Mosaiken und kunstvoll gefertigten Schriftbildern – die aufgrund privater Initiative gegründete islamische Universität von Córdoba. Allerlei hochmögende Persönlichkeiten von Algerien bis Pakistan haben durch großzügige Geldspenden die Errichtung und den Ausbau dieser Institution ermöglicht, an der selten mehr als 100 Studenten immatrikuliert sind – ebenso wie die gegenwärtig zehn Professoren fast durchwegs zum Islam konvertierte Spanier. Der Weg zu höherer Erkenntnis beginnt hier mit dem gründlichen Studium der arabischen Sprache. Die war in Córdoba unter den Mauren derart verankert, daß sich selbst die Oberhäupter der christlichen Gemeinde ihrer bedienen mußten, wenn sie von ihren Anhängern verstanden werden wollten.

Wir haben uns unter dem Córdoba der Hochblüte eine Stadt vorzustellen, die etwa viermal so viele Einwohner hatte wie heute – nämlich rund eine Million – und in der es an die 3000 Moscheen, öffentliche Bäder und Paläste gegeben haben soll. Gewiß regierten von hier aus auch Tyrannen und trieben unter deren Schutz eifernde Theologen ihr Unwesen. Doch – in dem Punkt stimmen Historiker und literarische Chronisten überein – seit im Jahre 711 erstmals ein muslimisches Reiterheer vor Córdoba auftauchte, um die gotische Herrschaft über die Stadt abzulösen, überwogen eindeutig die Phasen der gegenseitigen kulturellen

Befruchtung und der Toleranz gegenüber »den Völkern der Schrift«, hält Cees Nooteboom in seinem *Umweg nach Santiago* fest: Also gegenüber »Juden und Christen, da deren Religionen als Stufen auf dem Weg zu der Offenbarung galten, die Mohammed bereits zuteil geworden war.«

»Das moslemische Córdoba war und wird fortleben als die großartigste moslemische Stadt, die Spanien von 711 bis 1010 beherrschte«, stimmt Carlos Fuentes in dieses Urteil ein. »Córdoba wurde zum Tor, durch das die Kultur des Islam in den Norden Europas gelangte, aber es war auch die Pforte, durch die das Europa der Barbaren die Beziehung zu seiner verlorengegangenen mediterranen Vergangenheit erneuerte. Vom spanischen Kalifat von Córdoba aus kehrten griechische Philosophie und klassische Literatur über die Pyrenäen ins gotische Europa zurück«, das es noch auf vielfache andere Weise bereicherte:

»Naturwissenschaft, Medizin und Astronomie gelangten vom moslemischen Süden in den christlichen Norden ebenso wie die Sammlungen hindustanischer Sagen. Das moslemische Spanien erfand die Algebra und damit die Ziffer Null. Arabische Ziffern ersetzten das römische Zahlensystem. Papier gelangte zusammen mit Baumwolle, Reis, Zuckerrohr und Palmen nach Europa. Während sich Córdoba griechische Philosophie, römisches Recht und die Kunst von Byzanz und Persien aneignete, forderte es zugleich Respekt für die mosaischen und christlichen Lehren ebenso wie für ihre Anhänger, die zusammen mit den Moslems als die ›Menschen des Buches‹ betrachtet wurden... In den Jahren der Vorherrschaft Córdobas gewann die Idee an Boden, daß die Vielfalt der Kulturen nicht im Streit liegen muß mit der Überzeugung, daß es nur einen einzigen Gott gibt.«

Den Versuch der gründlichen literarischen Rekonstruktion dieser Zeit hat der 1956 in Ubeda – also nahe von Córdoba – geborene Antonio Muñoz Molina unternommen. Ein Autor, dem in den letzten eineinhalb Jahrzehnten einige der bedeutendsten spanischen Literaturpreise zugesprochen wurden, der in den angesehensten Zeitungen des Landes regelmäßig seine Meinung über Gott und die Welt kundtut und der zudem schon in relativ jungen Jahren in jene königliche Akademie berufen wurde, welche über die spanische Sprache wacht. Kurzum, eine Art Musterschüler der Literatur der neuen demokratischen Ära Spaniens, dem manche nachsagen, er mache durch Fleiß wett, was ihm an Talent fehle. *Historische Streifzüge durch Córdoba* – so der Untertitel seines Buches *Stadt der Kalifen* – erfordern freilich nicht zuletzt Fleiß, und somit wird hier vorzüglich bedient, wer sich in die Geschichte der Capitale von al-Andaluz zu vertiefen wünscht. Der Leser wird erfahren, daß es keineswegs nur großartige Bauwerke waren, welche die kulturelle Größe dieser Stadt ausgemacht haben, sondern ebenso Bücher. In den historischen Quellen werden unterschiedliche Zahlen über den Bestand der damaligen Bibliotheken Córdobas genannt. Als erwiesen kann aber wohl gelten, daß damals hier jede um eine herausragende Stellung bemühte Persönlichkeit eine Schar von Bibliothekaren und Kopisten in Lohn und Brot hielt, um eine möglichst große Sammlung von gebundenen Handschriften aufzubauen. Jene des Kalifen soll nahezu eine halbe Million Bände umfaßt haben, und sie dürfte zu jener Zeit die umfassendste der Welt gewesen sein. Muñoz Molina berichtet:

»Aus dem Stimmenwirrwarr von Córdoba hören wir das gedämpfteste aller Geräusche heraus, das der geschriebenen Worte, der großen Buchseiten, welche die Gelehrten umblättern, nachdem sie sich den Daumen befeuchtet haben, das Geräusch der mit Federn schreibenden Kopisten, die das Pergament oder das Papier glattstreichen, damit die von anderen niedergeschriebenen, heiligen Worte des Korans weiterleben, die von Gott den Engeln diktiert wurden, magische, ungeschaffene Worte, die älter sind als die Schrift und die menschliche Stimme; und auch die anderen Worte, die der griechischen Werke, die Abhandlungen über Astrologie und Medizin, die verehrten Bücher von Aristoteles, der in Arabisch Aristu genannt wird, die Handbücher über Grammatik, Theologie und Wahrsagung, die gewaltigen Enzyklopädien, die alle möglichen Sachgebiete erschöpfend behandeln, wie das *Iqd al-furid* oder *Einzigartige Halsband*, das in zwanzig Jahren von dem cordobesischen Universalgelehrten Ibn Abd Rabbihi geschrieben wurde: Es hat 25 Bände, von denen jeder den Namen eines Edelsteines zum Titel trägt, es hatte mehr als 10 000 Seiten, und allein die Wiedergabe des Inhaltsverzeichnisses ist erschöpfend und erinnert uns an die von Borges erfundenen chinesischen Enzyklopädien.«

Averroes und Maimonides

Dieser Hinweis auf den Poeten, Erzähler und Essayisten aus Buenos Aires, der, 1899 geboren, schon in jungen Jahren mit seiner 1936 veröffentlichten *Geschichte der Ewigkeit* die Frage von Wandlung und Dauer in einem universalen Sinne zu thematisieren begann und schließlich als alter Mann – inzwischen erblindet – in der argentinischen Hauptstadt die Geschicke der Nationalbibliothek lenkte, welche zumindest zu den bedeutendsten im hispanischen Teil Amerikas zählt, erinnert uns einmal mehr an die kulturelle Achse, die den Orient über Andalusien mit Ibero-Amerika verbindet. Und er führt uns hin zu den zwei herausragendsten Dichtern und Denkern des maurischen Córdoba – Muslim der eine, Jude der andere. Muñoz Molina verweist auf die »vollendete und dennoch selten hervorgehobene« Erzählung *Die Suche nach Averroes*, in der Jorge Luis Borges einen der beiden zum Thema erwählte, »der in Córdoba lebte und Bücher über das dauerhafte Wissen schrieb. Er begreift jedoch, daß sein Vorhaben unmöglich ist, weil jener Mann, Averroes, ihm immer fremd und verborgen bleiben wird, ein wesenloses Gespenst, von dem nichts existiert als der Name und die wenigen biographischen Daten, die bis zu uns gelangt sind.«

An der alten Stadtmauer von Córdoba existiert ein Denkmal, das uns einen möglicherweise zutreffenden Eindruck verschafft von der stattlichen Erscheinung des bärtigen Mannes – einen Turban um das Haupt geschlungen, ein Buch mit der linken Hand auf das Knie gestützt: Abul Walid Muhammad Ibn Ahmad Ibn Muhammad Ibn Rushd, kurz als Ibn Rushd in die Geistesgeschichte eingegangen. Oder eben als Averroes, wie die latinisierte Form seines Namens lautet, unter dem man sich im Okzident meist an ihn, der von 1126 bis 1198 gelebt hat, erinnert. Auf einem kleinen Platz der Judería – in Sichtweite des Seneca-Standbildes – gibt es zudem ein Denkmal für Moises de Maimon, wie man Moses Maimonides in Spanien nennt. Er wurde 1135 hier geboren und starb 1204 – ebenso wie sein Zeitgenosse Averroes im Exil. Beide Männer waren auf das Betreiben eifernder Theologen hin als Ketzer verbannt worden zu einer Zeit, da die Hochblüte von Kultur und Toleranz unter den Emiren von Córdoba schon überschritten war: »... aber Averroes konnte doch noch seine Aristoteles-Kommentare, Maimonides seinen *Führer der Unschlüssigen* schreiben, in dem er erklärte, die obersten Sätze aller Wahr-

Ibn Rushd alias Averroes, Denkmal an der alten Stadtmauer

heit müßten streng rational begründbar sein. Auch er stützte sich, wie Averroes, auf Aristoteles. Von Maimonides führt der Weg der jüdischen Aufklärung bis zu Spinoza; wer, hundert Jahre später, in Paris die Übersetzungen der Texte von Averroes las, wurde exkommuniziert, verschwand, unter ihnen die feinsten Köpfe des beginnenden Nominalismus … Córdoba war Paris hundert Jahre voraus«, hielt Alfred Andersch in einer seiner für die deutsche Literatur nach 1945 stilbildenden Reportagen fest, die er 1977 schrieb. Er hatte das Land kurz vor dem endgültigen Zusammenbruch der Franco-Diktatur bereist. Schon damals war er dort nicht zuletzt vor dem Hintergrund des global sich durchsetzenden Zeitgeistes auf fatalistische Skepsis hinsichtlich einer demokratischen Zukunft Spaniens gestoßen. Andersch protokollierte somit eine Vorahnung, die nicht gänzlich trog. Das wissen wir spätestens seit dem Zeitpunkt, da jene Kräfte, die den – von wenigen Intermezzi abgesehen – unspektakulären Übergang in die Demokratie und die kulturelle Erneuerung bewerkstelligt haben, in freien Wahlen von Francos politischen Enkeln abgelöst wurden. Die Stimmung, der Andersch begegnet, schlug sich nieder in seinem Rückblick auf eine größere Zeit:

»Ob Maimonides und Averroes sich gekannt haben? Der eine war Rabbiner und Arzt, der andere oberster Richter von Córdoba. Maimonides wurde später Leibarzt und Berater Saladins in Kairo, bewirkte bei dem Sultan, daß sich in Jerusalem wieder jüdische Familien ansiedeln durften. Jahrhundertelang haben Juden und Araber im Orient als Freunde miteinander gelebt. Die Moschee duldete die Synagoge, der Koran das Alte Testament. Der Zionismus und die arabische Reaktion auf ihn ist ein tragischer Irrtum. Auf der Plazuela de Maimónides sitzt der große Theologe, den die jüdischen und islamischen Orthodoxen einen Atheisten nannten, weil er den Bericht von der Weltschöpfung als Allegorie bezeichnete, und die Eingebungen des Propheten als Äußerungen des aktiven Intellekts. Am Ende seines Lebens mochte er, wie Averroes, nicht mehr glauben, die Einzelseele sei unsterblich, hielt vielmehr den Geist für die erste Materie. Immer, wenn ein Auschwitz stattgefunden hat, wenn es keine Juden mehr gibt, errichtet man Denkmäler für berühmte Juden ... Weil die Juden schon im 14. und 15. Jahrhundert aus Spanien vertrieben wurden, kennt der spanische Faschismus keinen Antisemitismus. Heute ist das Barrio de la Judería ein Viertel für reiche Snobs, welche die Häuser schön restauriert haben. Die grüne Dämmerung der Patios, die schwarzen Gitter, die Geranientöpfe an den weißen Mauern. Maimonides als Standbild.«

Averroes starb 72-jährig in Marrakesch am Rande der Sahara – in jener Stadt, die heute vermutlich noch am ehesten den Städten des alten al-Andaluz gleicht. Ist ihr kulturelles Leben doch nicht zuletzt von den Berbern bestimmt, aus deren Reihen die maurischen Eroberer von Andalusien kamen. Die sterblichen Überreste von Averroes wurden auf dem Rücken eines Esels zurück nach Córdoba gebracht – in Balance gehalten vom Corpus seiner umfänglichen Schriften, in denen er überwiegend die Frage nach dem Verhältnis von *fides* und *ratio*, Glaube und Wissen, Offenbarung und Vernunft, Theologie und Philosophie thematisiert hatte. Der oberste Richter von Córdoba und Leibarzt des Kalifen plädierte unbeirrt aller Anfeindungen für eine autonome, von der Theologie unabhängige Philosophie: Das oberste Gericht sei der Gerichtshof der Vernunft. Von diesem Standpunkt ausgehend lehrte er »die Unerschaffenheit der Welt – Schöpfung war nur Formgebung, Realisierung inhärenter Potenzen gewesen«, lesen wir in einem Aufsatz von Ludger Lütkehaus, den DIE ZEIT aus Anlaß des von islamischen Fundamentalisten gegen Salman

Standbild des Maimonides in der Judería, dem alten Judenviertel

Rushdie verbreiteten Mord-Aufrufes veröffentlichte. Doch keineswegs nur dieses Beispiel zeigt, wie wenig – und dies gilt bis in die Gegenwart – die Aufklärung sich durchsetzen konnte, für die Ibn Rushd Grundlagen geliefert hat mit seiner Erkenntnis: »Es muß in der ewigen Materie eine ewige Bewegung vorhanden sein ... in anfangloser Kette.« Und weiter: »Die Annahme von stofflosen Seelen, die trotzdem viele sein sollten, ist etwas Unerhörtes. Denn die Ursache der Vielheit ist die Materie.«

Lütkehaus verweist auf Voltaire, sowie im 19. Jahrhundert auf Ernest Renan und dessen 1852 veröffentlichtes Werk *Averroes et L'Averroisme* als Wiederentdecker von Ibn Rushd im Dienste der europäischen Aufklärung. Sowie, naturgemäß, auf das Konzept einer »Aristotelischen Linken« von Ernst Bloch, der in seinem geistigen Ahnen aus Córdoba eine Art materialistischen Johannes entdeckte: »Das Besondere an Averroes bleibt, daß er die göttliche Existenz fast mit den Geburtskräften der Materie verschlang.« Vertrat doch Ibn Rushd in seiner Kausalitätslehre den notwendigen Zusammenhang aller Dinge – er ließ keinen Raum für einen intervenierenden Gott, eine göttliche Vorsehung oder humannarzißtisch beliebte Freiheitsphantasmen.

Dank Ibn Rushd und seinesgleichen gäbe es so etwas wie Ansätze zu einer islamischen Aufklärung – die allerdings bei bloßen Ansätzen geblieben seien, weil die Orthodoxie schließlich obsiegt habe und »Averroes und der Averroismus« nur im Westen weiterlebten, legt Lütkehaus dar, der sich auf die Islamkennerin Anke von Kügelen und deren Aussage beruft: »Viele arabische Intellektuelle und die Mehrzahl der Orientalisten setzen mit dem Tode Ibn Rushds das Ende der Philosophie im Islam an.« Seine Verurteilung sei nämlich ein ähnlich wegscheidender Konflikt zwischen Orthodoxie und Moderne wie im Westen jene Galileis im 17. Jahrhundert. Der ägyptische Philosophie-Professor Murad Wahhba registrierte gar ein »Averroes-Paradox«, denn »Averroes als ein philosophischer Trend hat eine wirksame Rolle bei der Herausbildung des europäischen philosophischen Bewußtseins gespielt, während es sich im Übergang vom Mittelalter über die Renaissance zur Aufklärung befand. Das heißt, die islamische Zivilisation – in Gestalt des Averroismus – hat zur Entwicklung der menschlichen Zivilisation im Westen beigetragen, während Averroes von der islamischen Kultur vollkommen abgelehnt wurde.« So habe es in der muslimischen Welt keinen Averroismus gegeben – und also auch keine Renaissance und keine Aufklärung.

Indes, ebenso im Westen hatten »Averroes und der Averroismus« – von Dante auf einen Ehrenplatz im *paradiso* befördert – ein wechselvolles Geschick, wie Lütkehaus rekonstruierte: »Ibn Rushd trat hier als Vermittler, als ›der Kommentator‹ des Aristoteles in Erscheinung, der als ›der Philosoph‹ galt. Das riesige Werk des griechischen Denkers lernte das christliche Abendland – Ironie der Geschichte – auf dem Umweg über die islamische Welt kennen, die ihrerseits schließlich von Aristoteles und der Philosophie, der falschen *falsafa*, nichts mehr wissen wollte.«

Man kann Maimonides und Averroes – vor allem aber die Reaktion ihrer cordobeser Zeitgenossen auf ihr Werk – als Vorboten des Untergangs dieses Kalifats sehen. So stellte der arabische Denker Ibn Khaldun schon im 14. Jahrhundert um nichts minder klare Überlegungen betreffend den Aufstieg und Fall mächtiger Reiche an als lange nach ihm der britische Historiker und Geschichtsphilosoph Arnold Toynbee. Und er hob in dem Zusammenhang hervor, daß eine zum Untergang verdammte Zivilisation in ihrem Verfallsprozeß mitunter einen trügerischen Glanz verbreitet: »... aber dies ist nur das letzte Aufflackern einer Fackel, die bald erlischt, so wie bei einer Leuchte, die, kurz bevor sie zu brennen aufhört, plötzlich noch einmal ein helles Licht ausstrahlt, das uns an den Augenblick erinnert, in dem wir sie anzünden.«

Córdoba ging an sich selbst zugrunde

Córdoba wurde genau genommen nicht von den Reconquistadoren erobert, es ging in der Hauptsache schon zuvor an sich selbst zugrunde. Genauer: an seiner teils in Trägheit versinkenden, teils in mörderische Intrigen um die Macht sich verwickelnden politischen Führung. Muñoz Molina rekapituliert:

»Es gibt keinen Herbst in der Größe Córdobas, keine langsam abfallende Kurve, wie in den letzten Jahren von Rom, keine sich langsam ausbreitende Vorahnung vom Verfall: Córdoba versinkt so plötzlich wie die Sonne in den Tropen, wie das vom Ätna [sic! Offenbar ist der Vesuv gemeint] ausgelöschte Pompeji, wie Sodom und Gomorrah, wie Atlantis, wie das Opfer einer Art gnadenloser biblischer Geißel, eines plötzlichen Unglücks. In genau vier Jahren wird die größte Stadt des Abendlandes durch den Wind des Unglücks, wie der Dichter Ibn Suhayd schreibt, zerstört: Überschwemmungen, Hungersnot, Pest, Brände, planmäßige Vernichtung, afrikanische Krieger, die mit blutverschmierten Säbeln durch die Gassen reiten, von plündernden Menschenmassen zerstörte Paläste, brennende Bibliotheken und das dankbare Gelächter der fanatischen Religionswächter und Verteidiger der Dummheit.«

Dieses apokalyptische Bild bot vor allem Madinat al-Zahira – oder Medina Azahara –, die im 10. Jahrhundert von Abd al-Rahman III. begründete Palaststadt, die als neues Herrschaftszentrum seines Kalifats gedacht war und von deren Größe und Herrlichkeit uns Carlos Fuentes eine Ahnung zu vermitteln versucht: »Der Palast ruhte auf 4300 Säulen und wurde von 13750 männlichen Dienern versorgt, zu denen noch 3500 Pagen, Sklaven und Eunuchen kamen. Allein um die Fische in den Teichen zu füttern, wurden jeden Tag 1200 Laibe Brot gebraucht. Weise genug, die Flüchtigkeit allen Ruhms zu erkennen, kleidete sich Abd al-Rahman in Lumpen und bedeckte sich mit Sand, wenn er fremde Botschafter empfing. Er starb als alter Mann, aber am Ende seufzte er: ›Ich habe nur vierzehn glückliche Tage gekannt in meinem Leben‹.« Vierzig Jahre lang soll an seiner Stadt gebaut worden sein, ganze 75 Jahre hatte sie Bestand.

Wer nun wenige Kilometer außerhalb von Córdoba an den Ausläufern der Sierra Morena, die Andalusien von Kastilien trennt, nach den Zeugnissen der unbeschreiblichen Pracht von Medina Azahara sucht, kann Archäologen und Restauratoren bei der Arbeit beobachten. In seiner 1991 im spanischen Original unter dem Titel *Córdoba de los omeyas* erschienenen *Stadt der Kalifen* schreibt Muñoz Molina zu dem Zeitpunkt durchaus zutreffend: »Eine aufgebrachte Menschenmenge strömte in die Stadt wie ein Fluß, der über seine Ufer tritt, und lynchte die Wächter. Was die Plünderer nicht raubten, wurde ein Raub der Flammen, so daß wir heute nicht einmal ihre genaue Lage kennen.« In dem Punkt wenigstens hat es inzwischen Fortschritte gegeben. Auf etwa zwölf der wahrscheinlich rund 100 Hektar, auf denen sich Medina Azahara erstreckte, sind die Ausgrabungsarbeiten recht gut vorangekommen. Fundamente und Grundmauern, mitunter ganze Fassadenteile der Palastanlagen, zwischen denen vereinzelt Palmen und Zypressen aufragen, wurden schon rekonstruiert und zur Besichtigung freigegeben. Doch ein Ende der Bemühungen, Madinat al-Zahara wenigstens als Ruinen-Ensemble wieder ans Tageslicht zu holen, ist nicht abzusehen. Antonio Vallejo, der dieses Unternehmen leitet, stellt fest: »Das ist keine Arbeit für das ganze Leben, sondern gleich für mehrere Generationen.«

Hand in Hand mit der Zerstörung ging die Vertreibung der besten Köpfe von Córdoba – unter ihnen der damals 18-jährige Abu Muhammad Ali ibn Hazm, der von den Chronisten zum einen als der gelehrteste Mensch seiner Zeit, zum anderen als der vollkommenste Prosa-Schriftsteller aus al-Andaluz gewürdigt wird. Er schrieb über Literatur ebenso wie über Fragen der Theologie – sein Werk wird auf 80000 Manuskriptseiten geschätzt, die zusammen rund 400 Bände ergeben haben sollen. Das Buch aber, das in erster Linie seinen Ruhm begründete, war das *Tawq al-humana* oder *Das Halsband der Taube. Von der Liebe und den Liebenden*, das er 28-jährig in Jativa, einem seiner vielen Zufluchtsorte, verfaßte. Ibn Hazms Studie über das Liebesempfinden erinnert Muñoz Molina »an den erbarmungslosen Scharfblick eines Romans von Proust.« Aber das Andenken an die Frauen und Männer, die er geliebt hatte, zeugt niemals von einer so großen Verzweiflung wie die Erinnerung an seine zerstörte Heimatstadt:

»Die Orte, wo früher Männer wie Löwen und Fr Elfenbeinstatuen wohnten und sich unzähligen Vergn hingaben, sind nunmehr Zufluchtstätte der Wölfe, Spiel Monstern, Zeitvertreib der Mächtigen und Lager wilder T Gemeinschaft der früheren Bewohner ist zerstört worden, die Menschen wurden in tausend verschiedene Himmelsrichtungen verstreut. Jene Räume voller Inschriften, jene verzierten Gemächer, die wie die Sonne glänzten und deren Schönheit man nur ansehen mußte, um alle Traurigkeit zu vertreiben, sind jetzt verwüstet und mit Trümmern bedeckt. Sie sind wie der geöffnete Schlund wilder Bestien und künden von der Hinfälligkeit dieser Welt: Sie offenbaren dir die Bestimmung ihrer Bewohner, das Ziel aller Dinge, die du in ihr siehst, und sie lassen dich auf diese Dinge verzichten, wo du doch so lange Zeit nicht bereit warst, sie aufzugeben... Vor meinen Augen tat sich die Ruine jener Festung auf. Ebenso die Einsamkeit jener Innenhöfe, die früher voller Menschen waren. Mir schien, ich hörte in ihnen die Schreie von Uhus und Eulen, während man früher nichts weiter als die Schritte der Menschenmenge hörte, in deren Nähe, innerhalb der Mauern des Palastes, ich aufgewachsen bin. In den Innenhöfen war die Nacht früher eine Verlängerung des Tages... heute ist der Tag in ihnen eine Verlängerung der von Stille und Einsamkeit geprägten Nacht.«

Juan Goytisolo, dem sich seine ambivalente spanische Identität in der zurückgebliebensten Ecke Andalusiens erschließen sollte – also in Almería, wie wir schon erfahren haben –, und das, als er bereits in Paris lebte, dem Ort seines in der Hauptsache von den politischen Umständen erzwungenen Exils, ruft an erster Stelle Ibn Hazm als Zeugen auf, wenn er in seinem Buch über *Spanien und die Spanier* einen besonderen Aspekt des Geisteslebens nach al-Andaluz verhandelt: »Neben dem Willen, die ›jüdische‹ Unruhe des Intellekts zu ersticken, spiegelt die spanische Literatur des 16. und 17. Jahrhunderts die ausdrücklich bekundete oder durch Verschweigen zu erkennen gegebene Nebenabsicht wider, die hispano-arabische Sinnlichkeit zu verdrängen. Bis heute hat kein Geschichtsschreiber die ungeheure, einschneidende Wirkung dieses Phänomens auf die Bildung des spanischen Nationalcharakters hinreichend erkannt.« Goytisolo, der sich schließlich Marrakesch als eine Art kulturelles Exil erwählte, zitiert an dieser Stelle ausführlich aus *Érotique de l'Espagne*, dem Werk seines gleichfalls emigrierten Landsmannes und Zeitgenossen Xavier Domingo, in dem dieser einen Vergleich mit der arabischen Kultur anstellte, in welcher er den sexuellen Bereich in die Struktur des elementarsten Lebensgefühls einbezogen sah:

»Der Christ dagegen sucht das Geschlechtliche mehr und mehr auszuschließen, es gänzlich zu negieren. Gefühl und Sexualität sind für den Araber eine untrennbare Realität. Für den Christen ist alles, was das Geschlecht angeht, etwas Unheilvolles, das die Seele verderben kann. Obwohl Christen und Mohammedaner als Nachbarn auf demselben Boden lebten, widersprachen sich ihre Ideen über die erotische Liebe so unüberbrückbar, daß es nicht verwunderlich erscheint, wenn der acht Jahrhunderte währende Krieg zwischen ihnen erst durch die völlige Vernichtung der besiegten Araber beendigt wird. Alles Arabische, das der Spanier in sich hat, wird erbarmungslos unterdrückt, vor allem die Sexualität.«

Goytisolo knüpft daran den Hinweis an den hohen künstlerischen Ausdruck, den die erotische Literatur im arabischen Andalusien erlangt hatte, während »seit der Zeit der Reyes Católicos das Geschlechtliche für den spanischen Schriftsteller zu einem Gegenstand der Ablehnung und des Hasses« wurde. »Die Sinnlichkeit ist der schlimmste Feind: In seinem *Antichrist* erinnert Nietzsche daran, daß die erste Anordnung der kastilischen Monarchen nach der Eroberung von Córdoba der Befehl war, die dreihundert öffentlichen Bäder, die es in der Stadt gab, zu schließen. Und als die Morisken endgültig aus dem Königreich vertrieben wurden, rechtfertigte Pedro Aznar de Cardona in einer Streitschrift das katastrophale königliche Dekret mit der Begründung, diese seien ›plump‹, ›roh‹, ›Freunde viehischer Vergnügungen‹, ›weibisch‹ und ›dem Laster des Fleisches ausschweifend ergeben‹.« Goytisolo bringt das Verschwinden der »körperlichen Liebe aus dem Gesichtskreis unserer Literatur« in ursächlichen Zusammenhang mit dem Anwachsen der politischen Macht des katholischen Klerus, welche diesem von der Krone zugestanden wurde als Preis für das ideologische Wirken im Dienste des Zusammenhalts des aus höchst gegensätzlichen Elementen zusammengefügten spanischen Königreiches: »Das letzte erotische Werk von Bedeutung, *Die muntere Andalusierin* (La lozana Andaluza, 1528), wurde kennzeichnenderweise in Italien gedruckt. Künftig erhält nur noch die idealisierte Liebe Druckerlaubnis, und Petrarca tritt an die Stelle von *Tausend und eine Nacht*.«

Was von der Mezquita blieb

In Córdoba bemühte sich der katholische Klerus ebenso um die Zerstörung der wenigen aus der Zeit des Kalifats erhalten gebliebenen Baudenkmäler. Dies gilt vor allem für die Mezquita, die Hauptmoschee, die Gerald Brenan in *Das Gesicht Spaniens* »gewiß das bedeutendste Bauwerk in Spanien – das originellste und das schönste« nennt: »Sobald man den großartigen, mit Orangenbäumen bepflanzten Hof betritt, wird man von einem Gefühl des Friedens und der Harmonie erfaßt, das sich sehr von der Stimmung religiöser Heiligkeit, Genügsamkeit und Strenge unterscheidet, die von den Klöstern der Christen ausgeht« – was naturgemäß nicht auf Zufall beruht:

»Die christliche Gesamtkirche ist auf einen Felsen gebaut worden, sie wird für immer fortbestehen und die Geschichte unter dem Blickwinkel von moralischem Gewinn oder Verlust interpretieren, so wie das Alte Testament es gelehrt hat. Moslemische Architektur ist genau das Gegenteil. Eine Moschee soll ein Hof sein, ein Ort der Begegnung, ein Marktplatz, der in leichter Bauweise gehalten ist, um eine riesige Menschenansammlung zu fassen. Allah ist so groß, daß nichts Menschliches mit Seiner Stärke oder Beständigkeit wetteifern kann. Und in einer Gesellschaft, in der das Harem-System die Genealogie kompliziert, ist der Stolz, orgullo, der Feudalzeit – die Verbindung von Landbesitz und Titeln mit Familienzugehörigkeit und einer langen Galerie von Vorfahren – fehl am Platz...«

So stößt der Besucher zuerst einmal auf eine Mauer, hinter der alle Pracht verborgen liegt, was schon Theophile Gautier gelegentlich seiner Andalusien-Reise im Jahr 1840 kurz in die Irre führte: »Das Äußere der Mezquita hatte uns nicht gerade verlockt, und wir fürchteten eine grausame Enttäuschung. Die lobsingenden Verse Victor Hugos erschienen uns von vornherein zu schmeichelhaft, doch überzeugten wir uns rasch, daß sie das Richtige trafen.« So empfand das wenige Jahre später desgleichen Alexandre Dumas, der skizzierte, was der Besucher der Mezquita auch heute noch vorfindet:

»Zuerst kamen wir durch einen großen Vorhof mit einem Marmorbassin und einer nie versiegenden Quelle in seiner Mitte. Palmen, Zypressen, Orangen- und Zitronenbäume – zur Zeit mit Früchten überladen – umgeben es. Tritt man aus diesem durchsonnten Hof mit seiner üppigen Vegetation in den dämmrigen

Säulenwald dieses maurischen Baudenkmals, so ist es, als erlebe man einen phantastischen Traum.«

Naturgemäß hatte sich schon Gautier an der Beschreibung dessen versucht, was er selbst als mit Worten nicht ausreichend darstellbar empfand – ein Widerspruch, der offenkundig zu den unvermeidbaren, indes durchaus reizvollen Betriebsunfällen zu zählen ist, wenn schreibende Menschen auf Reise gehen:

»Der Eindruck beim Betreten dieses ehrwürdigen Heiligtums des Islam ist unbeschreiblich und hat nichts gemein mit den Gefühlen, welche Architektur von Innenräumen gewöhnlich auslöst. Es kommt einem vor, als wandle man nicht in einem Gebäude, sondern in einem überdachten Wald. Wohin man sich auch wendet, verliert sich der Blick in Säulenalleen, die sich überschneiden und ins Unabsehbare verlaufen; es ist wie eine marmorne Vegetation, die spontan aus dem Boden geschossen ist.«

Eine Überlegung in exakt diesem Sinne stellte später am selben Ort Antonio Muñoz Molina an: »Ich glaube, daß Baudelaire auf die Mezquita anspielte, als er die Natur als einen Tempel lebender Säulen beschrieb.« Natur und Architektur haben wohl gemeinsam, daß man ihnen nichts Grausameres antun kann, als etwas hinzuzufügen, das an die jeweilige Stelle schlicht nicht hingehört. »Dieser Parasit in Gestalt einer Kirche, dieser steinerne Riesenpilz, diese architektonische Warze auf dem Rücken des arabischen Baus« nannte Gautier die katholische Kathedrale, welche in die perfekte Harmonie der Säulen und Bögen der Mezquita auf Befehl jenes Karl V. bzw. Carlos I. hineingepreßt wurde, dessen geschichtsmächtige Ignoranz unser Auge schon in Granada in Form des von ihm in das Ensemble der Alhambra gepfropften Renaissance-Palastes beleidigt hat. Zur Wahnsinnstat von Córdoba war der Habsburger – laut Zeugnis der Chronisten gegen den erbitterten Widerstand der einheimischen Bevölkerung – vom örtlichen Domkapitel angestiftet worden. Der Herrscher hatte die Entscheidung getroffen, ohne den Ort gesehen zu haben, an dem sie vollstreckt werden sollte. Er kam erst nach Córdoba, als das Unglück schon geschehen war. Dann freilich soll sogar diese gekrönte Mediokrität nicht sonderlich erfreut gewesen sein und geäußert haben: »Hätte ich geahnt, wozu ihr fähig seid, wäre es nicht so weit gekommen. Denn was ihr da gebaut habt, kann man überall finden. Aber was ihr zerstört habt, gab es nur einmal auf der Welt.«

Muñoz Molina faßte den Tatbestand in einem Satz zusam-

Der Säulenwald der Mezquita, »ein heiliger Raum«

men: »Die Kathedrale ist ein plumper religiöser Bau, die Mezquita ein heiliger Raum.« Dieses Urteil verlangt nach einer Begründung, die uns der Autor nicht schuldig bleibt:

»Die Mezquita von Córdoba ist so abstrakt wie ein Gemälde von Piet Mondrian: die geometrischen Figuren fallen auf den weißen Raum, von dem sich die Erhabenheit des geschriebenen Wortes abhebt, Schatten des Gotteswortes. Allein die Leere und die Stille an sich machen uns glauben, daß das, was nicht wiedergegeben werden kann, anwesend ist: Für die Juden darf nicht einmal der Name Gottes ausgesprochen werden; im primitiven Buddhismus stellen der leere Thron und der Sonnenschirm, unter dem sich niemand befindet, eine Anspielung dar und bezeichnen den unsichtbaren Buddha; der heiligste Ort der Mezquita von Córdoba ist der mihrab, in seinem Inneren aber ist absolut nichts. Die Kapellen der Mezquita beherbergen eine staubige Sammlung von Christusfiguren, gestikulierenden Heiligen und fettleibigen Engeln: Der Eindruck des Allerheiligsten stellt sich im mihrab durch die reine Form des verlassenen Raumes ein, die uns an das taoistische Urteil erinnert, nach dem das leere Innere eines Kruges wichtiger ist als der geformte Ton und die

Speichen eines Rades nicht so wesentlich sind wie die Luft, die zwischen ihnen im Umlauf ist.«

Welchen zivilisatorischen Rückschritt die erneute christliche Herrschaft über Andalusien bedeutete, legt indirekt Carlos Fuentes dar mit dem Hinweis auf die keineswegs nur in einzelnen Bauwerken zum Ausdruck kommende kulturelle Überlegenheit des Islam zur Zeit von al-Andaluz, die sich in der Offenheit für andere Einflüsse manifestierte, welcher Prozeß dann gleichwohl auf dauerhafteste Weise in der Architektur sichtbar gemacht wurde:

»In den Jahren der Vorherrschaft Córdobas gewann die Idee an Boden, daß die Vielfalt der Kulturen nicht im Streit liegen muß mit der Überzeugung, daß es nur einen einzigen Gott gibt. In dieser neuen Region im Süden Spaniens ... knüpften die drei großen monotheistischen Religionen der mediterranen Welt, die Religionen von Moses, Jesus Christus und Mohammed, ihr langdauerndes, oft fruchtbares und noch öfter konfliktreiches Beziehungsnetz. Die große Moschee von Córdoba verkörpert jene Haltung am schönsten. Ihre ursprünglich 1200 Säulen, von denen nur achtzig erhalten blieben, weisen alle mediterranen Stilformen auf, mit denen Spanien jemals in Berührung gekommen ist, sie sind griechisch, karthagisch, römisch, byzantinisch. In der Moschee hat man das Gefühl, durch eine mittelpunktlose Vision des Unendlichen zu gehen, mit der Vorstellung, daß Gott und Mensch einander unablässig in dem kühlen Labyrinth suchen und jeder vom anderen die Fortsetzung der unvollendeten Aufgabe der Schöpfung erwartet. Der Wald der Steinpfeiler scheint sich ständig zu verändern, bis vor dem äußeren Auge, aber auch vor dem inneren der Imagination, Millionen von Spiegeln erscheinen. Tatsächlich, alle Dinge müssen neu erdacht werden in diesem Bau, einem der herrlichsten und anregendsten der Welt.«

Luis de Góngora und das Goldene Zeitalter

Was indes ist wahrhaftig geblieben aus der großen Zeit, und konnte danach noch etwas kommen, das zu erinnern wert ist? Eine Fährte, die zu einer möglichen Antwort auf diese Frage führt, finden wir bei Muñoz Molina: »Von der Zeit verschlissen, aber nicht dem Boden gleichgemacht, ist die Stadt selbst aus dem Stoff der Zeit und der Träume erbaut: ›Seele der Zeit, Schwert des Vergessens‹, schrieb Don Luis de Góngora, der zum Sterben in seine Stadt zurückkehrte und sein Grab in der Mezquita fand.« Es ist die Rede vom Dichter, der *An Córdoba* die Worte gerichtet hat:

Oh du, erhabne Mauer – Türme ihr, daneben,
wie sehr von Anmut, Ehre, Majestät verschönt!
Oh großer Fluß, als Andalusiens Herr gekrönt,
nicht Gold, allein Dein Adel kann den Sand beleben!
...
Wenn der Zeiten Trümmer hier und der Ruinen,
die der Genil bereichert, Dauro netzt in Ruh',
Erinnerungen dein mir keine Nahrung waren,

so wollen meine feuchten Augen nie verdienen,
die Mauern, deinen Fluß, die Türme zu erfahren,
die Berge, Ebnen: Heimat! Spaniens Blume du!

Luis de Góngora y Argote also, der von 1561 bis 1627 gelebt hat: ein Abkömmling von *conversos*, wie man die zum Christentum konvertierten, auf diese Weise ihr Bleiberecht im Spanien der Katholischen Könige sich erkaufenden Juden nannte – die gleichwohl zumeist weiterhin argwöhnisch als solche betrachtet wurden. Góngora hatte in Salamanca – zumindest damals die bedeutendste Universität Spaniens – Rechtswissenschaften studiert, danach aber einige Zeit als Kaplan am Domkapitel von Córdoba gewirkt. Vielleicht versprach er sich vom Priestergewand jenes Maß an Unabhängigkeit, das es ihm ermöglichen sollte, seiner eigentlichen Berufung zu folgen: der Dichtkunst. Zusammen mit jenem von Fernando de Herrera – einem weiteren Andalusier – steht sein Name für eine Epoche der spanischen Poesie, die später als Siglo de Oro – das Goldene Zeitalter – gelten sollte. Wenn Cervantes der Autor ist, von dem die Moderne in die Prosa spanischer Sprache eingeführt wurde – so man seinen *Don Quijote* nicht den ersten modernen Roman überhaupt nennen will –, dann läßt sich von Góngora gleiches für die Lyrik sagen. Sein literarisches Programm war die eigentümliche Verknüpfung von Komplexität und Volkstümlichkeit, das Spiel mit den Metaphern und die Ausdeutung der Begriffe, aber ebenso der Versuch, das grammatikalische Korsett der kastilischen Sprache zu sprengen durch die Hereinnahme latinisierender Elemente. Dies diente zumindest als Vorwand für die wütenden Polemiken, mit denen der Dichter der unvollendeten *Soledades* – wir erinnern uns: jenes monumentale Gedicht, dessen Protagonist ein Pilger ist, das der Wirt von Federico García Lorcas Lieblingsgasthaus in Granada aus dem Gedächtnis zu rezitieren vermochte – und der *Fábula de Polifemo y Galatea* zu Lebzeiten überzogen wurde. Wobei sich ein Mann auf besonders perfide Weise hervortat, der von seinen Jüngern als der »größte lebende Schriftsteller Spaniens« gefeiert wurde: der Asturier Francisco de Quevedo, ein verarmter Landadeliger und antisemitischer Reaktionär, der Spaniens verflossener Größe nachtrauerte und diese quasi auf dem Wege kultureller Isolation zurückbeschwören wollte. Das war im Grunde die vorweggenommene Formulierung des kulturpolitischen Konzeptes, das mit der Franco-Diktatur erneut zur Staatsdoktrin werden sollte. Die hatte naturgemäß nicht der reichlich ungebildete General exhumiert. Sie war vielmehr über Generationen die Leitidee reaktionärer spanischer Intellektueller – und auch einiger hochbegabter politischer Wirrköpfe – gewesen und hatte nach der Katastrophe von 1898, dem Verlust der Kolonien, neue Nahrung erhalten. Es war vor allem die schon erwähnte Generation von 1898, die – in der Zielrichtung der Argumente von vielerlei Gegensätzen gekennzeichnet – aus diesem Anlaß eine Debatte über die Stellung Spaniens in der Welt, vor allem aber eine Neudeutung der Vergangenheit lostrat, die bei einigen der Dichter und Denker dieser Generation in eine Absage an den europäischen Rationalismus mündete.

Dies wiederum erklärt mehr noch als ästhetische Übereinstimmungen, warum die kritischen jungen Intellektuellen der nächsten Generation – zumeist selbst Poeten und im übrigen Andalusier wie Lorca, Alberti, Dámaso Alonso, Vicente Aleixandre, Luis Cernuda … –, die sich während der zuerst zur Republik und schließlich durch den Putsch gegen diese zur Franco-Diktatur führenden politischen Umbruchszeit in Madrid formiert hatten, Luis de Góngora zu ihrer Leitfigur ausriefen. Rafael Alberti erinnert sich in *Der verlorene Hain* an »die ersten Hornsignale unserer Schlacht zur Verteidigung und Rechtfertigung Luis de Góngoras … dessen dreihundertsten Todestag« im Jahr 1927 »wir glanzvoll zu feiern gedachten … Es ging schon das Gerücht, daß die Real Academia untätig zusehen, das heißt, dieses große Datum einfach totschweigen wolle. Góngora wurde … offiziell und nach alter Tradition noch immer als ein Teufel mit Hörnern betrachtet, als ein ›Engel der Finsternis‹ und Verderber der Sprache.«

Gemeinsam mit einigen bildenden Künstlern und Musikern bemühten sich die jungen Poeten – die als die Generation von 1927 und Protagonisten des Silbernen Zeitalters spanischer Lyrik in die Literaturgeschichte eingehen sollten – um eine Neuauflage der Werke Góngoras und vielerlei mehr: »Ein Autodafé zur Sühne von dreihundert Jahren der Dummheit, die Aufführung eines Theaterstücks von Góngora, Konzerte, ein andalusisches Volksfest, Ausstellungen von Stichen und Zeichnungen, Vorträge, Lesungen etc.« Daß es dabei nicht immer mit heiligem Ernst zuging, betont Alberti mit fröhlichem Bekennermut: »In der Nacht des 23. Mai gab es dann Wasserspiele gegen die Mauern der Königlichen Akademie. Unauslöschliche Girlanden aus Harnsäure färbten sie gelb, und mir selbst gelang es, nachdem ich mich den ganzen Tag beherrscht hatte, den Namen Alemany – er ist der Autor des *Vokabular Góngoras* – mit Pisse auf einen der Gehsteige zu schreiben.«

Schließlich verdanken wir Rafael Alberti auch eine authentische Interpretation zur Frage, in welcher Weise die Wiederentdecker Góngoras von diesem beeinflußt wurden:

»Wir unterwarfen uns niemandem, auch nicht Góngora, sobald einmal die Schlacht gewonnen war. Daß sich ein Teil der Poesie des krummen und gefährlichen Priesters aus Córdoba nach einigen Jahrhunderten mit einem Teil der unserem deckte und daß uns das Datum der Dreihundertjahrfeier im Augenblick gerade gelegen kam, bedeutete nicht im mindesten, daß wir seine Vasallen waren. Die gongorinische Ansteckung war, abgesehen davon, daß wir sie bewußt suchten, nur vorübergehender Natur. Sie dauerte kaum über das Gedenkjahr hinaus … Wenn daher mein geliebter Pablo Neruda von Federico García Lorca behauptet, daß er ›vielleicht der einzige war, auf den der Schatten Góngoras nicht die eisige Herrschaft ausübte, die im Jahre 1927 die große junge Dichtung Spaniens sterilisierte‹, so glaube ich aufrichtig, daß er sich irrt. Das Beispiel Góngoras sterilisierte niemanden. Im Gegenteil, unsere Generation ging kräftiger und stärker profiliert aus dieser notwendigen Schlacht hervor.«

Der scharfe Blick des Pío Baroja

Córdoba als literarischen Ort sollte auf bedeutende Weise allerdings ein Autor aus der Generation von 98 wiederbeleben: der 1872 im Baskenland geborene vormalige Bäckergeselle und Arzt Pío Baroja, den manche seiner Dichterkollegen als »Anarchist im Frack« bezeichneten. Was allerdings auf einer nicht sehr präzisen Auslegung des Begriffes Anarchismus beruht. In der Tat war Baroja eher von Schopenhauer und Nietzsche beeinflußt und suchte den Ausweg aus sinnloser Existenz in der »Tat um der Tat willen«. Vor allem aber war er enorm produktiv. In den einschlägigen Lexika werden seinem Werk »mehr als 70 Romane« zugeschrieben. Ernest Hemingway sah in dem zu Lebzeiten in Spanien überwiegend angefeindeten und in ärmlichen Verhältnissen seine Existenz fristenden atheistischen Spötter den größten Schriftsteller seiner Epoche. Georges-Albert Astre definiert in seiner Hemingway-Monographie zumindest den alten Hemingway als einen Bruder Barojas im nihilistischen Geiste. Es gibt ein Foto, das den zwei Jahre zuvor mit dem Nobelpreis ausgezeichneten Autor von *Der alte Mann und das Meer* 1956 am Krankenlager des Spaniers zeigt, und Hemingway-Biograph Carlos Baker erzählt die dazugehörige Geschichte:

»Der greise Arzt und Romanschriftsteller Pío Baroja y Nessi lag bereits auf dem Sterbebett, als Ernest ihm einen Besuch abstattete. Er hatte als Geschenk Socken, einen Pullover und eine wärmende Flasche Scotch mitgebracht. Dr. Baroja hatte bis ins einundachtzigste Lebensjahr geschrieben, und Ernest schmeichelte ihm mit den Worten, daß er den Nobelpreis hätte erhalten müssen. Als Baroja dann zwei Monate vor seinem vierundachtzigsten Geburtstag starb, ging Ernest zur Beerdigung. Es war ein nebeliger Tag, und die Sonne kam nur selten durch. Auf dem Weg zum Friedhof waren die Straßen mit Blumen geschmückt, denn es war Allerseelentag. Es erschien nur eine Handvoll Trauergäste. Der einfache Fichtensarg war frisch gestrichen, was auf die Gesichter, Hände und Kleider der Sargträger schwarz abgefärbt hatte. Ernest war bewegt und gerührt.«

Als James A. Michener zehn Jahre später durch Spanien reiste, stellte er bitter fest: »Der Romancier Pío Baroja ist geradezu ein Modellfall für den postumen Ruhm, den Spanien seinen Autoren zollt. Dieser bissige Baske, der … zu Lebzeiten mit Acht und Bann belegt war, wird heute in alle Himmel gehoben. Ich habe

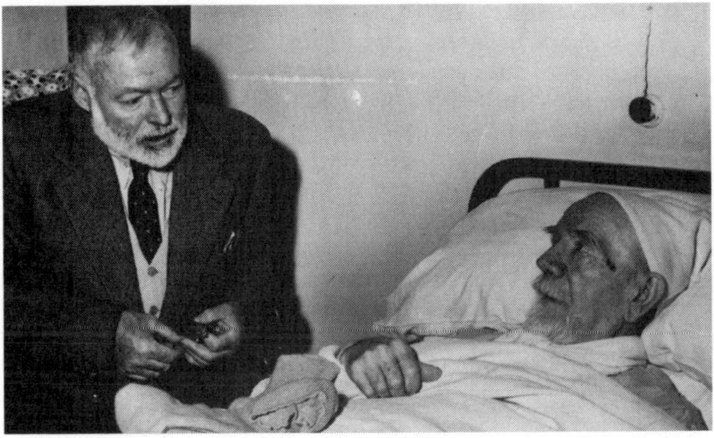

Ernest Hemingway am Krankenlager Pío Barojas

den Feierlichkeiten zu seinem zehnten Todestag beigewohnt und miterlebt, wie ihn derselbe Staat, der ihn als Kirchenfeind und Radikalen bekämpft hatte, in den Dichterolymp versetzte... Schaut man sich dann freilich die Lebensgeschichte der spanischen Autoren etwas genauer an, so stößt man immer wieder auf das gleiche traurige Lied: ›Pío Baroja lebte kärglich von seinem schmalen Einkommen‹ oder ›Nach einem Dasein voller Entbehrungen starb er in großer Armut‹...«

Tatsächlich kann es als ziemlich einzigartig gelten, auf welche dummdreiste Weise die spanische Rechte – die dieses Land auch im letzten Jahrhundert überwiegend beherrscht hat und die es nun wieder regiert – zuvor von ihren Kulturordonnanzen verhöhnte und verfolgte Künstler sich anzueignen sucht, sobald diese sich dagegen nicht mehr zur Wehr setzen können. Das geschieht offenkundig im Vertrauen darauf, daß deren Werke von der breiten Öffentlichkeit weiterhin genausowenig ernsthaft zur Kenntnis genommen werden wie von jenen, die ihre mediokre Zelebrität im Lichte der großen Namen etwas glanzvoller erscheinen lassen wollen. Doch genau diesem Teil Spaniens galt Barojas durch präzise Beschreibung desselben geübter Spott und Hohn. So hielt er es desgleichen in *La feria de los discretos* – die deutschsprachige Ausgabe erschien unter dem etwas eigenwillig oder zumindest plump übersetzten Titel *Der Jahrmarkt der Gescheiten* –, dem 1905 erstmals veröffentlichten Roman, den Baroja während eines längeren Aufenthaltes in Córdoba verfaßt hatte.

Die Geschichte ist im Vorlauf der liberalen Revolution von 1868 angesiedelt, in ihrem Zentrum steht ein Sohn aus sogenanntem guten Hause, der nach seiner Ausbildung in England nach Córdoba zurückgekehrt ist und die dortige bessere Gesellschaft nun mit gänzlich anderen Augen sieht. Schließlich sieht sich Quintín García Roelas, der Protagonist, regelrecht zur Flucht aus Córdoba veranlaßt, und er begründet dies seinem aus der Schweiz stammenden Freund Springer mit den Worten: »Ich weiß nur eines: hier kann man nicht leben.«

Worauf der Schweizer antwortet: »Die Leute leben wie alle Spanier ein archaisches Leben... Alles ist hier mit enormen Problemen beladen. Alles führt zu einem toten Punkt hin, und in den Hirnen bewegt sich nichts.«

»Baroja hat ein unerhört exaktes Bild dieser Stadt, wie sie zu seiner Zeit war, geschaffen. Das kommt in den Eigenheiten der beschriebenen Menschen ebenso zum Ausdruck wie in der Schilderung des Stadtbildes oder in für Außenstehende unglaublich erscheinenden Details, die nur jemand kennen kann, der sich hier sehr genau umgesehen hat. Er hat den Charakter von Córdoba so gut durchschaut, daß viele seinen Roman als Beleidigung empfunden haben«, sagt der 1923 in Córdoba geborene Pablo García Baena, nun als Direktor des Centro Andaluz de las Letras eine bedeutende Persönlichkeit des andalusischen Kulturlebens, vor allem aber Poet und das letzte noch lebende Mitglied der Gruppe *Cántico*. Die hatte sich kurz nach dem Bürgerkrieg in dieser Stadt formiert, um in einer Art inneren Exils der Lyrik kultivierte Lebensformen in einer barbarischen Zeit zu wahren. In seinem 1978 veröffentlichten Gedichtband *Antes que el tiempo acabe* (Vor dem Ende der Zeit) zeichnet García Baena sein Bild der Stadt, wie sie geworden ist:

Wen werden wir um Neuigkeiten aus Córdoba bitten?
Denn die Steine, die du liebtest sind am Nachmittag
Abgerissen worden
Die Zypressen gefällt und der Kreuzgang der Psalmen verharrt still
Zerstört die Bögen
Das Kapitell stürzte von der Säule,
Die Stukkatur erschlug die Wappenschilder
Hochmut, Helme, heraldisches Rot...
Die Eidechse lief über Wappenlilien
Und gleisnerische Hände zerstörten die Gärten

Es verstummte die Glocke in der Glockenwand
Sie zerschlugen die Schwellen, sie rissen die Wege auf,
machten Mauernischen nieder
Sie verkauften die Sarkophage
Mosaiksteine, Springbrunnen, kostbares Silber von Opfergaben
Und deine Söhne kassierten die Münzen des Verrats
Sie versteigerten deine Tränen, oh Mutter
Mein Vaterland.

Es ist eine Klage über den Ausverkauf der Stadt an die Interessen der Tourismus-Industrie – ihre Umwandlung in eine Andalusien-Klischees bedienende Folklore-Kulisse. »Córdoba hat immer ein sehr eigenständiges Erscheinungsbild gehabt. Hier waren zum Beispiel *azulejos* absolut unüblich – und nun kann man allerorten nicht genug davon anbringen«, verweist der alte Herr auf die insbesondere für Sevilla typischen bunten Kacheln, während er den Besucher über die Plaza de la Almagra und die Plaza de las Tendillas, durch die Calle Concepción, Gondomar, Gran Capitan, la Cruz del Rastro ... führt: vorbei an allen den Adressen, die in Pío Barojas Roman eine Rolle spielen.

Das Córdoba dieser Zeit existiert gewiß nicht mehr so, wie es damals war – doch immerhin, es wird einiges unternommen, um anzuknüpfen an das Erbe eines noch viel älteren Córdoba. Als wir vor dem von prächtigen Steinreliefs umfaßten Portal des Palacio de la Cuesta del Bailío angelangt sind, werden dort eben die Arbeiten zur gründlichen Restaurierung dieses aus dem 16. Jahrhundert stammenden Gebäudes abgeschlossen. Nun soll es mit neuem Leben erfüllt werden. Die schon erwähnte Roger Garaudy-Stiftung verfolgt das Ziel, hier die weltweit größte und umfassendste Bibliothek zum Thema al-Andaluz zu errichten. Und weil die noch erhaltenen Handschriften aus maurischer Zeit über den gesamten Globus verstreut sind, sowie ihr Erwerb zumeist unerschwinglich ist, sollen sie durch eine globale elektronische Vernetzung mit Museen, Bibliotheken und Archiven in aller Welt zumindest auf dem Computer-Bildschirm wieder in Córdoba zugegen sein. Was gewiß im Sinne der seinerzeitigen Kalifen ist, die für allen Fortschritt offen waren, den Wissenschaft und Forschung möglich machten.

Kapitel 5

Das verlorene Paradies – Von Sein und Schein in der Opernkulisse Sevilla

Es lohnt, auf dem Weg nach Sevilla ein wenig in Richtung Westen von der Hauptstraße abzuweichen – nach Coria del Río, wo oberhalb des Guadalquivir das Dar al Farah zu finden ist: Das Haus der Freude, ein architektonisches Gesamtkunstwerk des Neo-Mudéjar, errichtet nach eigenen Entwürfen des Bauherrn. Der war auch ein Dichter – doch dazu noch etliches mehr. »Padre de la patria« nennen die Andalusier Blas Infante – Vater des Vaterlandes. Der musische Notar gilt als der Begründer des modernen Andalucismo – dem Streben nach kultureller Autonomie und politischer Selbstbestimmung. Regionalistische Bewegungen gibt es in Spanien zwar vielenorts – die Basken und die Katalanen sind dabei nur die Lautstärksten –, doch einzig jene in Andalusien verfolgt keinen sich gegen andere abgrenzenden Nationalismus, sondern sie ist genau genommen internationalistisch. Sie definiert ihre Wurzeln in den weltoffenen Kalifaten von al-Andaluz und beruft sich ebenso auf das maurische Erbe dieser Region.

Mit der Reconquista war das Land aufgeteilt worden an wenige und allmächtige Latifundisten – vormalige Landsknechte zumeist, die wegen der Ebbe in den königlichen Kassen mit Adelsprädikaten und riesigen Ländereien für ihre Kriegsdienste entlohnt wurden. Daneben entstand ein Heer recht- und besitzloser Landarbeiter. Eine Sozialstruktur, die sich bis ins 20. Jahrhundert weitgehend erhalten hat. Folglich griff Blas Infante am Beginn desselben die alte Forderung auf: »La tierra par quien la trabaja – Das Land dem, der es bearbeitet.« Und er spann sie fort: »Andalusier, erhebt euch, fordert Boden und Freiheit! Für ein freies Andalusien, ein freies Spanien und eine freie Menschheit!« In seinen Zeitungsartikeln, die er gesammelt als Buch verbreiten ließ, variierte Blas Infante immer wieder die gleichen Gedanken und Parolen:

»Das andalusische Volk, das Volk der Tagelöhner, wird seinen Boden zurückgewinnen, unabhängig von den Ruchlosen, die sich vom Blut ihres Vaterlandes nähren, unabhängig von den Großgrundbesitzern und Kaziken, die dem Leben des Vaterlandes nachstellen. Die ausgehungerten Tagelöhner, das Strandgut geistiger und körperlicher Misere, sie fliehen vor Hunger taumelnd in die Ausfuhrhäfen, die nur in die Emigration führen.«

Das mag pathetisch formuliert sein – doch in der Sache war es absolut zutreffend. Welch großen Anklang Blas Infante fand, zeigt der Umstand, daß er ebenso wie Federico García Lorca 1936 gleich nach deren Machtübernahme von den Franco-Faschisten ermordet wurde.

Erst das Ende der Franco-Diktatur brachte Andalusien den Status einer autonomen Region im spanischen Staatsverband, die seither ohne Unterbrechung von Sozialisten regiert wird. Die parasitären *señoritos* mit ihrem unermeßlichen Landbesitz gibt es zwar immer noch, und sie sind wie gehabt die örtliche Bastion der in Spanien besonders autoritären und unduldsamen Rechten. Doch ebenso wurden seither vielfältige soziale Reformen in die Wege geleitet – und da oder dort wird schon einmal ein Latifundist, der sein Land nicht nützt, ein wenig enteignet. Es gibt des weiteren eine Andalusisten-Partei, die sich auf Blas Infante beruft – doch dessen tatsächliche politische Erben sind eher links von dieser Versammlung mehr oder weniger aufgeklärter Honoratioren zu finden.

Im Dar al Farah lebt nun die älteste Tochter des Dichter-Politikers – selbst schon eine ältere Dame – und empfängt andalusische Emigranten, die aus aller Welt nach Coria pilgern. Sie bestaunen die wertvolle Bibliothek, das Klavier, auf dem der Hausherr die andalusische Hymne komponierte, sowie die erste andalusische Flagge – genäht von seiner Frau. Das Tuch dafür ließ er eigens aus Marokko kommen: ein weißer Streifen, gesäumt von zwei grünen – der Farbe des Propheten.

Wir finden das Haus in einem Zustand beklagenswerten Verfalls. Über Jahrzehnte hat die Feuchtigkeit an Stuck und Fresken

Opernkulisse Sevilla, mit dem Torre del Oro, Kathedrale und Giralda

gefressen. Doch nun soll endlich mit der Restaurierung begonnen, das Gebäude in ein Museum der Geschichte Andalusiens umgewandelt werden. Diesen Willen hat jedenfalls die Regionalregierung bekundet, die nun bevorzugt solche Vorhaben fördert, von denen eine Stärkung andalusischer Identität erwartet werden kann. Zuvor waren ehrgeizige Modernisierungsprojekte realisiert worden, um das aus Madrider Sicht schon eher zu Afrika gehörende Land im Süden an europäische Standards heranzuführen. Insbesondere Andalusiens Hauptstadt Sevilla profitierte von diesen Anstrengungen, die nebst vielem anderem dem *Barbier von Sevilla* eine neue Heimstatt beschert haben. In zentraler Lage, zwischen der prächtigen Stierkampfarena und dem Torre del Oro, zur Zeit des Kolonialreiches eine Art Zollstation für die mit den Schätzen der Neuen Welt beladenen Schiffe, die vom Atlantik her den Guadalquivir hinauffuhren, ist auf einem vormaligen Kasernengelände der »Druckkochtopf« entstanden. So nennen die Sevillaner der eigenwilligen Architektur wegen ihr Opernhaus, das zur Weltausstellung 1992 errichtet wurde. Man unterhält hier zwar kein eigenes Ensemble und ist somit auf Gastspiele angewiesen. Doch immerhin gibt es nun zumindest dafür eine Bühne. Alles andere müßte als absurd gelten. Existiert doch weltweit aller Wahrscheinlichkeit nach keine andere Stadt, die den Hintergrund für so viele Opern abgibt wie Sevilla: Rossinis *Barbier*, Mozarts *Don Giovanni*, Bizets *Carmen*, Beethovens *Fidelio* – bis hin zu einigen wenig bekannten zeitgenössischen Werken des Musiktheaters. Das wiederum ist gewiß kein Zufall, denn Sevilla kann in seiner Gesamtheit als gigantische Opernkulisse gelten. »Sevilla... hat die ganze Unabhängigkeit und Unrast des Lebens; ein irres Summen schwebt über der Stadt zu jeder Tageszeit, kaum daß sie sich während der Siesta einen Dämpfer aufsetzt«, fand bereits Theophile Gautier. Und das gilt heute mehr denn je.

Das unentwegt Opernhafte dieser Stadt mag indes nicht zuletzt mit der Rolle zusammenhängen, die sie historisch wie ideologisch für den zu pompösen Inszenierungen neigenden Katholizismus während langer Zeit inmitten muslimischer Umgebung spielte. »Ferdinand III., König, Krieger, Heiliger, eroberte Sevilla im Jahre 1248 von den Mauren. Zweimal im Jahr wird sein Grabmal in der Kathedrale von Sevilla geöffnet, und Fernando wird uns in seiner Königsrobe gezeigt, gekrönt und mit der Zierde eines langen weißen Barts. Es heißt, er sei unvergänglich«, notiert Carlos Fuentes in seinem Essay *Der vergrabene Spiegel*.

Diese Kathedrale ist für sich schon eine Art monumentale Opernkulisse – nach St. Peter zu Rom und St. Paul zu London die größte der Christenheit: errichtet mit dem erkennbaren Ziel, zu überbieten, was bis dahin an dieser Stelle war und rundum ist. Das gelang gleichwohl nur bedingt. Als Wahrzeichen von Sevilla gilt nämlich keineswegs dieser alle Maße sprengende Bau, sondern der Turm an dessen Seite, der einzig aus maurischer Zeit erhalten blieb. Alexandre Dumas informierte seine Leserschaft: »Die Kathedrale ist neben dem Turm La Giralda im 15. Jahrhundert erbaut worden. Ihre prächtige Ausschmückung läßt sich schon aus dem Wahlspruch ihres Erbauers, der die mohammedanische Moschee – mit Ausnahme des wunderschönen Turmes – niederreißen ließ, erahnen: ›Wir wollen ein so prächtiges Monument errichten, daß uns die Nachwelt für wahnwitzige Verschwender halten muß‹.«

Wir sagten es schon an anderer Stelle: In Spanien – und in Andalusien erst recht – wird Frömmigkeit auf extrovertierte Weise zur Schau gestellt. Und gewiß kommen dabei unbewußt heidnische Rituale zum Vorschein, die unter dem Mantel des Katholizismus ein beharrliches Eigenleben führen.

Das Heidnische und das Opernhafte vermischen sich insbesondere bei den Karwochenprozessionen, für die Sevilla berühmt ist. Da werden umwölkt vom schwülen Duft des Weihrauchs und üppiger Blumenarrangements die *pasos* – man kann eigentlich schon von Bühnen sprechen, auf denen teils ganze Gruppen von Heiligenstatuen drapiert sind, vor allem aber Madonnen-Nachbildungen die zentrale Stelle einnehmen – durch die Straßen geschleppt. Den eigentümlichen Schrittrhythmus der unter solcher Last gebeugten Träger gibt monotoner Trommelschlag vor. Dahinter folgen die Mitglieder der Bruderschaften, die sich zur kulthaften Verehrung eines solchen *paso* gebildet haben. Ihr Gesicht ist verhüllt vom Tuch der an die Häscher der Inquisition erinnernden hohen spitzen Kapuzenhüte. Dies alles ergibt ein Bild und eine Atmosphäre, als sei das Mittelalter erneut gegenwärtig geworden. Und immer wieder tritt an einem Fenster oder Balkon am Straßenrand eine Frau oder ein Mann in den Vordergrund, um der Jungfrau oder den Heiligen lauthals, sowie von keinerlei Zweifeln an der eigenen Sangeskunst angekränkelt, eine volkstümliche Arie entgegenzuschmettern. Das Publikum reagiert darauf zuverlässig mit tosendem Applaus. Der gilt indes weniger der musikalischen Darbietung, als der dabei zum Ausdruck gebrachten Devotion.

Wenn schon die Straßen ein Ort religiöser Inszenierungen sind, so muß dies für die Kathedrale in einem noch imposanteren Ausmaß der Fall sein, so sie sich erheben will über die Kulte der Gemeinen, bei denen dem Klerus zumeist allenfalls eine Nebenrolle zukommt. Für die Kathedrale von Sevilla gilt somit vor allen vergleichbaren anderen Bauten des Landes, was Roger Frys in seinem Essay *A Sampler of Castile* über die religiöse Kunst Spaniens geschrieben hat:

»In einer spanischen Kirche sind die Architektur, die Skulptur und die Malerei stets Zubehör der rein dramatischen Kunst – des religiösen Tanzes, wenn man so will – und der Messe. Eben der Überfluß und die Wirrnis von so viel Gold und Glanz, die man da im Dämmer gewahrt, erregen und blenden die Seele. Der Besucher wird nicht eingeladen, zu schauen und zu begreifen; er wird aufgefordert, sich passiv und nur aufnehmend zu verhalten. Er wird in einen hypnotischen Zustand versetzt. Welcher Unterschied zur frühen französischen Gotik oder zur italienischen Renaissance! Dort ist alles strahlend hell, mit klaren Linien entworfen, objektiv. Der Geist wird aus seiner Selbstversunkenheit gerissen, damit er aktiv die Formen und Farben betrachte. Es sind expressive Stile, denen es auf den Ausdruck der künstlerischen Ideen ankommt; die spanische Kunst dagegen ist impressiv durch ihren Mangel an Klarheit. Sie beeindruckt durch Häufungseffekte. Jede Kunstart vermengt sich da mit den übrigen, und alle zusammen bewirken einen Geisteszustand, der nichts mit ästhetischem Verständnis zu tun hat.«

Man kann die Gegebenheiten auf eine Formel bringen, die ausgehend vom religiösen das gesamte Leben der Stadt prägt: Der Schein bestimmt das Bewußtsein. Oder aber: Unsere tägliche Oper gib uns heute!

Der Ursprung des Don Juan

Wie aber kommt nun eine solche Oper zustande? Dies läßt sich ziemlich genau auf halbem Wege zwischen Kathedrale und Opernhaus studieren: am Beispiel des Hospital de la Caridad, nun ein Altenheim, dessen Herzstück die zum Gebäudekomplex gehörende Kirche mit ihrer üppigen Barockfassade ist – und an deren Seitenwänden wertvolle Gemälde von Esteban Murillo und Valdés Leal zu sehen sind, zwei aus Sevilla stammende Meister des 17. Jahrhunderts. Das 1647 errichtete ursprüngliche Klosterspital soll »von dem berüchtigten Don Juan de Mañara gegründet« worden sein, wie Theophile Gautier im Bericht über seine 1840 unternommene Reise durch Andalusien anführt:

»Ein von Don Juan gestiftetes Hospital? Guter Gott! Ja! Die Geschichte soll sich folgendermaßen zugetragen haben. Auf dem Heimweg von einer Orgie begegnete Don Juan eines Nachts einem Leichenzug... Schwarze, vermummte Büßermönche mit gelben Wachskerzen machten die Szene grausiger und unheimlicher als bei einem gewöhnlichen Begräbnis: ›Wer ist der Tote? Ist es ein Ehemann, der vom Liebhaber seiner Frau im Duell getötet wurde? Ist es ein redlicher Vater, auf dessen Tod die Erben zu lange warten mußten?‹ fragte der bezeichnete Don Juan. ›Dieser Tote‹, antwortete ihm einer der Sargträger, ›ist niemand anders als der Herr Don Juan de Mañara; wir wollen jetzt den Trauergottesdienst für ihn abhalten. Kommen Sie mit uns und beten Sie für ihn!‹ Don Juan näherte sich dem Sarg und erkannte beim Schein der Fackeln sich selbst... Er folgte seiner eigenen Bahre in die Kirche und sprach die Gebete mit den mysteriösen Mönchen. Am Tag darauf fand man ihn bewußtlos auf den Fliesen des Chors. Dieses Ereignis beeindruckte ihn so stark, daß er sein Lotterleben aufgab, die Kutte nahm

Denkmal des legendären Don Juan de Mañara an der Plaza de Refinadores

und das besagte Hospital gründete, wo er fast im Geruche der Heiligkeit starb,«

Diese Geschichte erzählt auch Alexandre Dumas in seinem Spanien-Reisebuch – nur heißt Don Juan bei ihm de Maraña. Jedenfalls geht es um den legendären Don Juan – wir finden die Statue, die ihn darstellt, auf der Plaza de Refinadores. Er betrat als Burlador de Sevilla – als Spötter von Sevilla – 1624 erstmals die Theaterbühne: In einem Stück, das der Priester Gabriel Téllez, der zugleich unter dem Namen Tirso de Molina als Dramatiker tätig war, anonym verfaßt hatte. Dies wahrscheinlich um 1616 – Shakespeares Todesjahr. In dieser Urfassung bringt es der Verführer erst auf bescheidene vier Eroberungen. Doch schon er hat für Moral und Sitte nur Spott und Hohn übrig – und er stirbt, bevor es zu einem versöhnlichen Ende kommen kann. Selbst in die Hölle hinabgerissen, läßt Don Juan keinerlei Angst oder Einkehr erkennen, wie uns in der letzten Szene mitgeteilt wird:

»Wie nennt sich dies Gericht, Herr?«

»Skorpione und Vipern. Sie sind unsere Speise. Ihr eßt nicht?«

»Da täuscht ihr Euch. Ich äße, und würde mir auch das ganze Höllengewürm vorgesetzt.«

Zum spanischen Nationaldrama wurde die Don Juan-Fabel allerdings erst 1844 in der romantischen Versversion von José Zorrilla y Moral – dem *Don Juan Tenorio*. Als den ein Freund mit dem Vorschlag herausfordert, er solle seinem Ruf gerecht werden, indem er eine Novizin kurz vor dem Profeß binnen zwanzig Tage verführe, verkürzt Don Juan selbst diese Frist auf nicht einmal eine Woche. Denn mehr Zeit, so seine Worte, investiere er in keine Frau:

Einen Tag, um sie zu lieben
Einen zweiten, um sie zu genießen
Einen dritten, um sie loszuwerden
Zwei weitere, um Ersatz zu finden
Und eine Stunde, um sie zu vergessen

Bevor es im eigenen Land zum Klassiker wurde, hatte das Don Juan-Thema bereits in internationalem Maßstab die Dichter inspiriert. Der gründliche James A. Michener listet auf: »In Frankreich verfassen Molière (1665) und Corneille (1677) Don-Juan-Dramen, und später Mérimée, Dumas und Musset Don-Juan-Erzählungen. In Italien entstehen gleichfalls mehrere Fassungen, darunter als beste die Goldonis (1730). In England verarbeitet Shadwell (1676) die Fabel zu einem Theaterstück, das Purcell seiner im gleichen Jahr komponierten Oper zugrunde legt, während Byron (1819) dem Verführer eine langatmige Verserzählung widmet. In Deutschland entstehen gleich drei hervorragende Vertonungen, nämlich die Opern von Gluck (1760), Mozart (1787) und Richard Strauß (1889).« Da sind die einschlägigen Werke von Hoffmann, Lenau und Grabbe, sowie Kierkegaards scharfsinnige Interpretation noch gar nicht erwähnt – und vor allem nicht *Don Juan oder Die Liebe zur Geometrie* des schweizerischen Weltbürgers Max Frisch, der ein begnadeter Beobachter und genialer Analytiker war. In seiner geistreichen Parodie – faktisch eine ironische Umkehrung der Legende – ist Don Juan kein unersättlicher Frauenjäger, sondern ein narzißhafter Gejagter: ein zynischer Melancholiker, dem es weniger um die Wollust als um die Offenbarung »eines Geistes, der stimmt« zu tun ist. »Don Juan ist kein Revolutionär. Sein Widersacher ist die Schöpfung selbst. Don Juan ist ein Spanier: ein Anarchist«, erläutert Frisch im Nachwort zu seinem Stück:

»Das Spanische – man kann es vernachlässigen, aber nie wird man Don Juan in ein anderes, ein bestimmtes, beispielsweise deutsches oder angelsächsisches oder slawisches Kostüm stecken, man versuche es, um daran zu erfahren, wie sehr Don Juan, ungeachtet unsrer weiteren Ausdeutung, im Grunde eine spanische Kreation ist und bleibt. Der Spanier (so erscheint es mir wenigstens nach Eindrücken einer kurzen Reise) kennt kein Vielleicht, kein Sowohl-als-auch, nur Ja oder Nein. Er kennt ja auch nur zweierlei Wein, roten oder weißen; er kennt keine Nuancen. Das hat etwas Großartiges bis in den Alltag hinein. Was ausfällt, ist das Zögern, das Vermengen, das Vermitteln; aber auch die Fülle der Übergänge. Was ausfällt, ist die seelische Mitte, das Gemüt, insofern auch das Mitleid, das kleine wie das große, fast möchte man sagen: die humane Liebe. Wenn der Spanier sagt: Ich liebe dich! So heißen die gleichen Worte: Ich will dich! Und sein Mut, wie er ja auch zu Don Juan gehört, erscheint uns oft als pure Geste, womit ein fatalistischer Mensch, einsam unter der kahlen Bläue des spanischen Himmels, sich selbst unterhält: Tod oder Leben, was tut es!«

Über wirklich kluge Bemerkungen soll man nicht diskutieren – selbst dann nicht, wenn man meint, allerlei in die Debatte werfen zu können, was diese oder jene Feststellung zumindest in Frage stellt. Unumstößliche Tatsache ist hingegen, daß die Spanier – und der authentische Andalusier ist sozusagen der Spanier in dessen nobelster Erscheinungsform – allen anderen, die ihnen begegnen, vielfältige Anlässe für Interpretationen liefern, die über sich selbst anzustellen einem Spanier gewöhnlich nie in den Sinn käme. Somit ist sein natürlichster Platz vermutlich wohl doch jener auf der Opernbühne – und niemand hat das wahre Wesen des Don Juan derart zeitlos authentisch beschrieben, wie Mozart mit seinem *Don Giovanni*. Darauf beharrt gewiß nicht nur Carlos Fuentes:

»Don Juan hatte Hunderte Geliebte in Italien, in Frankreich, Deutschland und der Türkei, wie uns die Registerarie in Mozarts Don Giovanni mitteilt, aber in Spanien brachte er es auf eintausendunddrei. Er ist der Gründer des gemeinsamen europäischen Marktes der Erotik. Er ist der Machiavelli des Sex, der jeder Rache entkommt, vor allem aber Langeweile und Wiederholung überlistet. Sein Leben ist Bewegung, Wechsel, Zirkulation, er ist unersättlich, unbefriedigt, untröstlich. Nur die Musik, nicht die Malerei, nicht einmal die Poesie kann so tun, als ob sie mit ihm Schritt hielte. Don Juan ist ein Flüchtling, und seine Musik ist eine Fuge. Seine ständige Unruhe wird am besten von Mozart im berühmtesten Don Giovanni von allen wiedergegeben.«

La Celestina und Carmen

Als das weibliche Pendant zu Don Juan am literarischen Ort Sevilla gilt – so auch der Titel der von Fernando de Rojas 1499 nach langem Zögern veröffentlichten Tragikomödie, mit der diese Figur in die Welt gesetzt wurde – *La Celestina*: Die Geschichte einer alten Kupplerin, deren weiblichen Schülerinnen, sowie allerlei hochmögender Herrschaften und deren Gesinde – ein hellsichtiges Sittenbild, das unentwegte Doppelmoral zumal bei den Stützen der Gesellschaft erkennen läßt. Ebenso handelt es sich um das Porträt einer Umbruchsphase, wie Juan Goytisolo findet, zumal das Werk nur »zu einer Zeit Verbreitung finden« konnte, »da das Heilige Offizium Leben und Gewissen der Spanier noch nicht völlig kontrollierte.« In der *Celestina* nämlich »finden wir erstmals eine Umkehrung der Wertehierarchie, eine Umstülpung, die dann bei der Entstehung des Schelmenromans einen entscheidenden Einfluß ausgeübt hat.« Bis dahin hatte sich in der spanischen Literatur »die Liebe zwischen den vorgeführten Personen auf einer doppelten Ebene entwickelt: eine ideale und erhabene Liebe zwischen den Angehörigen der Herrenschicht; eine fleischliche, ›niedere‹ Liebe zwischen den Bediensteten und sonstigen einfachen Leuten.« Bei Rojas – der wie Góngora von konvertierten Juden abstammte und dieses während seiner Studienzeit in Salamanca verfaßte Opus, so Fuentes, »als humanistische Alternative zur wachsenden Orthodoxie und Unduldsamkeit der Krone verstand« – sind die Verhältnisse keineswegs so klar geordnet. Thematisierte er doch – darauf weist wiederum Goytisolo hin – keineswegs zuletzt »den scharfen Konflikt zwischen der christlichen Erosfeindschaft und der mohammedanischen Sinnlichkeit.«

Es geht da also wohl dezidiert um innere Angelegenheiten. Das mag ein Grund dafür sein, weshalb *La Celestina* in Spanien zu den Klassikern zählt, doch außerhalb dieses Landes nur wenig Beachtung fand – während im Ausland eine Frauenfigur für Andalusien schlechthin steht, die wiederum in Spanien allein schon deshalb als nicht so recht literaturfähig gelten konnte, weil sie eine Gitana ist: jene Carmen, der wir bereits in ihrer unmittelbaren Heimat bei Ronda begegnet sind. Prosper Mérimée, der 1803 geborene französische Novellist – er war zudem Jurist, politischer Emissär, Senator, bekleidete hochrangige Staatsämter und machte keineswegs zuletzt als Globetrotter und Frauenheld von sich reden – reiste 1830 erstmals und dann noch einmal 1840 nach Andalusien. Die Gelehrten streiten darüber, bei welcher dieser beiden Exkursionen er auf die Carmen-Geschichte gestoßen war, die vermutlich auf zumindest teilweise wahren Begebenheiten beruhte. Den Charakter der literarischen Figur hat Mérimée gewiß vor allem nach seinem eigenen Frauenbild geformt. Wie es um dieses bestellt war, läßt die Sentenz erahnen, die er der 1846 erstmals veröffentlichten Novelle als Motto voranstellte: »Das Weib ist bitter wie Galle; doch sind zwei Gelegenheiten, wo es angenehm ist: im Bett und auf der Bahre.«

Immerhin gewährt der Autor seiner Carmen ein achtbares Motiv, so zu sein, wie er sie schildert: »Ich will nicht gequält, schon gar nicht kommandiert werden. Ich will frei sein und tun, was mir gefällt.« Aus der Sicht von Mérimées männlichem Protagonisten führt das zu einem unlösbaren Konflikt: »... sie hat stets gelogen. Ich weiß nicht, ob dieses Mädchen je im Leben ein wahres Wort gesagt hat, aber wenn sie sprach, glaubte ich ihr.«

Derlei überfordert stolze spanische *caballeros*, die vor allem von ihren Müttern mit der Wahnvorstellung der Unwiderstehlichkeit gesäugt wurden – was nebenbei Anlaß gibt zur Vermutung, daß *machismo* ursächlich so etwas wie die heimtückische Rache der jeweils älteren Frauengeneration an ihren jungen Geschlechtsgenossinnen ist. Doch was den Fall Carmen angeht, so war das ein Stoff, der andernorts die Phantasie der vom Abenteuer ungezügelter Leidenschaft schwärmenden, mit dem Tabu-Bruch kokettierenden Zeitgenossen nährte. Vor allem in der aus dem Jahr 1875 stammenden Opernfassung von George Bizet wurde *Carmen* zu einem beständigen Welterfolg. In seinem Traktat *Der Fall Wagner* rief Friedrich Nietzsche das Werk enthusiastisch zum Gegenmodell zur bläßlich-unsinnlichen Romantik deutscher Machart aus:

»Und wie uns der maurische Tanz beruhigend zuredet! Wie in seiner lasziven Schwermut selbst unsere Unersättlichkeit einmal Sattheit lernt! – Endlich die Liebe, die in die Natur zurückübersetzte Liebe! Nicht die Liebe einer ›höheren Jungfrau‹! Keine Senta-Sentimentalität! Sondern die Liebe als Fatum, als Fatalität, zynisch, unschuldig, grausam – und eben darin Natur! Die Liebe, die in ihren Mitteln der Krieg, in ihrem Grunde der Todhaß der Geschlechter ist!«

Der Weg zu Carmens Arbeitsplatz führt vorbei am Alfonso XIII., einem der prächtigsten alten Hotelkästen, die Spanien zu

Eingang zur ehemaligen Tabakfabrik, Schauplatz der Carmen-*Geschichte*

bieten hat – im Grunde ein Museum längst auslaufender Herbergs-Hochkultur. Hier pflegte Ernest Hemingway abzusteigen, wenn er nach Sevilla kam, um einem Stierkampf beizuwohnen. Ebenso logieren hier allerlei andere illustre Gäste aus aller Welt. Das Haus ist noch immer ein Treffpunkt internationaler Prominenz, wenn in Sevilla die alljährliche *feria de abril* zelebriert wird, das eine Woche währende bedeutendste Fest in dieser Stadt, in dessen Rahmen jeden Tag in der Real Maestranza, der monumentalen Arena, die gerade populärsten Stierkämpfer auftreten. Was die Höhepunkte des Jahres angeht, so hat sich im Grunde nichts verändert, seit der im Jahre 1900 geborene britische Schriftsteller V. S. Pritchett, der ausreichend begütert heranwuchs, um seine Jugend als Weltreisender zu verbringen, hierher gelangte und darüber in seinem Buch *The Spanish Temper* berichtete:

»Sevilla hat seine große Zeit an Ostern, wenn nach einer Woche der prunkvollsten und heidnischsten Prozessionen Europas, in einer Atmosphäre theatralischer Pietät und pittoresker Reue, die große Fiesta beginnt und die andalusischen Reiter mit ihren hohen Hüten [sic! – tatsächlich sind sie flach und waren das immer schon] und ledernen Hosenbesätzen erscheinen. Dies ist die Zeit der Straßenfeste, des Stolzes und der Zeremonie, dies ist die Zeit, in der die Frauen der Stadt sich zeigen. Es herrscht eine schwere, erstarrte Schönheit. Und es ist die Zeit der großen Stierkämpfe.«

Kurzum, in Sevilla geht es dann zu wie bei einer besonders üppigen *Carmen*-Inszenierung.

Doch wo Carmen gearbeitet haben soll, wird nun gelehrt und geforscht. Studentisches Jungvolk strebt durch die hohen Bogengänge, die von Innenhof zu Innenhof dieses nunmehrigen Universitäts-Komplexes führen, der im zweitgrößten Gebäude Spaniens – das größte ist der Escorial vor den Toren von Madrid – untergebracht ist. Ursprünglich war das die Tabacalera, wo seinerzeit die aus den spanischen Kolonien herangeschafften Tabak-Ernten zu Rauchwaren verarbeitet wurden. Theophile Gautier ließ sich diese Attraktion nicht entgehen:

»Das riesige Gebäude ist seinem Verwendungszweck hervorragend angepaßt und enthält eine Menge Maschinen zum Raspeln, Zerhacken und Zerreiben des Tabaks, die den Lärm von vielen Mühlen machen und von über zweihundert Maultieren angetrieben werden… man führte uns zu den Werkstätten, in denen die Zigarren gerollt werden; mit dieser Fertigung sind zwischen fünf- und sechshundert Frauen beschäftigt. Als wir den Saal betraten, wurden wir von einem orkanartigen Getöse betäubt: Sie schwatzten, sangen, zankten alle zugleich. Niemals habe ich einen solchen Radau gehört. Die meisten waren jung mit einigen sehr hübschen darunter. Die recht spärliche Bekleidung bei der Arbeit gestattete es, ihre Reize in aller Ruhe auf uns wirken zu lassen. Keck wie Husarenoffiziere hatten manche eine brennende Zigarre im Mundwinkel stecken, während andere – o Muse, steh' mir bei! – wie alte Matrosen kauten.«

Spätestens jetzt ahnen wir, daß Mérimée seine Carmen-Geschichte keineswegs zufällig an diesem Ort beginnen ließ. Er ist möglicherweise – wir sagten es vorhin – auf diesen Stoff im gleichen Jahr 1840 gestoßen, in dem auch Gautier seine Andalusien-Reise unternahm. Der wenige Jahre nach seinen beiden Landsleuten hier aufkreuzende Alexandre Dumas nennt etliche weitere Übereinstimmungen von Literatur und wahrem Leben:

»Eine Merkwürdigkeit der Stadt muß ich noch erwähnen: nämlich die große Tabakfabrik, in der drei Viertel aller in Spanien gerauchten Zigarren verfertigt werden. Es ist ein riesiges Gebäude mit dreiundfünfzig Administratoren und dreizehnhundert Arbeiterinnen. Man stelle sich so viele hübsche Mädchen von sechzehn bis fünfundzwanzig Jahren vor, die lachen, plaudern und wie alte Grenadiere rauchen oder wie Matrosen Tabak kauen. Sie dürfen nämlich außer ihrem Lohn… am Tag so viel von dem

Tabak nehmen, wie sie bei der Arbeit verbrauchen können. Diese dreizehnhundert Mädchen bilden unter der Bevölkerung einen besonderen Stand, man nennt sie die Cigareras von Sevilla, wie man von … den Grisetten von Paris spricht. Die Cigareras sind wegen der Leichtigkeit, mit der sie ein wenig von ihrer Ware in ihre Taschen stecken können, als Freundinnen sehr gesucht bei den Unteroffizieren … und bei den Stierkämpfen sieht man sie immer in deren Begleitung. Dabei hat jede eine große Zigarre im Mundwinkel, die sie ihrem Begleiter überreicht, sobald sie sie halb aufgeraucht hat.«

Das Tor zur Neuen Welt erstrahlt in altem Glanz

Seit Sevilla im Vorfeld der EXPO 92 generalsaniert und rundum frisch herausgeputzt wurde, vermittelt die Stadt wieder einen Eindruck von dem Glanz, den ihr die Ausbeutung der Neuen Welt durch die spanische Krone vom 16. Jahrhundert an bescherte. Was immer aus den in Übersee eroberten Ländern über den Atlantik ins Mutterland geschafft wurde, kam vorerst ausschließlich im Flußhafen des Guadalquivir – sowie später in jenem der Bucht von Cádiz – an. Und das war ja nicht nur Tabak – das waren vor allem Gold und Silber. Die Reichen von Sevilla wurden solcherart nochmals rasant reicher. Zudem zog die Stadt auf diese Weise ein gewaltiges Heer von Armen, Glücksrittern und allerlei zwielichtigen Gestalten an, die hofften, an diesem Aufschwung partizipieren zu können. »Schmuggel aus Spanien war zu einer lukrativen und weitverbreiteten Beschäftigung geworden. Eine der Gestalten im *Don Quijote*, Roque Guinart, ist einem solchen lebenswahren Individuum nachgebildet, das sein Brot damit verdiente, amerikanische Edelmetalle aus Spanien herauszuschmuggeln«, erinnert uns Carlos Fuentes – ein erster Hinweis auf Miguel Cervantes' Beziehung zu dieser Stadt, in die er erstmals wahrscheinlich 1564 als Achtzehnjähriger gelangte. Sein Vater Rodrigo Cervantes ließ sich im Stadtteil San Miguel samt seinen sechs Kindern nieder und war da – so würde man das heute wohl nennen – im Immobiliengeschäft tätig. Dies freilich auf eine für ihn desaströse Weise. Die Familie mußte sich schon nach wenigen Jahren unrühmlich aus Sevilla verabschieden. Für den künftigen Schriftsteller scheint das indes eine nicht unerhebliche Phase gewesen zu sein, während der er sich offenbar in der Gesellschaft von Leuten tummelte, deren Wirkungskreis das Zwielicht war. Die Hochstapler, Taschendiebe, Wucherer, Zuhälter, falschen Zeugen und käuflichen Schläger hatten da ihre Reviere, die von Cervantes in seinen *Exemplarischen Novellen* mit viel Sinn für Lokalkolorit beschrieben wurden. Die Leute dieser Szene unterhielten laut den Berichten zeitgenössischer Chronisten sogar ihre eigenen Schulen, in denen der Nachwuchs in den speziellen Fertigkeiten der jeweiligen Profession unterwiesen wurde.

Zumindest was die Diebe anlangt, herrscht in Sevilla bis in die Gegenwart ein nicht alltäglich hohes Niveau. Dies soll – so besagt es jedenfalls ein am Ort sich beharrlich haltendes Gerücht – sogar der gegenwärtige spanische König Juan Carlos bezeugen können. Als er im Vorfeld der EXPO 92 wieder einmal nach Sevilla gekommen war und aus dem dortigen Real Alcázar trat, wo Königs wohnen, wenn sie in der Stadt weilen, sowie das von seinen Untertanen gebildete Spalier entlangschritt, um leutselig Hände zu schütteln, habe Seine Majestät plötzlich feststellen müssen, daß ihm jemand bei dieser Gelegenheit die Uhr vom erlauchten Handgelenk gegrapscht hatte – womöglich ein wertvolles Erbstück.

Die Grenzen von Licht und Schatten verlaufen im intensiv sonnenbeschienenen Sevilla nun einmal sehr markant, doch stetig wechselnd. Das gilt hier ebenso für die sozialen Verhältnisse. Direkt neben reichlich abgewohnten Innenstadtquartieren stehen die imposanten Stadtpalais der örtlichen Aristokraten und des Geldadels. Etwa die Casa de Pilatos – ein prächtiges Beispiel für den insbesondere hier traditionellen Mudéjar-Stil, welcher seinen Ursprung in der handwerklichen Kunstfertigkeit der Mauren hat –, aus der vor wenigen Jahren ein leibhaftiger Herzog verhaftet wurde. Er hatte seiner Vorliebe für etwas zu junge Mädchen reichlich freien Lauf gelassen und auch sonst einiges getrieben, was von Gott und den Gesetzgebern für unzulässig erklärt worden war. Doch Skandale, in die prominente Herrschaften verwickelt sind und die meist ihren Ursprung in den Tiefen des Trieblebens haben, ereignen sich in Sevilla mit zuverlässiger Regelmäßigkeit. Man hat somit reichlich Erfahrung darin, über derlei Dinge nur hinter vorgehaltener Hand mit seinesgleichen zu klatschen und ansonsten so zu tun, als ob man von nichts gehört habe – als ob somit nichts vorgefallen sei. Mit einem Wort, es geht hier zu wie in einem dramaturgisch gut gebauten Opern-Libretto.

Es sind zudem ja des weiteren nicht nur die großen architektonischen Glanzstücke, die Sevilla wie eine monumentale Opernkulisse erscheinen lassen. Allerorten stößt der Flaneur auf malerische enge Gassen und kleine Plätze mit kunstvoll gestalteten Fassaden, die geradezu herausfordern, einer hinter der Blumenbank eines vergitterten Fensters sich verbergenden Schönen mit einer schmelzenden Arie das Herz zu Füßen zu legen. Oder aber sich ihr zumindest auf poetische Weise anzunähern. Darin haben sich auch Deutsche immer wieder einmal versucht, zu Beginn des 19. Jahrhunderts etwa Clemens Brentano in seinem Gedicht *Nach Sevilla*:

Nach Sevilla, nach Sevilla!
Wo die hohen Prachtgebäude
In den breiten Straßen stehn,
schön geputzte Frauen sehn,
Dahin sehnt mein Herz sich nicht!

Nach Sevilla, nach Sevilla!
Wo die letzten Häuser stehn,
Sich die Nachbarn freundlich grüßen,
Mädchen aus dem Fenster sehn,
Ihre Blumen zu begießen,
Ach! Da sehnt mein Herz sich hin!

In Sevilla, in Sevilla
Weiß ich wohl ein reines Stübchen,
Helle Küche, stille Kammer;
In dem Hause wohnt mein Liebchen,
Und am Pförtchen glänzt ein Hammer.
Poch ich, macht die Jungfrau auf!

Allerdings, spätestens wenn sich die Dunkelheit über die Gemäuer senkt und die Hitze des Tages etwas abzuebben beginnt, herrschen meist andere Töne vor. Und dies in beträchtlicher Lautstärke. Aus allen Richtungen tönt dann die beim hoffnungsvollen Nachwuchs gerade angesagte Musik, und darüber legt sich wie ein stetiges Brausen der Geräuschpegel unzähliger flüchtiger Unterhaltungen. Die *movida*, wie die jugendliche Nachtschwärmerei in Spanien genannt wird, vollzieht sich in Sevilla vorwiegend nämlich nicht in, sondern vor den gleichfalls unzähligen Kneipen. Dies gilt insbesondere für die Gassen von Santa Cruz – laut der Mehrzahl der einschlägigen Literatur ursprünglich das jüdische Wohnviertel der Stadt, was von einigen Ortskundigen indes vehement dementiert wird. Die *judería*, sagen sie, habe sich vielmehr im nunmehrigen Barrio San Bartolomé befunden.

Wie Cervantes auf Don Quijote kam

Sei es, wie es sei, wir haben die gegenwärtig touristischste Ecke der Stadt ohnedies schon hinter uns gelassen und schlendern die Calle Sierpes entlang – Sevillas nobelste Einkaufsstraße, auf deren Pflaster sich einmal mehr alles mischt, was an Gegensätzen denkbar ist: Soignierte Damen und Herren der besseren Gesellschaft, lärmiges Jungvolk jeglicher Herkunft, Taschendiebe, Bettler, Handleserinnen, Straßenmaler, kleine Drogenhändler und deren Kundschaft, geistig offensichtlich gerade in höhere Sphären entrückte Flaneure… und plötzlich stehen wir vor dem Haus Nr. 52 und erblicken auf diesem eine Tafel, die uns mitteilt, daß Miguel Cervantes 1597 in diesem Gebäude für einige Monate eingekerkert war. Und wie an allen anderen Orten des Landes, wo der Mann zeitweise hinter Gittern logierte, beharren die Lokalhistoriker darauf: Hier und nirgendwo anders sei es gewesen, wo der inzwischen fünfzigjährige Cervantes mit der Arbeit an seinem *Don Quijote* begonnen habe, dessen erster Teil schließlich 1605 in Madrid veröffentlicht wurde.

Als gesichert kann gelten, daß Cervantes 1587 nach Sevilla zurückgekehrt war – und daß er zwischen dem ersten und dem zweiten Aufenthalt in der Stadt einiges erlebt hatte. Wobei das historisch herausragende Ereignis die Schlacht von Lepanto im östlichen Mittelmeer war, bei der 1571 die von Juan de Austria – dem Halbbruder des damaligen spanischen Königs Felipe II. – geführten vereinigten christlichen Streitkräfte die Türken bezwangen und damit deren Vorherrschaft über das Mittelmeer brachen. Für die christliche Welt war es ein glorreicher Sieg – für den daran namenlos beteiligten Offizier Miguel Cervantes eine persönliche Tragödie. Er wurde an einer Hand getroffen und zum Krüppel geschossen. Während der Rückreise in die Heimat fiel er zu allem Überfluß berberischen Piraten in die Hände und mußte fünf Jahre lang in Nordafrika Sklaven-

Miguel de Cervantes (1547–1616)

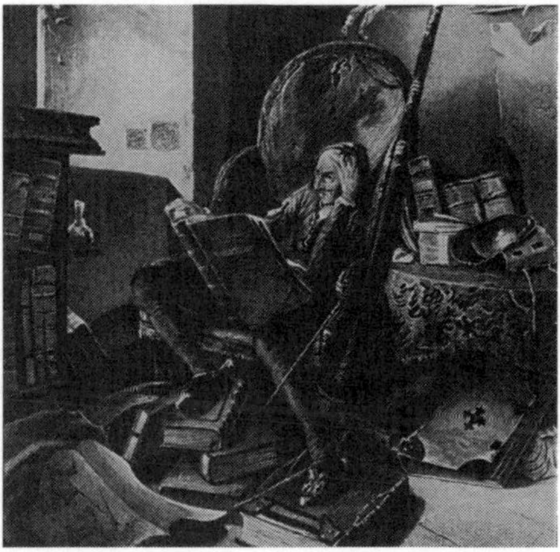

arbeit leisten, bis er schließlich von einem Mönch freigekauft wurde.

Als er endlich wieder in Spanien war, hatte man für Cervantes hier nur noch eine winzige Nebenrolle übrig in der großen Inszenierung, die nun folgen sollte: Im festen Glauben, vom Allmächtigen selbst mit dem Sieg bei Lepanto beschenkt worden zu sein, sah Felipe II. sich aufgerufen, die dem Heiligen Stuhl abtrünnig gewordenen Briten mit Waffengewalt in den Schoß der katholischen Kirche zurückzukartätschen. Das Vorhaben geriet zu einer in höchstem Maße spanischen Angelegenheit, die eines Romans würdig wäre. Man rüstete eine gewaltige Flotte aus, welche Aufgabe dem durch den Thunfischfang in der Straße von Gibraltar reich und mächtig gewordenen Herzog von Medina-Sidonia – wir werden seine Wege in Cádiz abermals kreuzen – übertragen wurde, obwohl der selbst auf seine mangelnde Eignung hinwies. Seine Exzellenz war nämlich von einer unüberwindlichen Neigung zur Seekrankheit geplagt. Der oberste Kriegsherr meinte indes, auf derlei Kleinigkeiten keine Rücksicht nehmen zu müssen. Er vertraute ohne alle weitere Planung auf die schiere Größe seiner Armada und auf allerhöchsten Beistand: 30 000 Mann wurden zu den Waffen gerufen und auf 20 Galeonen, sowie 130 weitere Schiffe geschickt, auf denen 180 Mönche und Fratres dafür zu sorgen hatten, daß an Bord ohne Unterlaß Messen gelesen und Ave Marias gebetet wurden.

Aus militärischer Sicht erwies sich das als nicht direkt nachahmenswerte Strategie. Als Felipes Flotte vor Calais von den

Schiffen angegriffen wurde, die Francis Drake – halb Freibeuter, halb bewaffneter Arm zur See des britischen Throns – befehligte, wurden die Spanier buchstäblich in alle Winde zerstreut. Ihr schwerfälliger Verband hatte mit den heftigen Stürmen wenigstens so große Not wie mit dem wendigen Gegner.

Der Kreuzzug geriet, kurzum, zum vollkommenen Desaster, zu dem Miguel Cervantes an Land und in subalterner Position beizutragen gehalten war. Er gehörte dem Heer der Bürokraten an, die ausgeschickt wurden, um Steuern und ähnliche Beiträge zur Finanzierung des Unternehmens einzutreiben. Und dabei geriet er gleich mehrmals in Haft. Mitunter wird als Grund dafür genannt, er habe schlicht seine Schulden nicht zu begleichen vermocht oder aber allzu unorthodoxe Rechenwerke im Hinblick auf die von ihm erzielten Einnahmen verfertigt. Andere Quellen geben als Ursache den Eifer an, mit dem er bei der Sache gewesen sei – und der ihn dazu hingerissen habe, selbst von der Kirche den einen oder anderen Obolus zu erheben. Es sei somit die Rache des Klerus gewesen, die ihn hinter Gitter gebracht habe.

Es ist eine eigentümliche Konstellation, die wir da rückblikkend zu erkennen vermögen. Einerseits ist es der seinem König überschwenglich ergebene Cervantes, der wie der Monarch eine Art Verschwörung der Elemente für die schmachvolle Niederlage der spanischen Flotte gegen Drake verantwortlich machte: »Unsere Schiffe sind nicht durch gegnerische Waffen zurückgeschlagen worden, sondern durch den unschlagbaren Sturm, durch den Wind, die See und den Himmel«, schrieb der Dichter. Und andererseits stolperte er von einem Konflikt zum nächsten mit eben jener Kirche, die seinem Herrscher die wichtigste Stütze der Macht war. Es ging in dieser Auseinandersetzung keineswegs immer nur schnöde um Geld. Cervantes mußte sich ebenso der Zensorenmacht der Kleriker beugen. Am Ende seiner exemplarischen Novelle *El celoso extremeño* ließ er in der ursprünglichen Fassung ein Liebespaar im Bett zueinanderfinden. Doch das Manuskript ging durch die Hände des Erzbischofs von Sevilla – mit dem Ergebnis, daß in dem schließlich veröffentlichten Text die Liebenden in vollkommener Keuschheit nebeneinander schlafen. Der Autor hatte sich gebeugt und zudem realisiert, daß er sich gleichwohl weiterhin im Fadenkreuz eines Gegners befand, dem er nichts entgegenzusetzen hatte. Wahrscheinlich verließ Cervantes die Stadt als Folge dieses Disputs mit dem örtlichen Erzbischof – und er trat literarisch die Flucht in ein Genre an, das seinen Widersachern keine klare Zugriffsmöglichkeit bot. Diese Theorie bietet uns Carlos Fuentes an:

»Als Spanien von der Wirklichkeit eingeholt wurde und die Grenzen zu spüren bekam, die es in seiner imperialen Selbstüberschätzung immer vernachlässigt hatte, und als Cervantes die Pfeile der Zensur am eigenen Leib bemerkte, da begann er, eine spaßhafte, indirekte Sprache zu entwickeln, die die offizielle Gleichschaltung gegen den Strich bürstete. Er erfand ein seltsames Paar, einen minder angesehenen Hidalgo, der sich selbst für einen Ritter aus alten Tagen hält, begleitet von ... seinem Knappen Sancho Pansa, um die Kluft zwischen den spanischen Extremen zu überbrücken. Die geniale Begegnung von Don Quijote in seiner verrosteten Rüstung mit dem vor Hunger rülpsenden Sancho Pansa ermöglicht ein Zusammenspiel zwischen dem Schelmenhaften und dem Mystischen, zwischen der Wirklichkeit des Überlebenskampfes und dem Traum von einem Weltreich, zwischen der Sprache des Epos und der Sprache des Volksmärchens ... Quijote spricht die Sprache absoluter Abstraktion, Sancho die Sprache konkreter Bezüge. Sie verstehen einander nicht mehr, und aus dieser Doppelsprachigkeit seiner Protagonisten wurde der moderne Roman geboren.«

Epochale Werke der Literatur entstehen bekanntlich häufig unter extremen Bedingungen: Wenn das Wort von den Machthabern derart ernst genommen wird, daß es nur unter evidenten Gefahren in die Welt gesetzt werden kann. Das galt für die Zeit des Miguel Cervantes ohne Frage – und es galt überall dort, wo die katholische Kirche ihre weltliche Macht entfalten konnte. Fuentes läßt uns einmal mehr an seiner universalen Bildung teilhaben: Giordano Bruno wurde – fünf Jahre vor der Veröffentlichung des *Don Quijote* – von der Inquisition auf dem Scheiterhaufen verbrannt. 1616, dem Todesjahr von Cervantes, verdammte die Kirche das kopernikanische System. So ging es fort: 1633 mußte Galileo Galilei seinen Ideen vor dem Heiligen Offizium abschwören ... Und in der Literatur wurden Maßstäbe für den Rest der Menschheitsgeschichte gesetzt:

»Ist alles möglich? Oder ist alles zweifelhaft? 1605 wurden Don Quijote, König Lear und Macbeth veröffentlicht, alle im selben Jahr. Zwei verrückte alte Männer und ein junger Totschläger traten auf die Bühne der Welt, um uns an die Herrschaft und Knechtschaft zu erinnern, denen die Menschheit zum Opfer fällt. Shakespeare besingt die ›schöne neue Welt‹. Cervantes lamentiert über das Dahinschwinden des ›Goldenen Zeitalters... in dem alle Dinge gemeinsames Eigentum waren, klare Quellen und dahinfließende Ströme den Menschen ihre süßen und durchsichtigen Wasser in herrlichem Überfluß darboten‹. Wir leben, sagt Don Quijote, ›in diesem – unserem – verabscheuungswürdigen Zeitalter‹. Cervantes teilte die Welt mit Shakespeare. In der Tat starben beide im selben Jahr und am selben Tag, am 23. April 1616.«

Miguel Cervantes starb zudem, ohne ahnen zu können, daß seine unsterbliche Bedeutung noch erkannt werden sollte. Der spanische Erfolgsautor seiner Zeit war Lope de Vega, dem alles zu Füßen lag, während Cervantes nichts unversucht lassen mußte, um sein Leben fristen zu können. Der relative Anfangserfolg des ersten Teiles von *Don Quijote* vermochte daran nichts zu ändern. Es dauerte neun Jahre, bis er es schaffte, den zweiten Teil zu Papier zu bringen, der schließlich ein Jahr vor seinem Tod erschien. Cervantes nämlich war sich treu geblieben. Dies zeigt der letzte Brief, den er an seinen Gönner schrieb, den Grafen von Lemos, dem der *Don Quijote* gewidmet ist:

»Gesetzt schon den Fuß im Bügel, mit der Angst des Todes, großer Herr, schreib ich Dir diesen Brief. Gestern gaben sie mir die letzte Ölung, und heute schreibe ich dies. Die Zeit ist knapp, die Angst steigt, die Hoffnung schrumpft. Trotz allem lebe ich mit dem Wunsch zu leben mein Leben weiter und möchte ihm einen Wall setzen, bis ich Eurer Exzellenz die Füße küssen könnte.«

Vier Tage später starb Miguel Cervantes und wurde im Kloster der Schwestern der Heiligen Dreifaltigkeit begraben – in der Straße von Madrid, die nun nach Lope de Vega benannt ist.

Das Andalusien der Brüder Machado

Die Hauptstadt in der fernen Meseta, der zentralen Hochebene Spaniens, hat die Dichter des Landes nahezu alle früher oder später zu sich bestellt, so diese nicht eine von kaum jemandem wahrgenommene literarische Randexistenz führen wollten. Dies gilt zumal für jene aus Andalusien – dem afrikanischen Kontinent in vielem näher als den Metropolen Europas. Über Jahrhunderte und Generationen hieß das unausweichliche Los der Männer dort

Manuel und Antonio Machado in einem Café in Sevilla, Zeichnung von Goñi

Emigration. Egal, ob sie einfache Arbeiter waren oder Intellektuelle. Doch in Andalusien hat man nie aufgehört, die Abgewanderten als das zu betrachten, was sie in der Tat waren und als was sie sich durchwegs auch in der Fremde verstanden: als Andalusier eben. So finden wir gleich an der Seite der Kathedrale von Sevilla – einen prominenteren Standort kann es in der Stadt nicht geben – die Librería Antonio Machado: Einer der verwinkelten Läden mit Büchern vom Boden bis zur Decke, in denen zu stöbern ein Sinnenkitzel bedeutet. Eben das Reich eines Buchhändlers, der hier nicht in erster Linie Geschäfte zu tätigen gedenkt, sondern Bücherliebhabern ein maître de plaisir sein will. Gewiß gibt es keine trefflichere Ehrung für einen Dichter, als eine solche Buchhandlung – wie es deren in aller Welt immer weniger gibt – nach ihm zu benennen. Und dies an einem Ort, wo es angebracht ist – auch wenn der Namenspatron als der »Sänger Kastiliens« in die Geschichte der spanischen Literatur eingegangen ist.

Tatsächlich gilt ein großer Teil des literarischen Werkes von Antonio Machado den schroffen Orten im Umfeld der Hauptstadt, in denen er – nach Studien in Paris – über lange Zeit als Lehrer seinen Lebensunterhalt zu verdienen gezwungen war. Doch geboren wurde er 1875 in Sevilla – ein Jahr nach seinem Bruder Manuel, der gleichfalls ein Poet von Graden war, doch über den Tod hinaus bei weitem weniger gewürdigt. Schließlich war Manuel Machado Zeit seines Lebens in Andalusien geblieben, das er unentwegt in seinen Gedichten besang:

Cádiz, salzige Klarheit,
Granada, im verborgenen weinender Strom,
Römisch und maurisch schweigendes Córdoba,
Singendes Málaga,
Goldenes Almería,
Silberglänzendes Jaén,
Huelva, Gestade der drei Caravellen,
und – Sevilla.

»Alles, was nicht Folklore ist, ist Pedanterie«, hatte Antonio Machado, der Schöpfer einer verinnerlichten, schlichten Poesie von stoischer Melancholie, die in unübcrbietbarem Lokalpatriotismus häufig sich Gehör verschaffende Heimatbezogenheit seiner Dichterkollegen einmal streitbar verteidigt. Und dies, obwohl er offenbar kein Mensch war, der Auseinandersetzungen suchte. Rafael Alberti, der als junger Dichter den Durchbruch schaffte, indem ihm 1925 für seinen Gedichtzyklus *Mar y Tierra* vor allem als Folge des Votums von Antonio Machado der Nationale Literaturpreis zuerkannt wurde, schildert in seinen Lebenserinnerungen, wie er dem Förderer, den er zuvor beim Versuch, einen Dankesbesuch abzustatten, nicht angetroffen hatte, erstmals in Madrid begegnete:

»Eines Vormittags schlenderte ich die Calle del Cisne hinauf, als ich auf der anderen Straßenseite einen Schatten von einem Mann herunterkommen sah, der langsam und gedankenverloren vor sich hin ging und in dem ich, obwohl er sehr gealtert war, ohne Zögern das Bild eines jüngeren Machado auf einem seiner Gedichtbände... wiedererkannte, den ich besaß und in hohen Ehren hielt. Er war es, sein Schatten, sein trauriger Schatten, gebeugt, mit den Schritten eines Schlafwandlers, geistesabwesend, ganz in sich versunken, außerhalb der Welt der Straße. Was tun? Würde es mir gelingen, ihn zu wecken, aus seinem Traum zu reißen? Wenn ich es jetzt nicht wage, sagte ich mir, wage ich es nie... Und ich lief ihm, aus Angst, er könnte mir entwischen, rasch entgegen.

›Don Antonio Machado?‹

Zwei ›Ja, ja‹ in größerem Abstand kamen nach einem zitternden Schweigen von seinen Lippen, so als hätte er sein Gedächtnis anstrengen müssen, um sich seines Namens zu entsinnen.

›Rafael Alberti... Ich wollte Sie kennenlernen und Ihnen danken...‹

›Ach‹, flüsterte er, noch immer halb in seinem Traum, während er meine Hand nahm. ›Sie haben mir nichts zu danken...‹

Dann war er wieder abwesend, und als einen in den Gängen seines Ichs verlorenen Schatten sah ich ihn, ›schlecht gekleidet und voll Trauer‹, an dem hellen Sommermorgen die Calle del Cisne hinuntergehen...

Schweigend und geheimnisvoll
ging er eins ums andre Mal...

So porträtierte ihn Rubén Darío. Und so war auch Don Antonio Machado bis zur Stunde seines Todes.«

So war er wohl – zugleich aber ebenso von kritischer Klarsichtigkeit: Ein Leidender in den Trümmern des von Hochmut und Ignoranz in den Abgrund der Bedeutungslosigkeit geführten Landes, das einzig die unüberbrückbaren Gegensätze zu wahren wußte im Sinne der Trauerrede, die Mariano José de Larra im 19. Jahrhundert gehalten hatte: »Hier liegt die eine Hälfte Spaniens, getötet von der anderen.«

Antonio Machado war einer der Generation von 1898 – und zwar einer der nach vorn Blickenden im dissonanten Chor der Stimmen dieser vom kollektiven Schock des Verlustes vor allem Kubas geprägten Generation. »Erbärmliches Spanien! Gestern warst du eine imperiale Macht. Heute, in Lumpen gehüllt, verachtest du alles, was du nicht kennst«, setzte Machado der isolationistischen Realitätsflucht der Reaktionäre unter seinen Generationskollegen entgegen: »Reformiere dich, erkenne dich, werde modern.«

Die Generation von 1927 – jene von García Lorca, Alberti, Aleixandre... –, die nicht zuletzt in einem Akt der Opposition gegen jene von 1898 die Wiederentdeckung von Luis de Góngora betrieben hatte, sah in Antonio Machado einen Verbündeten, der ihre Hoffnungen auf eine spanische Gesellschaft teilte, wie sie dann im kurzen Frühling der Republik Realität zu werden versprach. Bis die andere Hälfte Spaniens die Uhr in einem barbarischen Blutrausch zurückdrehte, wurde zumindest versucht, was Antonio Machado gefordert und zugleich in seiner Wirkung vorhergesehen hatte:

»Lehrt den Unwissenden, weckt den Schlafenden; pocht an die Türen aller Herzen, aller Gewissen. Und da ja schließlich nicht der Mensch für die Kultur da ist, sondern die Kultur für den Menschen, für alle Menschen, für jeden einzelnen... fürchtet euch nicht, wenn morgen ein Sturm des Zynismus, ein Sturm menschlicher Urkraft am Baum der Kultur rüttelt und etwas mehr als nur die trockenen Blätter mitnimmt. Die allzu dichtbelaubten Bäume müssen zugunsten ihrer Früchte ein paar Zweige einbüßen. Und wenn es am klugen und bewußten Beschneiden fehlt, kann auch ein Orkan sein Gutes haben.«

Für Antonio Machado war kein Platz mehr im Spanien, das folgte. Er starb 1939 – während der Reise ins Exil, im französischen Collioure. Zu seiner Hinterlassenschaft zählte ein Gedicht, in dem er den Mord an Federico García Lorca beklagte:

Man sah ihn gehen zwischen Gewehren
Durch eine lange Straße
Aufs kalte Feld hinaustreten
Noch leuchteten die Sterne im Morgengrauen
Sie töteten Federico
Als der Tag erwachte
Das Peloton der Henker
Wagte nicht, ihm ins Gesicht zu blicken
Alle schlossen die Augen
Sie beteten: Nicht einmal Gott rettete dich!
Tot fiel Federico hin
– Blut auf der Stirn und Blei in den Eingeweiden –
Das war das Verbrechen in Granada
Ihr sollt es wissen – armes Granada! – in seinem Granada

Es waren vor allem die Exilanten, und es war die im spanischen Untergrund ausharrende Opposition, welche das Andenken an Antonio Machado über die finsteren Jahre der Diktatur brachten. In seinem Erinnerungsbuch *Die Häutung der Schlange* berichtet Juan Goytisolo von dem 1959 in Collioure abgehaltenen Treffen, um »des zwanzigsten Todestages des Dichters zu gedenken und an seinem Grab regimefeindliche Schriftsteller und Intellektuelle aller Strömungen zu versammeln, um seiner politischen und literarischen Gestalt zu huldigen.« Es war dies seit Francos Machtergreifung der erste gelungene Versuch, zumindest ein paar Vertreter der unterschiedlichen Kräfte der spanischen Opposition zu einem gemeinsamen Akt zusammenzuführen.

Antonio Machado hatte ganze sieben Jahre – von 1912 bis 1919 – seines Erwachsenenlebens in Andalusien zugebracht: In Baeza, zwischen Córdoba und Granada, wo die eigentümliche Geometrie der in die weit ausladenden Hügel gepflanzten Olivenbäume das Bild der Landschaft stärker noch als anderswo im Süden Spaniens prägt. »Dieses Land ist so gut wie analphabetisch«, schrieb der Dichter in Briefen an Freunde aus »dieser Stadt, wo keine Zeitungen gelesen werden. Abgesehen davon, was ja ausreichend ist und mitunter noch zuviel, sind die Leute gutmütig, gastfreundlich und herzlich. Hier macht man sich einzig Gedanken über Politik und das Spiel; geistige Ambitionen existieren nicht; kulturelle ebensowenig.«

Andalusien ist vielfach das Land der Analphabeten und der Poeten genannt worden – extreme Gegensätze, die wohl nur scheinbar nicht vereinbar sind. Auch da, wo man den zeitweiligen Mitbürger Antonio Machado gewiß für einen Sonderling gehalten hat, wird das Andenken an ihn nun gepflegt. Cees Nooteboom hat auf seinem *Umweg nach Santiago* das Zeugnis dafür gefunden:

»Baeza ist älter als Ubeda, andere Echos, andere Stille, als ich hinter der Kathedrale auf einem schmalen Pfad um die hohen Hügel wandere, stoße ich plötzlich auf eine Statue von Antonio Machado, und auch sie ist aus dem Stoff für Träume gemacht, denn der Kopf des Dichters ist ein Kopf ohne Körper, er ist aus Bronze, aber in Beton gefangen und auf einen niedrigen Schutthaufen gestellt, die Augen sind offen, aber er schaut über einen hinweg, Vögel haben seinen Kopf vollgeschissen, so daß er vom Scheitel aus weint, bittere schmutziggraue und -weiße Tränen aus Vogeldreck, ein ausgestopftes Dichterhaupt in einem Betonkäfig, ausgelaugt von der Hitze, wie ein Götzenbild über dem Land aufgestellt, über das er schrieb: ›so traurig und arm, daß es deshalb eine Seele hat‹.«

Bei seinem nächsten Besuch in Baeza wird Nooteboom noch mehr zu entdecken haben. Die Gemeindeverwaltung hat inzwischen dafür gesorgt, daß Antonio Machado angemessene Gesellschaft erhält. Ringsum ließ sie Steine und Stelen gruppieren, auf denen Gedichte der berühmtesten Poeten Andalusiens zu lesen sind: Góngora, Jiménez, García Lorca, Alberti…

Ein literarischer Ort, der kaum Zeit für Literatur läßt

Andalusien ist sich treu geblieben und hat sich gleichwohl verändert. Für Sevilla, die Hauptstadt, gilt das erst recht. Wahrscheinlich existieren in keiner anderen Stadt Spaniens im Verhältnis zur Einwohnerschaft so viele Kneipen wie hier – und so viele Poeten, die nur wenig Zeit finden, ein eigenes Werk zu schaffen, weil sie an einem Tresen mit ihresgleichen allen voran über Antonio Machado streiten müssen: jeder von ihnen derart gefesselt vom eigenen Vortag, daß keiner bemerkt, in welchem Maße ohnedies alle einer Meinung sind.

Aber es gibt ja nicht bloß die Treffpunkte der Dichter, sondern Bars für jeden Gusto. Wir sagten es schon: Sevilla ist als Ganzes eine Art Opernkulisse – mit Bühnenbildern für jegliche Art von Inszenierung. Doch ein wenig scheint dabei stets das eigentümliche Verhältnis eine Rolle zu spielen, das man hier zum Katholizismus unterhält. Gelegentlich eines nächtlichen Streifzuges waren wir irgendwo im Labyrinth der engen Gassen des Stadtkerns – es muß wohl zwischen der Plaza del Salvador und der Plaza de la Alfalfa gewesen sein – an einen Ort gelangt, wo uns ein in einem Hauseingang aufgestelltes Heiligenbild mit brennenden Kerzen davor und einem üppigen Blumenarrangement zu beiden Seiten plötzlich innehalten ließ. Ein Todesfall, dachten wir – gewiß liegt dort drinnen jemand aufgebahrt; mitten im turbulentesten Movida-Eck sterben Leute.

Aus purer Neugier hatten wir etwas weiter hineingeblickt in den Hauseingang, hatten noch mehr Heiligenbilder, noch mehr entzündete Kerzen, noch mehr düstere Blumenarrangements gesehen. Es roch nach Kirche und Verwesung, und gleich glaubten wir auf einen offenen Sarg zu blicken. Aber mit einem Mal sahen wir einen Tresen vor uns, und nun hörten wir auch den Trauermarsch aus den Boxen dröhnen und wußten nach einem Moment der Verblüffung, daß es uns aus purem Zufall gelungen war, Sevillas gerade schwülste Bar zu orten.

Derartige Orte, die danach verlangen, literarisch verwertet zu werden, gibt es vielerlei in Sevilla, und als Folge dessen wird die ewige Opernkulisse zunehmend auch zum Hintergrund für zeitgenössische Unterhaltungsliteratur. Einer der in Spanien gegenwärtig Erfolgreichsten dieses Genres ist der 1951 in Cartagena am Mittelmeer geborene Arturo Pérez-Reverte. Er war ein in diesem Land prominenter Fernsehreporter, bevor er zum Romancier konvertierte. Doch auch im neuen Fach legt der Mann großen Wert auf Authentizität:

»In der Bar Las Teresas baumelten unzählige Schinken von der Decke; Sherry-Flaschen reihten sich in den Regalen, und an den Wänden hingen alte Veranstaltungsplakate der Karwoche und der Feria de Abril neben Fotos längst verstorbener Toreros, deren Widmungen kaum noch zu entziffern waren. Die Kellner notierten die Preise der konsumierten Getränke mit Kreide auf der Holztheke, und Pepe, der Barmann, schnitt mit einem langen, rasierklingenscharfen Messer hauchdünne Scheiben Serrano-Schinken ab und sang dazu Sevillanas…

Er hatte Quarts Begleiterin als Doña Macarena begrüßt und ihnen, bevor sie noch den Mund aufmachen konnten, eine ganze Reihe von Tellerchen mit Tapas hingestellt: Siedefleisch in Tomatensoße, fritierte Teigbällchen, luftgetrocknete Schweinelende, gegrillte Champignons sowie zwei schlanke hohe Gläser mit köstlich duftendem, goldgelbem Manzanilla-Wein. Neben Quart lehnte ein unauffälliger Zeitgenosse mit gerötetem Gesicht am Tresen; systematisch machte er einen Tinto nach dem anderen nieder. Pepe unterbrach bisweilen seine Coplas und wechselte, ohne die Schinkenscheiben aus dem Auge zu verlieren, ein paar Worte mit ihm – sie hatten es von dem bevorstehenden Lokalderby zwischen den beiden Fußballclubs Sevilla und Betis.«

Man muß nur wenige Stunden in dieser Stadt geweilt haben, um bestätigen zu können: Es geht hier exakt so zu wie im Thriller von Pérez-Reverte, der auf Deutsch unter dem Titel *Jagd auf Matutin* erschienen ist und in dem Kleriker, Bankiers, Computerpiraten, Herzoginnen und Ganoven in einen Kriminalfall verwickelt werden, in dem eine verfallene Kirche eine zentrale Rolle spielt. Es fehlt absolut nichts, was das Bild von Sevilla auch in der Realität prägt:

»Riesige Scheinwerfer strahlten die Kathedrale an und schufen eine unwirkliche Atmosphäre – halb Tag, halb Nacht –, die selbst die Tauben irritierte. Ziellos flatterten die Vögel umher. Bald erschienen sie im gleißenden Flutlicht, bald tauchten sie in die Dunkelheit ein und verschwanden in irgendeiner Nische des harmonisch geformten Gebirges aus Kuppeln, Fialen und Strebewerk, neben dem sich die Giralda erhob. Phantastisch, dachte Quart. Ein Hintergrundbild wie in diesen alten Hollywood-Schinken, wo man mit bemalten Leinwänden und Pappmaché die großartigsten Landschaften kreiert hatte. Nur daß die Plaza Virgen de los Reyes mit all ihren schönen Gebäuden echt war, im Laufe unzähliger Generationen aus Ziegelstein erbaut; ihr ältester Teil ging bis ins 12. Jahrhundert zurück. Eine solche Kulisse konnte kein Filmstudio der Welt nachbauen, und wenn es die besten und teuersten Bühnenbildner dafür engagiert hätte. Dieses Szenarium war einzigartig, unnachahmlich und perfekt…«

Also eben doch nicht Hollywood – sondern Oper.

Kapitel 6

Das verklärte Paradies –
Die Mythen und Mysterien von Cádiz und der Costa de la Luz

Es wird sich wohl nicht mehr exakt eruieren lassen, ob die Herrschaften bei Francisco saßen oder aber im Fontanilla. So lauten die Namen von zwei der beliebtesten Restaurants des Fischerstädtchens Conil de la Frontera an der andalusischen Costa de la Luz – der Küste des Lichts. Die genannten Wirtshäuser befinden sich direkt am Strand und faktisch in einem Haus. Die zwei Gastgärten – unter einem Schilfdach werden Holzstühle und Tische mit Papierdecken direkt in den Sand gestellt – liegen somit in derart unmittelbarer Nachbarschaft, daß nur die mit dem Terrain bestens vertrauten Stammgäste in jedem Fall wissen, in welche der beiden Gaststätten sie eingekehrt sind.

Das ist allerdings nicht ganz unerheblich, denn die Lokale gehören zwei Brüdern. Diese jedoch sind – dem Vernehmen nach schon seit Jahrzehnten – derart verfeindet, daß sie kein Wort miteinander wechseln. Natürlich weiß nach so langer Zeit einschließlich der beiden Hauptbeteiligten kein Mensch mehr, was die Ursache dieser Fehde war. Doch die beiden Wirte achten noch immer sorgfältig darauf, wer gerade beim Feind verkehrt. Und was die Abendgesellschaft anlangt, die wir nicht mehr zweifelsfrei dem einen oder dem anderen Restaurant zuzuordnen vermögen, wird der Ärger des von ihr in diesem Fall verschmähten Wirtes gewiß besonders groß gewesen sein. Ein paar Herren mittleren Alters, dem Anschein nach Kulturschaffende, saßen da an zwei zusammengerückten Tischen in Begleitung einer Schar durchwegs recht attraktiver junger Frauen. Doch um sie alle ging es nur nebenbei. Das Augenmerk aller rundum Anwesenden galt fraglos dem alten Herrn, der die Tafel präsidierte: eher klein von Wuchs, aber von kräftiger Gestalt. Und dazu ein Haupt, wie man es von alten römischen Münzen her kennt: markant die Linienführung der hohen Stirn, hinter der sich ein wallender weißer Haarkranz erhob, dessen Ausläufer bis tief in den Nacken reichten. Hier kannte jeder den Mann, nach dem man in Conil schon zu Lebzeiten eine Straße benannt hatte, obwohl ihm mit dem Ort eigentlich nur der Umstand verband, daß er da des öfteren in größerer oder kleinerer Runde auftauchte, um eine sich nach Landessitte über mehrere Stunden hinziehende Mahlzeit einzunehmen, wie das auch an diesem Abend – es war zu Beginn der neunziger Jahre – geschah: Rafael Alberti, der Dichter, Maler, Bildhauer.

Alberti-Straßen – mitunter heißen sie Calle Poeta Alberti – gab es zu dem Zeitpunkt freilich ebenso schon in anderen Orten der Region. Das aus gutem Grund, verkörperte der Künstler und Poet doch mit seinem ganzen Wesen auf trefflichste Weise die besten Traditionen seiner engeren Heimat – der Provinz Cádiz also, welche wiederum in dichtester Form alles vereint, was den Reiz Andalusiens ausmacht. Hier brandet der Atlantik an der Einfahrt zur Meerenge von Gibraltar an eine uralte Kulturlandschaft – wahrscheinlich sogar die älteste Europas. Aus dieser Gegend stammen viele der gefeiertsten Flamenco-Interpreten, und in den gleich hinter der Küste ansteigenden Hügeln, auf denen der kraftspendende Blutklee gedeiht und das *armajo dulce*, dem nachgesagt wird, daß es den Mut der dort weidenden Tiere fördere, wachsen seit Generationen die erlesensten Kampfstiere heran. Hier versteht man sich traditionell auf die Zucht edler Pferde und nur in diesem kleinen Teil Spaniens wird der *vino fino* gekeltert – jener Wein, der weltweit als Sherry bekannt ist.

Damit sind wir wieder bei dem alten Herrn am Nebentisch. Trotz seiner schon über neunzig Lebensjahre ist er noch immer recht kräftig bei Stimme und somit müssen wir ihn nicht extra belauschen, um den Worten folgen zu können, mit denen er seine Tischgesellschaft unterhält. Und wir machen uns auch keiner Indiskretion schuldig, wenn wir hier darüber berichten, worüber gerade von ihm gesprochen wurde, denn der Dichter selbst hatte das alles längst zuvor schon in seinem Erinnerungsbuch *Der Verlorene Hain* niedergelegt:

»Als die Weine von Jerez und Puerto international bekannt

wurden, war mein Urgroßvater, Don Vicente Alberti, zugleich einer der ersten Könige und Botschafter des Saftes der Reben von Cádiz im Norden Europas. Die Herrscher Schwedens, Norwegens und Dänemarks und die russischen Zaren ernannten ihn zum Hoflieferanten, und auch England fand Geschmack an den duftenden Weinen aus diesem Winkel der Provinz Cádiz. Skandinavier kamen aus ihren Fjorden wie die Enten, die über die Heiden Frankreichs und die Berge und Ebenen Spaniens fliegen, um in den warmen Marschen des Guadalquivir zu überwintern, zu den Kais von Cádiz und gründeten Niederlassungen für jene reichen, ungewöhnlichen Völker. Die Soleras, die Dessertweine, die Muskateller, die beinahe schwarzen, die hellen Weine von den jungen Weinbergen um Jerez und die Amontillados wurden bald in ganz Europa getrunken. Italiener kamen, Engländer und Deutsche. Von Puerto Tierra bis Sanlúcar erklangen die Namen der Domecq aus Frankreich, der Burdon, Gordon, Osborne, Permartin, Ivison, Byass, Bolin und später der Terry, Ahupol und Grant. Die meisten von ihnen kamen, vom Duft des Weines angelockt, mit leerer Börse. Meine Mutter hörte ich immer sagen, der erste Osborne sei ein bettelarmer Engländer mit geflickten Hosen gewesen, der auf den Plätzen und Straßen von Puerto Heiligenbilder, Rosenkränze und anderen Devotionalienkram verkaufte.«

Diesen letzten Hinweis vorzubringen, ließ sich Rafael Alberti bei keiner sich bietenden Gelegenheit nehmen. Sind es doch die zu reichen und mächtigen Sherry-Baronen aufgestiegenen Nachkommen der genannten Einwanderer, die sich vom äußeren Erscheinungsbild her längst andalusischer als alle autochthonen Andalusier zu geben trachten, nachdem es ihnen gelungen war, mit meist rabiaten Methoden, denen ein echter Andalusier von Natur aus wenig entgegenzusetzen hat, die angestammten Winzer aus dem Feld zu schlagen, sowie den weltweit wachsenden Absatzmarkt für Sherry unter ihresgleichen aufzuteilen. Rafael Albertis Vater mußte seinen Lebensunterhalt bereits damit verdienen, als reisender Repräsentant für die neuen Herren der Weinberge in Spaniens Norden unterwegs zu sein. Das stattliche Bürgerhaus der Familie in Puerto Santa María auf der anderen Seite der Bucht von Cádiz mußte aufgegeben werden – man übersiedelte nach Madrid. Für den gerade halbwüchsigen Rafael Alberti war das wie ein Gang ins erzwungene Exil. *Marinero en tierra* (Der Matrose an Land) lautete der Titel eines der ersten Ge-

Rafael Alberti und María Teresa León

dichtzyklen, die der junge, rasch die Aufmerksamkeit der literarischen Zirkel weckende Poet in der fernen Hauptstadt schrieb:

El mar. La mar. El mar. Nur la mar!
Warum, Vater, hast du mich
In die Stadt gebracht?
Warum hast du mich dem Meer entrissen?
Im Traum
Zieht die Flut mir am Herzen
Sie wird es sich holen wollen.
Warum, Vater, hast du mich
Hierher gebracht?

Doch das war erst der Anfang – literarisch ebenso wie als Exilant. Rafael Alberti, eine der vielseitigsten Stimmen im Chor der Generation von 1927, war in den für Spanien dramatischen dreißiger Jahren zugleich einer der politisch aktivsten Dichter des Landes: ein Republikaner, ein Linker, schließlich Mitglied der kommunistischen Partei. Also zur Emigration verdammt, als der Franco-Pöbel die Macht an sich riß. Am 18. Juli 1936 gelang dem Dichter zusammen mit seiner ersten Frau, der Dichterin María Teresa León, die Flucht nach Frankreich. Paris, Buenos Aires, schließlich Rom, waren die Orte, an denen er die folgenden mehr als vierzig Jahre lebte – ein Internationalist im umfassendsten Sinn des Wortes. Doch dabei stets seiner engeren Heimat leidenschaftlich verbunden. Auf der anderen Seite des

Atlantik, am Río de la Plata, verfaßte Alberti seine *Ballade vom verlorenen Andalusier*:

Verloren ist der Andalusier
Auf der anderen Seite des Flusses.
Fluß, der du ihn kennst:
Wer ist er und warum ist er gekommen?
Er wird die Olivenbäume sehen
Nahe vielleicht einem anderen Fluß.
Fluß, der du ihn kennst
Was macht er immer am Fluß?
Er wird den Haß sehen, den Krieg
Nahe vielleicht einem anderen Fluß.
Fluß, der du ihn kennst:
Was macht er so allein am Fluß?
Ich sehe seine Hütte aus Lehm
Am anderen Ufer des Flusses.
Ich sehe nicht die Olivenbäume vom anderen Ufer des Flusses.
Nur Pferde, Pferde
Pferde allein, verloren.
Einsamkeit eines Andalusiers
Vom anderen Ufer des Flusses
Was macht dieser Andalusier allein
Vom anderen Ufer des Flusses?

Auf den verschiedenen Stationen seines Exils war es auch, wo der 1902 geborene Alberti *Der Verlorene Hain* schrieb, seine Erinnerungen an das Spanien, das er verlassen mußte – und vor allem an die andalusischen Orte seiner Kindheit:

»In der Hafenstadt Puerto de Santa María bei Cádiz gab es zur Rechten eines von Feigenkakteen gesäumten Weges, der zum Meer hinführte und auf seinem Rücken den Namen eines alten Stierkämpfers – Mazzantini – trug, einen melancholischen Ort voll weißen und gelben Ginsters; er hieß *Der Verlorene Hain*.

Alles war dort wie Erinnerung: die Vögel, die um schon verschwundene Bäume kreisten, zornig, weil sie auf vergangenen Zweigen sangen; der Wind, der zwischen den Ginsterbüschen umherstreifte und laut nach hohen grünen Wipfeln rief, die er schütteln konnte, um seinen vollen Klang zu fühlen; die Münder, die Hände, die Stirnen, die schattige Kühle und freundliche Rast suchten. Alles klang dort nach Vergangenheit, nach altem, gewesenen

Pasionaria und Rafael Alberti im Parlamentsplenum, Juli 1977

Wald. Sogar das Licht fiel herab wie eine Erinnerung an das Licht, und auch unsere Kinderspiele, während wir die Schule schwänzten, klangen verloren in jenem Hain.«

Am 27. April 1977 landete das aus Rom kommende Flugzeug in Madrid, das Rafael Alberti zurück nach Spanien brachte: Der ebenso lächerliche wie grausame Diktator lag endlich eingesargt in dem grotesk-monumentalen Mausoleum vor den Toren der Hauptstadt, das dieser schon zu Beginn seiner Herrschaft von zur Sklavenarbeit gezwungenen vormaligen Verteidigern der Republik hatte errichten lassen. Die ersten Schritte zur Wiederherstellung der Demokratie waren geschafft. Es gibt ein Foto, aufgenommen am 13. Juli 1977, das Alberti und an seiner Hand Dolores Ibarruri zeigt – die legendäre Pasionaria, ursprünglich die Stimme der Bergleute von Asturien, dann im Krieg gegen die Franco-Faschisten die mitreißendste Rednerin für die Sache der Republik im Radio und überall dort an der Front, wo moralische Aufrüstung Not tat. Sie hatte die folgenden Jahrzehnte im Moskauer Exil überlebt. Und nun schritt dieses Paar die Treppe des Parlamentsplenums herab, um als älteste Mitglieder der ersten demokratisch gewählten Cortes seit dem Putsch der Generäle die Plätze der beiden Vizepräsidenten dieser Versammlung einzunehmen.

Naturgemäß blieb die Politiker-Karriere des Lenin-Preisträgers von 1965 eine kurze Episode. Rafael Alberti zog es zurück zu seinen Gedichten und Bildern, zurück nach Andalusien – in seine Heimatstadt Puerto Santa María. Als er dort 1993 seinen 91. Geburtstag feierte, wurde in dem Haus Calle Santo Domingo 26, in dem er seine Kindheit verbracht hatte und wo er nun wieder lebte, ein Alberti-Museum eröffnet – mit seiner wertvollen Bibliothek, seinen Zeichnungen, Malereien, Objekten, mit der Korrespondenz, die er mit Aleixandre, Neruda, Miró und vielen anderen bedeutenden Zeitgenossen geführt hatte. Der Dichter – als solcher wurde er stets in erster Linie gesehen, obwohl ebenso sein bildnerisches Werk allein bestehen kann – war längst zu einer Legende seiner selbst geworden. Doch eine, die allerorten präsent war. Der alte Herr mit der wallenden weißen Haarpracht gehörte zum Stadtbild von Puerto wie die prächtige Stierkampfarena, die wuchtigen weißen Bürgerhäuser, die Uferpromenade, wo die Terrassen der Bars und Restaurants dazu einladen, bei einem *fino* das Ambiente eines klassischen südlichen Hafenstädtchens mit allen Sinnen aufzunehmen. Alberti war bis ins hohe Greisenalter, umgeben von einer ihm zu Füßen liegenden Gemeinde, von jener Geselligkeit, die dem echten Andalusier ein unverzichtbarer Teil seiner Natur und Kultur ist.

Ich möchte in diesem Moment
Dem jüngsten meines Lebens
Nicht nur
Eine verlorene Geburtsurkunde sein.
Denn wie die Freiheit,
Hat der Mensch
Wenn er lebendig ist
Im Licht kein Alter.
Und ich bin lebendig, wenn auch alt
Und niemand wird mir sagen, daß ich eine tote Haut bin.

Dieses Gedicht hatte er schon um die Mitte des 20. Jahrhunderts geschrieben. Alberti hielt sich an die eigenen Worte, bis er im Oktober 1999 – 96jährig – in Puerto starb. Um den Poeten trauerten ebenso die Analphabeten, die seine Gedichte zu rezitieren wissen, ohne sie selbst lesen zu können. Solche Menschen gibt es tatsächlich noch immer in diesem Landstrich.

Wer die dort entstehende Literatur in allen ihren Facetten begreifen will, wird nicht umhin können, sich mit dem Wesen der Leute zu befassen, das schon zu vielerlei Vorurteilen oder zumindest doch etwas zu flüchtigen Betrachtungen Anlaß gegeben hat. So nahm etwa schon 1840 Gautier von seiner *Reise in Andalusien* den Eindruck mit: »Man möchte fast sagen: das einzige, was die Spanier ernsthaft betreiben, ist das Vergnügen; man muß bewundern, mit welcher Ungezwungenheit und welchem Schwung sie sich dieser Beschäftigung hingeben.«

Das ist immerhin noch eine freundliche Pauschalierung. Der Kastilier José Ortega y Gasset, Spaniens Beitrag – oder Beiträger – zur europäischen Philosophie des 20. Jahrhunderts, sah sich hingegen aufgerufen, die Bewohner des spanischen Südens in seiner *Theorie Andalusiens* richtiggehend abzukanzeln. Nachdem er sie mit Chinesen und mit Pflanzen verglichen hat, wirft er den Andalusiern Passivität vor und verfällt in den wohlfeilen Gemeinplatz ihrer Faulheit: »Jeder, der Andalusien verstehen will, muß folgendes Paradoxon überdenken: Die Faulheit als Ideal und Kulturform.« Vor allem hält Ortega den Andalusiern eine von ihm registrierte »vegetative Auffassung vom Dasein« vor, um schließlich zu dekretieren: »Dies Ideal scheint uns, den Menschen aus nördlicheren Gegenden, zu einfach, zu primitiv, zu vegetativ und zu ärmlich.«

Diese Worte riefen wiederum Juan Goytisolo, den emigrierten Katalanen, auf den Plan. In seiner unter dem Titel *Land des Südens* vorgenommenen *Spanischen Gewissenserforschung* hält er dem Philosophen entgegen: »Kein Wort von Ausbeutung, Großgrundbesitz, Arbeitslosigkeit. Ortega erhebt sich olympisch über das, was er als Argumente ›sozialistischer Gefühlsduselei‹ bezeichnet und trägt auf den wenigen Seiten seines Essays all die abgedroschen Interpretationen der südländischen Seele zusammen, für die er mit dem prächtigen Gewand seiner knappen, eleganten Prosa einsteht.«

Wir erkennen schon anhand dieser wenigen Beispiele, wie trefflich sich sogar auf literarischem Niveau über die vermeintlich geringe Streitlust – und andere Anzeichen mangelnden ernsthaften Einsatzes – der Andalusier streiten läßt. Natürlich ist es glatter Unfug, alle Andalusier über einen Kamm schweren zu wollen. So wie es die schon mehrfach angesprochenen Zwei Spanien gibt, die einander unversöhnbar gegenüberstehen, hat auch Andalusien bei allergröbster Einteilung wenigstens zwei höchst unterschiedliche Gesichter – dafür sorgen allein schon die sozialen Gegensätze, die kaum irgendwo sonst in Spanien noch immer derart kraß ausgeprägt sind wie im Süden. Das wiederum zieht selbst auf engem Raum markante Unterschiede hinsichtlich der Traditionen und der sozialen Merkmale dieses oder jenen Ortes nach sich. Dies zeigt sich etwa am Beispiel der beiden urbanen Zentren dieser Provinz: Jerez de la Frontera, der im Hinterland gelegenen, durch den Sherry zu Wohlstand gelangten kleineren, aber selbstgefälligeren der beiden Städte – sowie andererseits Cádiz, die Hafen- und Provinzhauptstadt.

In Jerez muß man ein Pferd oder ein Domecq sein, um etwas zu gelten

Von Albertis Puerto Santa María aus haben wir zu beiden Orten den etwa gleich weiten Weg zurückzulegen. Also begeben wir uns zuerst ein wenig nach Norden und finden dort exakt das vor, was schon Gautier angetroffen hat:

»Wie alle andalusischen Städtchen ist Jerez über und über weiß gekalkt und hat an bemerkenswerten Gebäuden nur seine Bodegas aufzuweisen. Diese Weinhandlungen sind kolossale Kellereien mit Ziegeldächern und langen, fensterlosen Mauern... man führte uns sofort in den Keller. Niemals hat sich den Augen eines Säufers ein prächtigeres Schauspiel geboten; man wandelte in Alleen von vier- oder fünfreihig übereinandergestapelten Fässern. Wir mußten alles probieren, jedenfalls die Hauptsorten, und es gibt unzählige Hauptsorten. Die ganze Stufenleiter mußte erklommen werden, vom achtzigjährigen, dunklen, dicken Jerez mit einem Anklang an Muskat bis zum trockenen, strohfarbenen Pale Sherry, der nach Feuerstein riecht und an Sauterne erinnert.«

Die »Kathedralen des Weines«, wie man die Bodegas – groß wie Flugzeug-Hangars – hier nennt, in denen der Sherry reift, prägen nach wie vor das Erscheinungsbild von Jerez. Nicht im selben Maße schon bei einem flüchtigen Augenschein sichtbar, doch gleichfalls stets präsent sind die Pferde. Das bezeugte schon Rafael Alberti am Beispiel eines seiner aus Jerez stammenden Vettern:

»Als er noch jünger war, wäre Agustinillo am liebsten ein Pferd gewesen. Er verbrachte ganze Vormittage im Stall seiner Eltern und studierte die Haltungen und Bewegungen von ›Morita‹ und ›Alzano‹. Wenn wir spazierengingen, lief er immer voraus, er trabte oder schüttelte rhythmisch den Kopf wie ein Pferdchen. Wenn er eine Pfütze oder einen Wassertrog entdeckte, bückte er sich augenblicklich, streckte den Hals und den Mund vor und schlürfte laut, bis einer seiner Brüder zu ihm hinging und ihm einen liebevollen Tritt in den hochgestreckten Hintern versetzte. Ein Stück weiter wälzte er sich im Gras, streckte alle viere [sic! So steht es im Original] in dic Luft und wieherte so vollkommen, daß ihm die Pferde, die mit Beinfesseln auf den Wiesen grasten, traurig antworteten.«

Das böte uns guten Anlaß, darüber nachzudenken, ob derartige Hingabe zu Pferden womöglich etwas mit der stetigen Präsenz von Wein zu tun hat. Doch ohne alle Spekulationen können wir berichten: Wein und Pferde bilden in Jerez sozusagen eine Einheit. Das Weinlesefest wird hier jeden September mit der Feria del Caballo gefeiert – dem Fest der Pferde. Da paradieren die zu den besseren Kreisen der Stadt zählenden Damen in rüschig-rauschenden Flamencokleidern und die Herren – gleichfalls in der örtlichen Tracht, der *traje corto* – auf prächtigen andalusischen Pferden am Festgelände her und hin und hin und her und her und hin... Wenn sie nicht gerade an der Seite von Standesgenossen im Sattel sitzend an einem Sherry-Gläschen nuckeln. Da staunt der Besucher, wie unbefangen und doch unmißverständlich Eitelkeit zum Ausdruck gebracht werden kann.

Von örtlichen Bürgern, die wie wir ordinär auf den eigenen Beinen unterwegs sind, erfahren wir schließlich, man müsse in Jerez ein Pferd oder ein Domecq sein, um etwas zu gelten. Von den Domecq wiederum, deren Name uns vom Etikett unzähliger Sherry-Flaschen bekannt ist, wird gesagt, sie würden nur mit den González (die auf den Sherry-Flaschen als González Byass firmieren) verkehren. Und die wiederum würden ansonsten nur mit Gott sprechen.

Die Umgangssprache dürfte dabei Spanisch sein, obwohl alle die Sherry-Barone von Jerez – Rafael Alberti hat uns darauf aufmerksam gemacht – von ausländischen Zuwanderern, in erster Linie Engländern, abstammen, weshalb sie von der wirklich autochthonen Ortsbevölkerung noch immer despektierlich »die Engländer« genannt werden.

Das erscheint nicht ganz gerecht, denn diese Engländer – wir haben es bereits angedeutet – leben schon seit Generationen bei weitem andalusischer, als sich dies die meisten echten Andalusier leisten können: Das mit dem Wein verdiente Geld geben sie bevorzugt für die Zucht von Pferden und von Kampfstieren aus. Sowie für die standesgemäße Durchfütterung einer riesigen Sippschaft, innerhalb derer ungleich mehr Angehörige zu den Familienausgaben beitragen als zu den Einnahmen. Allein bei den Domecq kommen an die 400 Leute auf höchstens zehn Köpfe, die man ohne Zögern so zu nennen bereit ist, hören wir. Das konnte naturgemäß nicht ewig gut gehen. Die Domecq, die González Byass, ebenso die Harveys, Terry, Williams, Humbert oder Sandeman haben nicht mehr das Sagen im eigenen Haus. Ihre Bodegas wurden allesamt von anonymen multinationalen Getränke- oder Mischkonzernen geschluckt – nur der schöne Schein bleibt noch aufrecht: der Familienname auf den Sherry-Flaschen, die in alle Welt exportiert werden. Und die für die traditionsreichen Familienbetriebe erzielten Verkaufserlöse waren hoch genug, um weiterhin demonstrieren zu können, was man sich unter einem *señorito* vorzustellen hat. So pflegt man in Andalusien die ebenso dünkelhaften wie von keinerlei sozialem Verantwortungsempfinden angekränkelten Feudalherrchen zu nennen.

Die Gitanos und der Flamenco

Wo das Licht von dieser Art ist, halten sich die Schatten besonders dauerhaft. Trotz des protzig zur Schau gestellten Wohlstandes rangiert Jerez in der europäischen Arbeitslosenstatistik beständig an einem Spitzenplatz. Und damit auch die Ärmeren jemanden haben, auf den sie hinunterblicken können, ist die Gegend um Jerez des weiteren eine Hochburg der andalusischen *gitanos*. Wir sagten es an anderem Ort: Sie sind gewöhnlich das Ziel der alltäglichen kleinen rassistischen Gemeinheiten – werden aber von den gleichen Leuten angehimmelt, wenn sie als Stierkämpfer oder Flamenco-Interpreten hervortreten. Rafael de Paula, der einzige nennenswerte Matador, den Jerez seit Jahrzehnten hervorgebracht hat – obwohl hier etliche der erfolgreichsten Stierzüchter ansässig sind –, ist ein Gitano wie aus dem Bilderbuch. Und weil bei einer ordentlichen andalusischen Fiesta, wie sie dort be-

Der Dämon des Flamenco

sonders häufig stattfindet, wo einiger Reichtum versammelt ist, nun einmal der Flamenco unverzichtbar ist, bietet sich da für die Gitanos mit ihrem überlegenen Talent für den Flamenco eine Entfaltungsmöglichkeit, wie sie so ansonsten kaum anderswo noch existiert. Das heißt, zumindest einige von ihnen können davon – wenige sogar recht gut – leben. Daher ist die Schar jener riesig, die das ebenfalls versuchen. Es gibt Gruppen, die sich darauf konzentrieren, den seicht-folkloristischen Erwartungen der Touristen oder den ebenso nicht sonderlich hohen Ansprüchen der *señoritos* und ihrer Gäste zu entsprechen. Es gibt junge Leute, die experimentieren und ihre traditionelle Musik etwa mit jener aus Afrika oder Lateinamerika verflechten – und die damit bei einem jüngeren Publikum in Spanien durchaus erfolgreich sind. Und es gibt schließlich als Hefe, aus der all dies gedeiht, den ursprünglichen und urwüchsigen Flamenco, der nicht für ein großes Publikum gedacht ist, sondern vor allem für den eigenen Kreis: für die Leute der zu einem hohen Anteil von Gitanos bewohnten kleinen Ortschaften rund um Jerez. Dort kann der Besucher mit einigem Glück noch immer Szenen erleben, wie Laurie Lee sie beschrieben hat – einer jener englischen Dichter, die in ihrer Jugend von Spanien magisch angezogen wurden und die in den Jahren vor dem Bürgerkrieg ausgedehnte Reisen durch dieses Land unternahmen. Laurie Lee zog gar mehrere Jahre lang – bis er wegen des Franco-Putsches verschwinden mußte, aber bald darauf in einem Marsch über die Pyrenäen zurückkehrte – zu Fuß durch das Land und konnte so die Sitten und Gebräuche der Einheimischen intensiv studieren. Was er gelegentlich seiner *Wanderungen durch Andalusien* sah und erlebte, hielt der Autor in seinem Buch *Eine Rose für den Winter* fest:

»Der Rest des Abends gehörte dem wichtigsten und geheimnisvollsten Zweig aller andalusischen Volkskunst, dem Cante Flamenco, dem Zigeunerlied. Auf der völlig kahlen Bühne wirkten nur drei Personen mit. Zunächst erschien der Gitarrenspieler, ein neutrales, dunkel bekleidetes Wesen mit der Gitarre in der einen und einem Küchenstuhl in der anderen Hand. Er stellte seinen Stuhl ins Halbdunkel, setzte sich bequem hin, neigte den Kopf der Gitarre zu und breitete die weißen Finger über die Saiten. Nun schlug der Gitarrist ein paar Akkorde an, eigentlich nur, um seine Finger zu lockern und sich in Schwung zu bringen. Bald wurde die Musik sicherer und freier, fordernder und rhythmisch betonter. In diesem Augenblick trat der Sänger ins Rampenlicht, stand eine Weile mit geschlossenen Augen da und sang dann ein paar tiefe, kehlige Töne, als wolle er seine Stimmuskeln probieren. Das Auditorium war totenstill, denn was nun kam, hatte man nie gehört und würde man nie wieder zu hören bekommen. Der Sänger holte plötzlich tief Luft und warf den Kopf zurück. Ein ganz hoher, barbarischer Ton erschallte, mehr ein flatternd gepreßtes, nach Sand und Wüste klingendes Klagegeheul. Nun begann der Sänger den ersten Vers seines Liedes mit zitterndem und verkrampftem Gesicht und verzerrtem Mund. Ein Klagegesang der Leidenschaft, ein tierischer Schrei, der über glühende Felswände hallte und sich in der Luft verlor, gebieterisch und schauererregend. Der Sänger blieb zunächst allein in dieser Wildnis, sich in den Schlingen seiner eigenen Worte windend, und wurde von den unsichtbaren Schlägen der Musik zu noch frenetischeren Äußerungen gepeitscht.«

Beim Flamenco-Gesang, so viel wird aus dieser Schilderung schon klar, ist nichts hübsch oder gar anheimelnd – er ist eine unter erkennbaren Schmerzen immer wieder neu improvisierte Klage über einen Alltag ohne Aussicht auf bessere Zeiten. Damit das so zum Ausdruck kommt, wie es empfunden wird, muß sich der *duende* einstellen – der Geist oder besser noch Dämon –, ohne den es keinen wahren Flamenco gibt. Und der läßt sich nicht zu einer vorbestimmten Stunde an einen vorbestimmten Ort bestellen. Daher ist Flamenco im Grunde nichts, was man ankündigen kann. Man kann nur hoffen, aus Glück oder Zufall zugegen zu sein, wenn er da oder dort tatsächlich passiert. Ebenso wie für den gesungenen gilt dies für den getanzten Flamenco, der in seinem Ursprung nichts gemein hat mit den bunten Bühnen-Shows, mit denen Tournee-Truppen auf Reisen gehen. Was geschieht, wenn sich der *duende* einstellt, hat Federico García Lorca erlebt und beschrieben:

»Vor Jahren, bei einem Tanzwettbewerb in Jerez de la Frontera, trug eine Achtzigjährige den Preis davon gegen die schönsten Frauen und jungen Mädchen mit Hüften wie quicke Wellchen; und zwar einzig und allein dadurch, daß sie die Arme hochstieß, den Kopf in den Nacken warf und einmal mit dem Fuß aufs Podium stampfte. So also mußte in der Versammlung von Musen und Engeln, von Frauenschönheit und Schönheit des Lächelns dennoch jener todnahe Dämon gewinnen, der seine Flügel aus rostigen Messern über den Boden schleifte.«

Die Natur in der Rolle der obersten Gerichtsbarkeit

Man könnte meinen, wo derlei zum Alltag gehört, sei reiches literarisches Revier – eine Fundgrube für Geschichten, die sich zu großen epischen Romanen verarbeiten lassen. Doch in der Tat haben hier die Poeten ihre Schrebergärten, in denen Gedichte gedeihen – die sich nicht zuletzt als Flamenco-Gesänge vortragen lassen. Die einheimischen Dichter begnügen sich überwiegend mit der kleinen Form. Vielleicht hat das ja doch etwas mit Ortega y Gassets *Theorie Andalusiens* zu tun, in der die Unterstellung von Trägheit einen hohen Rang einnimmt. Oder schlicht mit dem vorherrschenden Klima, das die für anstrengende Arbeit geeigneten Stunden des Tages auf ein Minimum begrenzt. Freilich, einen in Spanien angesehenen Romancier gibt es hier durchaus – doch man kennt ihn kaum außerhalb dieses Landes, da seine Werke nicht in andere Sprachen übersetzt wurden: José Manuel Caballero Bonald, 1926 in Jerez geboren, trat zwar ebenfalls zuerst – im Jahr 1948 – mit einem Lyrik-Band in Erscheinung. Und nachdem er in den letzten Jahren seine beiden Memoiren-Bände *La costumbre de vivir* (Die Gewohnheit zu leben) und *Las guerras perdidas* (Die verlorenen Kriege) veröffentlichte, erklärte Caballero Bonald seine Tätigkeit als Erzähler für faktisch beendet. Doch im Laufe dieser Schaffensperiode legte er insgesamt fünf Romane vor, die alle um ein Thema kreisen: die menschlichen Eingriffe in die Natur der Landschaft am Unterlauf des Guadalquivir. Vor allem *Ágata ojo de gato* (Das achatfarbene Katzenauge) aus dem Jahr 1971 ist als ein aus Realität und Mythos geflochtener literarischer Beitrag zur Abwehr einer gewissermaßen feindlichen Übernahme des europaweit einmaligen Naturschutzgebietes Coto de Doñana durch Tourismus-Spekulanten zu verstehen. Die versuchten insbesondere gegen Ende der Franco-Ära unter Ausnützung ihrer Beziehungsgeflechte zum alten Regime pharaonische Projekte auf den Weg zu bringen, um sich solcherart in vorteilhafte Positionen für den Start in absehbare neue Verhältnisse zu bringen. Wo derlei Maßnahmen ohne jegliche öffentliche Debatte gesetzt wurden, war es schon eine Art Widerstandshandlung, in einem Roman über das zu schreiben, was zerstört zu werden drohte.

Mit dem Ende der Diktatur bricht im übrigen Caballero Bonald seine Memoiren ab, denn mit dem Tod Francos »hat mein Leben aufgehört, berichtenswert zu sein«. Das deutet auf einen schon einigermaßen gespenstischen literarischen Identitätsverlust eines Autors hin, der seine Mission wohl darin sah, mehr zwischen den Zeilen als mit deutlichen Worten gegen das Regime anzuschreiben – und das auf einem Feld, das nicht so eindeutig konfliktträchtig war, wie etwa die soziale Realität. Als Naturfreund ließ sich schließlich sogar der Diktator von seinen Hofberichterstattern präsentieren – indem er noch mit zittriger Greisenhand auf alles schoß, was ihm vor die Flinte getrieben und gezerrt wurde.

Ein Romancier, der veröffentlicht werden und trotzdem eine kritische Position zum Ausdruck bringen wollte, mußte im damaligen – noch gar nicht so lange zurückliegenden – Spanien offenbar seine Themen in Nischen suchen, die der obrigkeitlichen Reglementierung entrückt waren. Das erklärt einerseits, warum die spanische Prosa – so sie nicht von Exilanten oder offen ausgegrenzten Oppositionellen stammte – dieser Ära eigentlich nichts von internationalem Rang hervorbrachte. Und es weist andererseits auf die Ursache hin für die Idealisierung – und mitun-

Wallfahrt (Romería) in Rocío

ter sogar Ideologisierung – der Natur im erzählerischen Werk von Autoren, die in einer militant geist- und kunstfeindlichen Umwelt ihre literarischen Gratwanderungen unternahmen. Caballero Bonald, der etliche Zeit in Kolumbien verbracht hatte, dort Gabriel García Márquez kennenlernte und solcherart vom Magischen Realismus beeinflußt wurde, steht auf diesem Feld zumal in Andalusien nicht allein. Als einer der beachtenswertesten Romane aus dieser Region in der Nachkriegszeit gilt Luis Berenguers 1968 veröffentlichte Jagdgeschichte *El mundo de Juan Lobón* – die Geschichte eines Wilderers, der den Schergen der auf ihren Ländereien allmächtigen Großgrundbesitzer immer wieder entkommt, weil er besser als sie vertraut ist mit den Schleichwegen und Verstecken in der Sierra von Cádiz. Die Landschaft wird dabei zu einer Art moralischen Instanz erhoben – die Natur in der Rolle der obersten Gerichtsbarkeit. Eine andere Möglichkeit, die soziale Realität mehr zu umschreiben als sie zu beschreiben, bot sich zumal diesem Autor wahrscheinlich nicht – Luis Berenguer y Moreno de Guerra lautete sein vollständiger Name –, der 1924 in Galicien geboren wurde, aber sich voll und ganz als Andalusier verstand. Im Hauptberuf diente der 1979 aus dem Leben geschiedene Verfasser von sechs Romanen dem Staat, den das Franco-Regime umfassend kontrollierte: Er war Offizier der Kriegsmarine – ein Ingenieur für Waffentechnik, der die meiste Zeit seines Lebens in San Fernando verbracht hatte: einer nächst Cádiz liegenden Klein- und Garnisonsstadt, in der zwei Bevölkerungsgruppen dominieren: Militärs und Gitanos – Camarón de la Isla, der populärste Flamenco-Sänger der letzten Jahrzehnte, stammt von hier.

Aber vielleicht waren die Ursprünge einer solchen Weltbeschreibung aus andalusischer Sicht wesentlich älter als Francos Zensurbehörden. Die Einheit des Menschen mit dem Land sei hier nicht simple Tatsache, sondern speise sich aus einer spirituellen Beziehung, mutmaßte Ortega y Gasset in seiner schon erwähnten *Theorie Andalusiens*. Bei seinem Versuch, »sich der kulturellen Welt der Langsamkeit und Trägheit anzunähern«, nennt er als »unverzichtbares Element, um die andalusische Seele zu verstehen, deren Alter. Man vergißt hier nicht. Es ist tatsächlich das älteste Volk des mediterranen Raumes.« Aus dieser Quelle werde die romantisierende Sakralisierung der Natur gespeist, meint der Philosoph erkannt und damit den Grund dafür herausgefunden zu haben, warum die Andalusier so seien, wie er sie findet: »Schließlich ist die Trägheit, wie Friedrich Schlegel festhielt, das letzte Relikt, das uns vom Paradies bleibt, und die Andalusier sind das einzige Volk des Westens, das einem paradiesischen Ideal des Lebens treu geblieben ist.«

Die Allianz von Heiligem Geist und Weingeist

Eines wenigstens kann außer Streit gestellt werden: Im Coto de Doñana sind die Zustände vorderhand paradiesisch geblieben, alle Straßen- und Hotel-Bauprojekte wurden bislang abgeschmettert. Hier konnten sich zu Wasser, zu Lande und in der Luft allerlei Arten halten, die ansonsten in diesem Umfang an keinem anderen Ort Europas zu finden sind. Der Friede wird nur einmal im Jahr nachhaltig gestört: wenn zu Pfingsten zehntausende Menschen mit Ochsengespannen und Traktorfuhrwerken, zu Pferde oder im Geländewagen zur Wallfahrtskirche von Rocío am Rande der Doñana pilgern – unentwegt die Anmut der Madonna von Rocío besingend. Kreist der Heilige Geist bei dieser Wallfahrt doch in Gestalt von Sherry- und Brandy-Flaschen stetig unter den Gläubigen, deren etliche sich gelegentlich paarweise in die Büsche schlagen, um Marien-Verehrung auf recht archaische Weise zu pflegen. Das ist gewiß das bunteste und lärmigste Spektakel der Christenheit – vom örtlichen Klerus fatalistisch hingenommen, vom gegenwärtigen Papst gelegentlich eines Andalusien-Besuches unverhohlen gerügt, was seine Zuhörerschaft mit verblüfftem Befremden registrierte. Gregor von Rezzori war einer jener vielgereisten Autoren, vor deren Auftauchen man an keinem wirklich schönen Platz des Planeten sicher sein konnte. Der Verfasser ebenso geistreicher wie kurzweiliger Erzählungen und Experte für anspruchsvolle Lebensart ließ sich folglich auch Andalusien nicht entgehen. Er war gerade recherchierend für sein Buch *Sherry Time* – ein Brevier für populärwissenschaftliche Trinker der Weine von Jerez und Umgebung – vor Ort, als die Rocío-Pilger wieder einmal von Sanlúcar de Barrameda aus mit der Fähre den Guadalquivir in Richtung Doñana überquerten:

»Wir flanieren und gaffen, bis die Gegenfähre angekommen und wie ein Heuwagen beladen ist mit Menschen, Rossen, Wagen, Zugmaschinen. Das holt jetzt über und pilgert vom jenseitigen Ufer weiter bis zum Örtchen El Rocío in den Marismas, dem teilweise sumpfigen Mündungsgebiet des Guadalquivir. Es ist ein unscheinbarer Ort mit einer kleinen Kirche und um die hundert Häuser, die 362 Tage im Jahr leerstehen. Nur zu Pfingsten füllen sie sich – aber dann gleich satt: zu Zehntausenden kommen die Pilger aus ganz Spanien, um die Paloma Blanca zu feiern, die ›Weiße Taube‹, eine Muttergottesstatue, die in der Kirche steht. Wundertätig? Nein, nicht eigentlich, wenn man absieht von eben dieser Fähigkeit, jährlich einmal an die Hunderttausend Menschen anzuziehen und in Verzückung zu bringen.

›Wahrhaftig in Verzückung?‹ Nun, nicht gleich in derwischhafte Besessenheit, es heilen auch keine Schwären wie in Lourdes, Holzbeine schlagen nicht grün und in Blüte aus; aber immerhin steigert sich eben die spanische Ekstase – diese hellwach nüchterne Art, intensiv zu leben, intensiv zu sein – ›schauen Sie sich den jungen Mann dort auf dem Pferd oder jenes flamencotanzende Mädchen an: das ist doch ein intensives Sein, und nicht nur jetzt – jetzt ist das der bewußte und gewollte Ausdruck dieses intensiveren Seins, einer größeren Leidenschaftlichkeit des Lebens und Erlebens – und gleich auch des Leidens, Erleidens, des Sterbens: denken Sie an Goya‹.

Ich denke an Goya und auch an die Nähe des Weinlands in unserem Rücken. Wird denn auch getrunken bei dieser Massenwallfahrt nach El Rocío? Allerdings, gibt Don Jorge bescheiden zu, der Wein von Jerez spielt eine gewisse Rolle bei der Verzückung intensiv lebender Pilger. Die Pfingstfahrt nach El Rocío hat auch etwas Bacchanalisches, erinnert an die antiken Saturnalien, allerdings ohne Maskerade wie Karneval und Fasching, immerhin steht ja das Religiöse im Vordergrund, aber man gießt sich dabei doch fleißig einen ein, Flamenco tanzen und immer wieder ›Viva la Paloma Blanca!‹ schreien macht durstig. Übrigens dauert das Ganze drei Tage lang, man campiert in den Wohnwagen, im Freien unter dem Sternenhimmel, Häuser haben nur die religiösen Kongregationen, sie bewahren dort ihre Altäre auf, die in der Prozession an der Paloma Blanca vorbeigetragen werden; aber auch einige besonders eingefleischte *aficionados*, begeisterte Anhänger, haben sich in El Rocío angekauft, um sich und ihre Freunde während der Festtage zu beherbergen, zum Beispiel der Nestor der Sherry-Barone, Don Manuel Gonzáles Gordon, vierundneunzig Jahre alt, täglicher Konsum an Sherry auch außerhalb der Romería: mindestens drei Flaschen.«

Caballero Bonalds »heiliges Land« ist die Doñana während der turbulenten Rocío-Tage gewiß nicht.

Cádiz, die Brücke zum Jenseits der Neuen Welt

Da weicht der Naturmystiker aus Jerez dann schon einmal nach Cádiz aus, um eine Betrachtung über die an solchen Feiertagen eher beschauliche Provinzhauptstadt zu schreiben:

»Man pflegt zu sagen, Cádiz ähnle einem gestrandeten Schiff. Es stimmt, wohin du hier auch gehst, du kommst immer zum Meer. Das Meer, das alles für Cádiz bedeutet: seine Vergangenheit, seine Mythologie, seine Industrie, seine Gefahren, sein Stolz, seine Zukunft. Das Tor zum Atlantik, das Ende der bekannten Welt, ein Fundament jenseits der Säulen des Herkules, war zudem die Brücke zum Jenseits der Neuen Welt, ein Knotenpunkt der Routen und des Handels. Aber seine Kultur, der Boden seines Empfindens, kommt vom Mittelmeer: von den phönizischen Seglern aus Tiro, den klassischen Expansionen von Griechenland und Rom. Anders gesagt: Cádiz wurde zu einer teilenden Enklave zwischen der antiken mediterranen Zivilisation und den neuen amerikanischen Beziehungen. Derlei – obwohl dies ein literarisches Bild ist – vergißt man nicht leicht: Es prägt den Charakter und trägt zur Entwicklung eines eigenen Lebensstils bei.

Wenn man genau hinsieht, gibt es in Cádiz wenigstens drei verschiedene Cádiz: das antike, das von den Phöniziern zu den Römern reicht; jenes zudem, das durch einen aberwitzigen Sprung in die Renaissance gelangte; schließlich das von heute, das noch ein wenig altmodisch ist. Es ist nicht so, daß diese drei Ebenen übereinander lägen, sondern sie kreuzen sich in der Mitte zwischen Legende und Historie. Manchmal kommen sie gut miteinander aus und manchmal weniger. Das antike Cádiz, das so bedeutend war, sieht man kaum, oder man sieht es nur, wenn man an unmöglichen Stellen gräbt, oder im archäologischen Museum. Auch das mittelalterliche Cádiz schaut nirgendwo um die Ecke; ein rätselhaftes Intervall, in dem die Stadt in den Wassern der Geschichte gestrandet scheint, ohne andere Spuren zu hinterlassen als ihren methodischen Halbschatten. Seit die phönizischen Handelsreisenden vor 3000 Jahren Gadir gründeten – kurz nach dem homerischen Fall von Troja –, erlebte die Stadt eine stetige Folge von Invasionen, Niedergängen, Blüten, Plünderungen. Punier und Griechen, Römer und Karthager, Mauren und Christen einerseits, sowie Piraten, Vandalen im Sinne des Wortes und Spekulanten andererseits machten sich mit systematischem Geschick daran, das niederzumachen, was die vorhergegangenen Kolonialisatoren aufgebaut hatten.

Zweifellos ist das allgemeine Praxis, aber hier merkt man es stark. Zum Beispiel dieses gefährdete Überdauern der Spuren einer großen Vergangenheit. Ein paar phönizische Gräber auf dem Vorfeld der Stadtmauern, zwei eigentümliche menschenförmige Sarkophage, ein römisches Amphitheater, das kürzlich in El Pópulo entdeckt wurde, mancherorts Mudéjar-Bögen und eine beachtenswerte Menge von Statuen, Schmuck, Gefäßen und Geräten, die den gesamten sichtbaren Schatz einer Stadt darstellen, die sich – mit gutem Grund – als die älteste der westlichen Welt preist.«

Jedenfalls ist Cádiz die älteste ständig bewohnte Stadt Europas – nahezu eine dem Festland vorgelagerte Insel, zu der man nur über eine schmale Landzunge gelangt: Also ein beinahe rundum vom Atlantik umspültes, buntes, des öfteren versifftes, dann wieder herausgeputztes Sammelsurium enger, verwinkelter Gassen, aus denen der Flaneur unversehens auf eine stattliche Avenida, eine stimmungsvolle Plaza oder aber an einen Park gelangt, in dem exotische Baumriesen aufragen, deren einige gewiß schon Theophile Gautier 1840 gelegentlich seines Besuches in der Stadt bewundert hat. »Nichts ist edler, königlicher als eine Palme«, notierte er aus diesem Anlaß: »Die große Sonne aus Wedeln am Ende der kannelierten Säule strahlt so hoheitsvoll vom Lapislazuli eines orientalischen Himmels. Schlank, als wäre er in ein Korsett gepreßt, erinnert der schuppige Stamm an die Taille eines jungen Mädchens; seine Haltung ist so gebietend, so elegant.«

Für Lord Byron – zu Beginn des 19. Jahrhunderts wahrscheinlich einer der ersten in der langen Reihe englischer Dichter, die im Süden Europas nach Inspiration ebenso suchten wie nach Abstand von den bleiernen Verhältnissen in ihrem eigenen Land – war Cádiz die »Sirene des Ozeans«, für Alexandre Dumas wiederum »die geliebte Tochter der Sonne, deren flammendes Auge sie mit glühenden Strahlen erhellt.« Vor allem aber war Cádiz zur Zeit des spanischen Imperiums dessen bedeutendstes Tor zur Neuen Welt, und noch heute fühlen sich hier viele Havanna bei weitem näher als der Hauptstadt des eigenen Landes. Diese Empfindung beruht auf Gegenseitigkeit. In einer in der gesamten spanischsprachigen Welt bekannten Habanera – also einer Art kubanischem Volks- oder Seemannslied – von Carlos Cano heißt es: »Havanna ist Cádiz mit mehr Schwarzen; Cádiz ist Havanna mit mehr Witz.« Hier wie dort ist alles dem Atlantik zugekehrt, und wer mit dem Schiff ankommt, kann den Eindruck gewinnen, die Zeit sei zumindest seit dem Besuch von Gautier stehengeblieben:

»Von der Seeseite ist der Blick auf Cádiz besonders reizvoll. Wenn man es so in strahlendem Weiß zwischen dem Blau des Meeres und dem Blau des Himmels liegen sieht, möchte man es für eine riesige Krone aus Silberfiligran halten, während die Kuppel der Kathedrale mit ihrer gelben Farbe wie eine feuervergoldete Tiara in der Mitte thront. Die Blumentöpfe, die Voluten und die Türmchen in der oberen Umrißlinie der Häuser variieren die Zacken ins Unendliche. Byron hat die Physiognomie der Stadt wundervoll mit einem einzigen Strich hingeworfen:

›Fair Cádiz, rising over the dark blue sea!‹«

Doch nicht nur vom äußeren Eindruck her unterscheidet sich Cádiz radikal vom Jerez der provinziellen *señoritos*. Von der Hafenstadt nahm die erste politische Partei der Weltgeschichte ihren Ausgang, die sich liberal nannte. Und in Cádiz wurde von den spanischen Cortes die erste tatsächlich demokratische Verfassung Europas verabschiedet. Das war 1812, nach dem Unabhängigkeitskrieg gegen die napoleonischen Truppen, die sich in Andalusien mit der damals gänzlich neuen Form der Kriegsführung einer Guerrilla konfrontiert sahen. Mehr als anderthalb Jahrhunderte später sollten sich die Väter der Konstitution des neuen Spanien, das auf die Franco-Diktatur folgte, ausdrücklich auf die Verfassung von 1812 berufen, die zwar schon bald nach ihrer Verabschiedung von König Fernando VII. – einem der vielen Despoten, die das Land im Lauf seiner Geschichte ertragen mußte – gebrochen wurde, aber fortan selbst in finstersten Zeiten ein zumindest vage aus der Ferne leuchtendes Fanal bleiben sollte. Und dies auf beiden Seiten des Atlantik. »Dieses Dokument drückte die Hoffnungen einer Generation von modern denkenden hispanischen Bürgern in Spanien und Amerika aus«, resümiert Carlos Fuentes in seiner *Geschichte der hispanischen Welt*: »Aber man ließ diese Verfassung, wie so viele andere Gesetze in Spaniens Geschichte, verwelken, opferte sie der Realität althergebrachter, provinzieller, schmieriger Praktiken und Interessen.«

Zumal in diesem Land wiederholt sich die Geschichte unentwegt auf die eine oder andere Weise. In seinen Memoiren erinnert sich Rafael Alberti an den revolutionären Überschwang, mit dem in dieser Stadt 1931 die zweite spanische Republik begrüßt wurde:

»Dieses Cádiz der Freiheit, der romantischen Verschwörungen und der ersten Freimaurerlogen; dieses Cádiz, das keinen Maurer fand, der imstande gewesen wäre, von seinen Mauern die Gedenktafel der Verfassung von 1812 zu entfernen; dieses selbe Cádiz, das ich vom Kolleg aus wie ein unerreichbares blaues Bild gesehen hatte, wurde nun von einem Ende zum anderen von einem republikanischen Sturm geschüttelt...«

Dieses Cádiz, bleibt indes hinzuzufügen, wird gegenwärtig schon während der zweiten Legislaturperiode in Folge mit absoluter Mehrheit von den politischen Nachgeburten Francos regiert. Mit deren Vorturner ließ sich der greise Dichter selbst noch ablichten, als der nämliche Politiker meinte, im Wahlkampf ein wenig Nähe zur Kultur demonstrieren zu sollen. Aber gut, es gehort keineswegs nur in Andalusien zum Wesen der Poeten, daß sie zuverlässig vor allem dann, wenn an ihre Eitelkeit appelliert wird, die Weitsicht eines krähenden Hahnes besitzen. Doch was ist in die traditionell rebellischen Bürger von Cádiz gefahren?

Unter denen gibt es nicht wenige, die mit nonchalantem Lächeln erklären, der Vorteil ihrer gegenwärtigen Stadtregierung bestehe darin, daß diese den meisten Anlaß biete, über sie zu spotten. Derlei ist in Cádiz von großer Bedeutung, weil man in dieser Stadt den längsten und aufwendigsten Karneval von ganz Spanien zelebriert. Eines der wichtigsten Elemente ist dabei die mit gelegentlich heiligem Ernst und über viele Abende hin ausgetragene Meisterschaft, die sich kostümierte Chöre in dem nach Manuel de Falla – dem Komponisten, der zu García Lorcas engsten Freunden zählte – benannten Theater im Vortragen von Spottliedern zum aktuellen Geschehen liefern. Wenn somit ein örtlicher konservativ-klerikaler Deputierter nicht geringe Summen an Steuergeldern umsetzt, indem er über seinen Dienstapparat ausgiebig Telefon-Sex konsumiert (um Beschwerden von alarmierten Wählern nachzugehen, die eine sittliche Gefährdung der Jugend wähnen, wie sich der Parlamentarier rechtfertigte), so reagiert man darauf in Cádiz nicht empört, sondern geradezu begeistert. Ist das doch ein Fressen für die Dichter der Spottlieder. Welche Bedeutung deren Werken beigemessen wird, demonstrierte Franco, indem er diese Veranstaltungen verbieten ließ. Sie können erst wieder stattfinden, seit der Diktator in seinem Mausoleum liegt.

Das verschollene Werk der Roten Herzogin

Andere in Cádiz geschaffene Literatur ist allerdings schon seit langer Zeit nicht mehr bekannt geworden. Vielleicht liegt das ja an den hohen Anforderungen des Karnevals – oder es entspricht der örtlichen Tradition, solche Werke, in denen unerfreuliche Zustände auf ernsthafte Weise behandelt werden, einfach zu ignorieren. Diese Vermutung stellt sich nach einem Besuch in Medina Sidonia ein, der Kleinstadt, die weiß leuchtend in den Hügeln hinter Cádiz thront. Ihr Name besagt, daß sie einmal mit Mann und Maus das Eigentum des gleichnamigen Herzogs war, der uns schon im Zusammenhang mit seiner wenig ruhmreichen Rolle begegnet ist, die er beim Versuch von König Felipe II. spielte, die Briten mit Gewalt in den Schoß der römischen Kirche zurückzukartätschen.

Zurück zur Literatur führt uns die gegenwärtige Herzogin von Medina Sidonia, die indes nicht im gleichnamigen Ort residiert. Wir treffen sie in dem in seinen Ursprüngen aus dem 10. Jahrhundert stammenden Familienpalais – dem Palacio – in Sanlúcar de Barrameda an der Guadalquivir-Mündung: Eine schon ältere Dame, zierlich von Gestalt, doch von resolutem Wesen, die protokollarisch korrekt anzusprechen wäre als *Excelentísima Señora Luisa Isabel Álvarez de Toledo y Maura, Condesa de Niebla, Marquesa de Villafranca y Velez, Duquesa de Medina Sidonia* – somit eine dreifache Grande, der als solcher theoretisch das Recht zukommt, zu Pferd die Kirche oder den Gerichtssaal zu betreten. Doch Kirchen meidet sie gewöhnlich, und Gerichtssäle hat sie vor allem in der Rolle einer Angeklagten kennengelernt – damals, unter Franco, als der Frau, die schlicht Isabel genannt werden will, der Ruf vorauseilte, eine Rote Herzogin zu sein.

Das begann in der 60er Jahren, als das Regime die Austernbänke von Sanlúcar – die Lebensgrundlage der einheimischen Fischer – an einen Konzern verramschen wollte und dann noch ein abstürzendes US-Militärflugzeug seine atomare Bombenfracht einfach beim Ort Palomares ausgeklinkt hatte – und die in Madrid Regierenden die Angelegenheit zuerst zu vertuschen und dann zu verharmlosen trachteten. Die Herzogin gehörte zu jenen, die für Aufklärung sorgten und Demonstrationen organisierten. Sie wurde angeklagt, verurteilt, doch die Strafe setzte man da noch zur Bewährung aus. Als dann allerdings ihr erster Roman *La Huelga* (Der Streik) in einem Exilverlag in Paris erschien, wurde die Herzogin zur Strafgefangenen. Von den ihr zugedachten vier Jahren mußte die streitbare Aristokratin freilich nur acht Monate absitzen – das war für das Regime eindeutig besser so, denn sie hatte gleich damit begonnen, im Knast ihre Mithäftlinge zu organisieren. Auf das Gefängnis folgte das Exil. In Paris schrieb die Herzogin *My Prison* – eine Dokumentation über die mittelalterlichen Zustände in den spanischen Frauengefängnissen, sowie zwei weitere Romane: *La Base* (Der Stützpunkt) und *La Cacería* (Die Jagd), in denen unter anderem der Zusammenhang zwischen der US-Militärpräsenz in Francos Spanien und der Unterdrückung der demokratischen Opposition thematisiert wurde. Doch das literarische Werk der Herzogin wurde in Spanien ignoriert und existiert faktisch nicht mehr. Die kleinen Auflagen wurden in alle Winde verstreut, eines der wenigen gedruckten Exemplare ist allenfalls mit akribischem Spürsinn ausfindig zu machen.

An eine Rückkehr der Autorin nach Spanien, die in Paris zudem für die *Libération* – damals das publizistische Flaggschiff der westeuropäischen Linken – arbeitete, war erst nach dem Tod des Diktators zu denken. Hier hat die Herzogin schließlich eine Geschichte des 17. Jahrhunderts geschrieben – *El presente infinito*: gestützt auf phantastisches Quellenmaterial, nämlich das etwa sechs Millionen Dokumente umfassende Familienarchiv der Medina Sidonia – wahrscheinlich die größte einschlägige Privatsammlung Europas. Diesen Schatz zu sichten, zu ordnen, auszuwerten und für die Nachwelt zu erhalten, ist nun die Lebensaufgabe der kämpferischen Frau, die täglich gut zwölf Stunden über ihre Folianten gebeugt zubringt. So nebenbei glaubt sie dabei herausgefunden zu haben, daß Kolumbus keineswegs der erste Europäer gewesen sein kann, der in die Neue Welt gelangte – andere seien längst vor ihm in Amerika an Land gegangen. Doch alle Hinweise auf eine frühere Entdeckung dieses Kontinents habe Spaniens König Felipe II. tilgen lassen, um sein Monopol auf die Ausbeutung dieser Länder zu wahren, das auf dem Unternehmen von Kolumbus beruhte.

In Spanien findet die Herzogin von Medina Sidonia mit dieser These noch immer kein Gehör – zu viel schöner Schein würde verblassen, wenn man die Geschichte umschreiben müßte. Also ignoriert man nach Möglichkeit auch die Überbringerin solcher Nachrichten – wie ihr gesamtes Werk.

Es ist gut möglich, daß Christoph Kolumbus den Palacio von Sanlúcar wenigstens einmal betreten hat. Der Seemann, der wahrscheinlich aus Genua stammte – doch absolut unumstritten ist so gut wie nichts, was ihn betrifft –, hatte zuerst vergeblich die portugiesischen Herrscher für seinen Plan zu gewinnen versucht, einen Seeweg nach Indien in Richtung Westen zu suchen. Danach war er vom spanischen Hof in dieser Angelegenheit die längste Zeit hingehalten worden. Doch Kolumbus hatte offenbar einen privaten Mäzen gefunden, der die Bereitschaft bekundete, dieses Unternehmen zu finanzieren und auszurüsten: den zweiten Herzog von Medina Sidonia, der neben den Katholischen Königen als der mächtigste Mann, weil reichste Adelige Spaniens galt. Sein Vermögen gründete – wir haben das an anderer Stelle erwähnt – auf dem Thunfischfang in der Straße von Gibraltar. Sein Besitz war somit nicht königliches Lehen wie das des nahezu gesamten kastilischen Adels. Das war die Grundlage für die besondere Macht der Medina Sidonia und für ihre weitreichende Unabhängigkeit von der Krone. Es gibt Theorien, die besagen, die Könige hätten letztendlich vor allem deshalb Kolumbus dann doch noch in ihrem Auftrag auf die Reise geschickt, um einen möglichen Triumph von Medina Sidonia zu verhindern.

Die folgenreiche Expedition wurde am 3. August 1492 somit nicht an der Guadalquivir-Mündung gestartet, sondern am westlichen Rand der Doñana. In Palos, nahe Huelva, stachen die drei Karavellen des Kolumbus in See. Zum literarischen Terrain sollte diese Gegend gleichwohl erst etwa vier Jahrhunderte später werden – dies durch den Zufall, daß 1881 im Nachbarort Moguer ein gewisser Juan Ramón Jiménez geboren wurde – nur wenige Jahre, bevor Spanien mit Kuba seine letzte und bedeutendste überseeische Besitzung verlor. Kolumbus und dessen Zeit waren somit verblichene Geschichte, und der Landstrich des Aufbruchs in die Neue Welt lag wieder in der vergessenen Provinz:

Der schwarze Stier steht auf, rein und schön,
über der kalten, grünen Morgenfrühe, hoch
auf blauem Felsen.
Er brüllt von Süden nach Norden, stößt
den tiefen Zenit,
schwarzblau und noch bestirnt
von großen Sternen,
mit seinem gigantischen Nacken.
Die unendliche Einsamkeit gerinnt,
das endlose Schweigen verstummt ...! -
Der Stier – bewegter Stein – steigt
in dichtbelaubte Schlucht.
Nichts bleibt als er,
der schwarz davongeht,
und es kommt, weiß und zartrot, das Licht.

Verse wie diese – unbefrachtet von allem dekorativen Tand, der die spanische Poesie der vorangegangenen Epochen geprägt hatte – schrieb der Sohn eines Kellereibesitzers, der seine Weine und Weinbrände mit eigenen Schiffen expedierte, sowie nebenher als örtlicher Agent des staatlichen Tabakmonopols das Familienvermögen mehrte. Wie eine Generation später auf der anderen Seite der Doñana der Weinhändlersohn Rafael Alberti – der wiederum den Älteren als großes Vorbild betrachtete –, verstand sich auch Jiménez ursprünglich eher als Maler, obwohl er schon als Fünfzehnjähriger erste Gedichte in andalusischen Zeitungen veröffentlichen konnte. Das vom Vater verordnete Jura-Studium brach Jiménez gerade 18-jährig ab und folgte dem Ruf einer sich eben formierenden neuen Dichter-Generation nach Madrid, »um dort für den Modernismo zu kämpfen.«

Dieses erste Madrider Intermezzo dauerte ganze zwei Monate. Zu chronischen Herzbeschwerden gesellten sich Depressionen. Der Gefährdete wurde zu stationärer Behandlung in ein Sanatorium bei Bordeaux geschickt, wo Jiménez psychiatrische Betreuung erfuhr – vor allem aber in der Privatbibliothek des Chefarztes die Werke von Baudelaire, Verlaine, Laforgue und Mallarmé kennenlernte. Sie erweiterten entscheidend den Horizont des jungen Dichters, der für sich selbst schließlich herausfordernd die Bezeichnung wählte: *Der universale Andalusier*. Das war nicht anmaßendes Maulheldentum, sondern wohldurchdacht: »Die Poesie ist ein Versuch, sich dem Absoluten zu nähern, mit Hilfe von Symbolen. Das Universale ist das Eigene: das Eigene eines jeden, zum Absoluten erhoben.«

Seinen größten Erfolg – dem der Dichter selbst am meisten mißtraute – errang er freilich mit einem 1914 erstmals veröffentlichten Werk, das rasch weltweite Verbreitung finden sollte – vielleicht, weil es für ein Kinderbuch gehalten wurde: *Platero und ich* lautet der Titel der Sammlung von 138 Prosagedichten, geschrieben aus der Perspektive eines Kindes, das mit seinem Esel die Umgebung seines Heimatortes erkundet:

»Die Bergspitze. Schau, der Sonnenuntergang, purpurgetränkt, verletzt von den eigenen Kristallzacken, die ihn bluten machen, überall. Vor soviel Prunk ergrimmt der grüne Pinienwald, von aufsteigender Zornröte überwallt; und die Gräser, die Blumen, glutdurchschimmert, erfüllten die Ruhe des Augenblicks mit einer feuchten, allesdurchdringenden, leuchtenden Duftessenz.

Starr vor Entzücken, verharre ich in der Dämmerung. Platero, ein versinkendes Scharlachschimmern in seinen schwarzen Augen, nähert sich sacht einer Lache karminrot, rosa und violett schillernden Wassers; sanft senkt er sein Maul in den Spiegel, der sich zu verflüssigen scheint, kaum daß er berührt wird; und durch die mächtige Tierkehle geht ein Strudelgurgeln wie von gewaltigen Schattenwassermassen voller Blut…«

Nachdem er 1956 mit dem Nobelpreis ausgezeichnet worden war – und mit ihm die gesamte moderne, im eigenen Land ausgegrenzte, in die Emigration verbannte spanische Literatur – schrieb Jiménez kurz vor seinem Tod 1958 im Exil in Puerto Rico in einem kleinen Prolog für eine Neuausgabe von *Platero y yo*: »Ich habe nie etwas für Kinder geschrieben und werde es niemals tun; denn ich glaube, daß das Kind die Bücher lesen kann, die der Erwachsene liest – mit gewissen Ausnahmen, die sich jeder denken kann.«

Alles andere als ein Kinderbuchautor im herkömmlichen Sinne war der Dichter, der vor allem in den Zwanzigerjahren – binnen zwölf Jahren veröffentlichte er fünfzehn Gedichtbände mit über 1500 Seiten Lyrik – als Maßstab für die moderne spanische Poesie schlechthin galt, allein schon von seinem äußeren Erscheinungsbild her. Luis Cernuda, ebenfalls Andalusier in Madrid, sowie einer der Lyriker der nachfolgenden Generation von 1927, notierte über seine 1925 erfolgte erste Begegnung mit dem älteren Kollegen:

»Der Dichter war ganz in Schwarz gekleidet, wodurch das krankhafte Weiß seines Adlergesichts unterstrichen wurde, aus dem das Schwarz des Bartes und der Augen heftig hervorsprang, das Schwarz von Augen, in denen ein harter starrer Blick war, den ich bis dahin nur bei manchem Vogel, aber nie bei einem menschlichen Wesen gesehen hatte. Die Stimme beruhigte mich ein wenig, wie sie zu strömen begann, in einer Wechselfolge von dunklen Kontrabaßtönen und süß-zarten Flötenklängen, die nie miteinander verschmolzen.«

Als einen »andalusischen Araber mit wildem schwarzen Bart« beschrieb später im argentinischen Exil auch Rafael Alberti aus der Erinnerung seinen verehrten Maestro Jiménez und würdigte dessen »echt andalusischen Witz und die ebenso typisch andalusische Boshaftigkeit«, wenn »er sich über jemanden lustig machte und ihn karikierte.« Mitunter karikierte Jiménez – sich selbst eingeschlossen – gleich ganz Andalusien und die da vorherrschenden Dialekt-Eigenheiten, indem er Briefe mit den Initialen K.Q.X. unterzeichnete – wie Kuan Qamon Ximenez. Doch so genau wußte bei diesem Poeten offenbar niemand, wann er sich einen bewußten Scherz erlaubte und wann seine eher unbewußte Skurrilität zum Ausdruck kam. Einen solchen Grenzfall hat Rafael Alberti überliefert:

»Wie so viele andere brachte diesen Dichter die unwillkommene Unterbrechung seiner Sammlung zur Verzweiflung, die Störung der Stille, die für eine gute, freudige Arbeit unerläßlich ist, aber solche Belästigungen sind nur allzu häufig, wenn man in einer großen Stadt lebt. In den Stunden tiefer, schöpferischer

Ekstase störten Juan Ramón sogar die Besuche seiner Frau. Sie berichtete mir, daß bei mehr als einer Gelegenheit die erstaunten Augen ihrer Freundinnen in der Tür am hinteren Ende des Salons einen Wandschirm auftauchen sahen, der sich – eine seltsame, moderne Versuchung des Hieronymus Bosch – wie durch Teufelskünste von selbst bewegte. Hinter ihm, und ihn tragend, versteckte sich, in seinen Bart gehüllt, der Dichter, der aus irgendeinem Grunde einen anderen Teil der Wohnung aufsuchen und nicht gesehen werden wollte.

In dieser erstrebten Einsamkeit mitten in Madrid schrieb, verbesserte und verstreute er in alle Richtungen DAS WERK, wie er selbst es, in Großbuchstaben, nannte.«

Zu diesem Werk zählten poetische Einsichten wie diese:

Ich bin nicht ich.
Bin der da, welcher neben
mir hergeht, ohne daß ich ihn gewahre,
den ich manchmal entdecke
und manchmal ganz vergesse.

Octavio Paz, der mexikanische Lyriker und Essayist, brachte das Schaffen von Jiménez auf die Formel: »Er war kein symbolistischer Dichter: Er ist der Symbolismus in spanischer Sprache.«

Der Dichter, der die selbstgewählte Einsamkeit suchte, wollte freilich alles andere, als sich über seine Zeitgenossen erheben. »Die große Poesie – ist sie nicht, wird sie nicht immer sein, die das Populäre mit dem ›Aristokratischen‹ verschmilzt zu einer Summa aus Natur und Bewußtsein?«, formulierte Jiménez in Form einer rhetorischen Frage sein ästhetisches Konzept, das zugleich sein politisches Programm war: die Erneuerung der Gesellschaft, der gesamten Kultur durch eine aus innerer Freiheit des Einzelnen erwachsende Einheit von befreiter Tradition und neuem Geist. Wie faktisch alle bedeutenden spanischen Künstler seiner Zeit war Jiménez somit ein Mann der Linken – ein Republikaner zumindest, der wie nahezu die gesamte intellektuelle Elite des Landes ins Exil flüchten mußte, nachdem die Republik vom faschistischen Pöbel umgebracht worden war. Da seine Frau teils aus den USA stammte, emigrierte der Dichter vorerst dorthin, um sich schließlich 1951 in der spanischsprachigen US-Kolonie Puerto Rico niederzulassen. Er war in jeder Hinsicht ins Abseits geraten. »Für eine unermeßliche Minderheit« hatte Jiménez lange zuvor schon seiner Dichtung vorangestellt und dann in seinen Aphorismen über *Ästhetik und ästhetische Ethik* ausgeführt, daß sich die Dekadenz eines Künstlers in der trägen Vorstellung von einer »Kunst für alle« ankündige. Dem Emigranten blieb nur noch, sich mit wenigen aufrechten Intellektuellen auszutauschen – und die Erinnerung an das Andalusien, das der Quell seiner Poesie war:

Traurig lächelnde Felder.
Der Abend rieselt.
Mild zieht ein Heuduft
Über gemähte Wiesen.

Die Pinien schlafen.
Zartes Lila
dämmert über dem Hügel.
Eine Nachtigall trillert.

Auf meiner Straße such' ich
nach einem alten Liede,
an dem der Duft der Zeiten
hängengeblieben,

einem Lied vom Leide
und toter Liebe,
die eines Septembers blühte
wie heuer das Heu auf den Wiesen.

Juan Ramón Jiménez war es zwar noch vergönnt, durch den Nobelpreis aus der Vergessenheit emporgehoben zu werden – doch die Heimkehr in ein freies Andalusien durfte er nicht mehr erleben. Dort hat er nun seinen Platz im imaginären Pantheon der Dichter, die nahezu allesamt mehr Sänger sind denn Erzähler. Und wo man wieder bewußt anzuknüpfen begonnen hat an das maurische Erbe, das nicht unerheblich zur Begründung dieser Tradition beigetragen hat.

Vielleicht ist in Andalusien die Realität ja tatsächlich zu phantastisch, um gestaltet aufgeschrieben zu werden für Menschen, die immer noch bei weitem nicht alle lesen können, wohl aber die wahren Geschichten kennen, die sich bei ihnen zugetragen haben. Dieser Gedanke stellt sich ein, als wir durch Vejer de la Frontera streifen – das vielleicht authentischste der Weißen Dörfer Andalusiens: Wenige Kilometer hinter der Atlantikküste wie ein Adlernest auf ein Felsplateau hingesetzt. Auf strahlend weißen Fassaden zeichnen sich scharf umrissen die Schatten von Simsen und Fenstergittern ab. Deren geschmiedete Arabesken treten in der Projektion wie unter dem Vergrößerungsglas hervor. Ein ums andere Mal erscheint dieses Bild an den Wänden entlang der engen, gewundenen, bergauf und bergab, kreuz und quer wuchernden Gassen. Wo die hölzernen Läden offen stehen, fällt der Blick durch Fenster in karg möblierte, großzügig mit Teppichen dekorierte Räume. Am Ende von Eingangsfluren sind in den schattigen Innenhöfen bunte Blumentöpfe zu sehen. Sie hängen an den Wänden, stehen auf Treppen und Zisternen. In allen Farben des Regenbogens wuchert es üppig aus ihnen hervor, klettert an Säulen und Mauern hoch. Der Geruch von Jasmin und Lavendel vermischt sich mit würzigen Düften.

Da betreten Frauengestalten die Szene. Zwei zuerst, dahinter drei weitere huschen mit trippelnden Schritten aus einer Quergasse und verschwinden in der nächsten: Vom Scheitel bis zur Sohle verschleiert mit schwarzem Tuch, in dem einzig ein Guckloch in Augenhöhe ausgespart ist.

Herrschen hier neuerdings die Taliban?

Der einheimische Begleiter lacht: »Die *chicas* sind unterwegs zu einem Kostümfest. Doch ihre Gewänder sind bis vor wenigen Jahrzehnten aus Gewohnheit und Tradition in Vejer von vielen Frauen im Alltag getragen worden, bis das vom Franco-Regime verboten wurde.«

Cobijadas werden die Ganzkörper-Schleier genannt, aus denen nur ein Auge hervorlugt. Eine Mode, die zur Mauren-Zeit im Kalifat von Granada kreiert wurde und die sich sogar am kastilischen Hof einnistete. Sie wurde 1586 von Felipe II. und wegen der Folgenlosigkeit des Verbots 1610 nochmals von Felipe III. untersagt, weil immer wieder als verschleierte Frau verkleidete Männer mit verschwörerischen oder gar unsittlichen Ambitionen um die Wege waren. Vejer indes blieb stets fern vom spanischen Thron und nahe den Moros, die sich über die tief unter der Siedlung beginnende Meerenge nach Marokko zurückgezogen hatten.

Dort freilich, in den ersten Anhöhen des Riff-Gebirges, erscheint dem Reisenden Vejer noch einmal wie eine Fata Morgana, wenn er sich Xauen – nach anderer Form der Übertragung der arabischen Schriftzeichen auch Chefchauen – nähert. Gegründet wurde diese Zwillingsstadt von Sidi Ali Ben Rasid, einem nordafrikanischen Edelmann, der im Kriegsdienst nach Granada gelangt war und 1487 Catalina Fernández aus Vejer heiratete. Damit sie rasch bei ihm heimisch werde, ließ er ihren Heimatort dort einfach noch einmal errichten.

Das sind die Geschichten, die in diesen Breiten das Leben schreibt – eine literarische Landschaft somit, die auf die Imaginationskraft der Dichter eigentlich nicht angewiesen ist.

Kapitel 7

»Um etwas zu fühlen im Leben« – Die Dichter und der Stierkampf

Wo der Lokalpatriotismus ungeahnte Höhen erreicht, dort wird auch lokales Konkurrenzdenken unüberbietbar. Ein Beispiel dafür liefert Sevilla, die andalusische Hauptstadt, die in sich auf eine für den Fremden kaum nachvollziehbare Weise gespalten ist. Die Grenze bildet der Guadalquivir. Wenn die Leute, die südlich des Flusses im Stadtteil Triana aufgewachsen sind, eine der Brücken in Richtung Norden überqueren, so gehen sie aus ihrer Sicht »nach Sevilla« – ganz so, als sei ihr Quartier eine eigene Republik, die mit der Siedlung jenseits des Wassers eigentlich nichts zu tun habe. Der Antagonismus wird stetig im Fußball ausgelebt: Für Triana steht Real Betis, für die andere Seite der FC Sevilla. Und die Gegensätze reichen bis hinter die Kirchentüren: Nördlich des Guadalquivir ist man felsenfest überzeugt, die Macarena, die glitzernde Glastränen weint, sowie angetan ist mit der seidenen Unterwäsche und dem wertvollen Schmuck der Herzogin von Alba, sei die betörendste Madonnen-Statue des Universums. Gleiches denkt man in Triana hingegen von der Virgen de la Esperanza, die in der örtlichen Kirche von Santa Ana domiziliert.

Da es indes manchen Einwohner von Sevilla im Laufe seines Lebens vom Norden in den Süden – oder umgekehrt – verschlägt und er dann seine lokalpatriotischen Überzeugungen in den jeweils anderen Teil der Stadt mitnimmt, kommt es gelegentlich zu Irritationen, die Stoff für noch nach Jahrzehnten immer wieder erzählte Anekdoten liefert.

Eine solche rankt sich um Juan Belmonte, der als Sohn eines ambulanten Händlers im überwiegend von ärmeren Leuten bewohnten Triana aufwuchs und schon zu Lebzeiten ein legendärer Matador war. Als er 1914 nach einer triumphal verlaufenen Tournee durch Lateinamerika zurückkehrte, war nahezu ganz Triana auf den Beinen, um ihn am Bahnhof von Sevilla abzuholen und auf Schultern über die Guadalquivir-Brücke zur Kirche Santa Ana zu tragen. Dort wollten ein paar besonders Überschwengliche den Torero auf die Sänfte setzen, mit welcher die Esperanza bei den Karwochen-Prozessionen durch die Straßen getragen wird. Das aber unterband der aus dem anderen Teil der Stadt stammende Pfarrer mit dem Ausruf: »Welche Barbarei! Wenn es wenigstens für Joselito wäre!«

José Gómez Ortega, allseits Joselito genannt, war der andere überragende Matador dieser Epoche – und wie Belmonte für Triana, stand er für Sevilla. In der Bar Arenal nächst der Real Maestranza – der monumentalen Stierkampfarena der Stadt –, wo sich die hervorragendsten Stierkampf-Enthusiasten – die wahren *aficionados* – zum Meinungsaustausch zu treffen pflegen, wird noch heute darüber gestritten, ob Joselito oder Belmonte der großartigere Torero war. Tatsache ist, daß die beiden Männer einander in fester Freundschaft verbunden waren, gemeinsam im Zug quer durch Spanien von Corrida zu Corrida hetzten – und dabei wohlabgesprochen die Gagen für beide in bis dahin ungeahnte Höhen trieben –, sich aber in der Arena ein beständiges mörderisches Duell um den Rang des »Genius unter den Genialen« lieferten. Ein Zweikampf, den Belmonte für sich entschied, indem er ihn überlebte. Joselito wurde am 16. Mai 1920 von einem Stierhorn tödlich getroffen. Was dies bedeutete, berichtet Rafael Alberti in seinen Erinnerungen:

»An jenem Nachmittag hätte man die absurdeste Neuigkeit eher für wahrscheinlich gehalten als diese, die nun schon auf den Straßen nicht nur Madrids, sondern ganz Spaniens verbreitet wurde.

›Tod Joselitos in der Stierarena von Talavera de la Reina!‹

Ich kaufte eine Zeitung, ich glaube, zum erstenmal in meinem Leben. Es war kein Zweifel möglich. Da stand es auf dem Papier. Ein Stier namens Bailador, der fünfte in diesem Kampf, hatte ihm ein Horn in den Unterleib gestoßen. Joselitos Schwager, Ignacio Sánchez Mejías, der mit ihm in der Arena stand, mußte das Tier töten.

Juan Belmonte (1892–1962) in der Real Maestranza de Sevilla

›Ein Stier tötet José! Wenn es Belmonte gewesen wäre! Aber José!‹

Nie hatte ihm ein Stier auch nur die Kleidung aufgeschlitzt. Seine Gegner behaupteten, er hypnotisiere die Stiere oder mache sie mit einem in Chloroform getauchten Taschentuch kampfunfähig; er könnte sonst nicht mit einer solchen Sicherheit und spielerischen Anmut kämpfen, mit dieser in der Geschichte des Stierkampfs einzigartigen Todesverachtung. Joselito war fünfundzwanzig Jahre alt. Er starb jung und schön wie ein Gott. Als man seinen vom Stierhorn zerfetzten Leichnam nach Madrid brachte, folgte ihm eine riesige schweigende Menschenmenge, Tränen und Entsetzen in den Augen, zum Südbahnhof, von wo aus ihn ein Sonderzug nach Sevilla brachte, damit ihn dort die Giralda beweinte, seine Lehrmeisterin in der Kunst der Anmut und leuchtenden Freude.

Dieses plötzliche Hinscheiden des jungen andalusischen Stierkämpfers hinterließ in mir eine Spur, eine verschüttete Spur, die mich nach Jahren wieder anzog und dazu trieb, in einigen Versen das ganze Leid, das tragische Wetterleuchten zu verdichten, das ich damals, in den drückenden Tagen seines glorreichen Todes nicht hatte aussprechen können.«

Die Dichter und die Toreros – in Spanien herrschte zwischen diesen beiden Gruppen stets ein Verhältnis wie zwischen Künstlern unterschiedlicher Disziplinen. Diese Gleichrangigkeit wurde bisweilen auch auf barbarische Weise zum Ausdruck gebracht.

José Gómez Ortega (1895– 1920) alias Joselito (links) und Juan Belmonte

Als die Faschisten in einer Geheimaktion Federico García Lorca ermordeten, erschossen sie mit ihm zusammen zwei in Granada populäre Toreros.

Doch warum ziehen diese beiden Pole einander an? Als Künstler verstehen sich in Spanien beide – und sie werden beide als solche gesehen. Doch die Toreros, deren Werke nur in dem Augenblick existieren, in dem sie geschaffen werden, stammen überwiegend aus den unteren Schichten der Gesellschaft, in der sie durch Mut und Tatkraft aufsteigen, im günstigen Fall sogar zu Reichtum gelangen. Etliche von ihnen machen auf dem Weg nach oben die Erfahrung, daß man sich auf dieser Welt beinahe alles kaufen kann. Aber nicht Kultur. Desgleichen nicht die Anerkennung seitens der Heroen der Kultur. Das ist gewiß ein erhebliches Motiv für viele Toreros, die Nähe der Dichter zu suchen. Diese wiederum bewundern häufig Männer, die das Realität werden lassen, was sie selbst in der Regel nur in ihrer Imagination ausleben: eben Mut und Tatkraft. Weshalb sie ihrerseits sich wiederum zu den Toreros hingezogen fühlen. Für Intellektuelle aus anderen Kulturkreisen kommt die Verlockung hinzu, zumindest als Beobachter teilzuhaben an den ihnen fremden archaischen Ritualen des Stierkampfs. Folglich haben sich viele der ausländischen Schriftsteller, die einige Zeit in Spanien verbrachten, für den Stierkampf zu interessieren begonnen. Allerdings vermochten nur wenige von ihnen über dieses Thema etwas zu schreiben, das zum Besten ihres Werkes gerechnet werden kann. Warum das so ist, werden wir am Beispiel der großen Ausnahme erkennen können – Ernest Hemingway, von dem hier noch viel die Rede sein wird.

»Das Interessante ist, sich umzubringen – einfach sterben, das tut jeder.«

Unter den spanischen Dichtern waren es in erster Linie die Andalusier, die den Stierkampf in ihre Themenpalette aufgenommen haben. Klar, ist der Stierkampf doch eine weitaus mehr andalusische denn eigentlich spanische Angelegenheit. Jedenfalls ist in Andalusien die Überzeugung weit verbreitet, wonach noch nie nördlich der Sierra Morena – die dieses Land von Kastilien trennt – ein wirklich erstklassiger Stier oder ein überragender Torero geboren worden sei. Und Ausländer, die der Sache so gründlich nachgegangen sind wie Ernest Hemingway, stimmen dieser Einschätzung zu:

»Die meisten großen Stierkämpfer kommen aus Andalusien, wo die besten Stiere gezüchtet werden und wo das warme Klima und ihr maurisches Blut den Männern eine Anmut und Indolenz verleihen, die Kastilien fremd sind, obgleich sie, mit ihrem maurischen Blut vermischt, auch das Blut der Männer aus Kastilien haben, die die Mauren vertrieben und jenes schöne Land in Besitz nahmen.«

Nie zuvor freilich und wohl auch nachher nicht mehr haben zwei Stierkämpfer die Anteilnahme der schreibenden Zunft derart geweckt wie Joselito und Belmonte. Von den Intellektuellen wurde zumeist eher der ziemlich kleingewachsene Belmonte umschwärmt, der, das markante Kinn vorgestreckt, sein kantiges Gesicht – wie Hemingway das nannte – zu einem Wolfslächeln verzog, wenn aus dem Publikum Schmähungen gegen ihn gerufen wurden. Was jedem Matador immer wieder einmal widerfährt. War dieser Torero doch nicht nur in der Arena von eindrucksvollerem Charakter als nahezu alle seine Kollegen. Von Belmonte erzählt man, er habe gelegentlich im Wirtshaus teils gebieterisch, teils selbstironisch ausgerufen: »Mehr Schinken – ich bin schließlich ein Phänomen!« Doch ebenso ist überliefert, wie Ramón del Valle-Inclán, ein spanischer Dichterfürst der ersten Jahrzehnte des 20. Jahrhunderts, nach einem glorreichen Auftritt Belmontes diesem mit den Worten huldigte: »Juanito, es fehlt nur noch, daß du auf der Plaza stirbst!«

Worauf der Torero mit allen Anzeichen respektvoller Ehrerbietung antwortete: »Don Ramón, ich tue, was ich kann…«

Tatsächlich schied Belmonte 1962 wenige Tage vor seinem 70. Geburtstag als vermögender und allseits geachteter Mann von eigener Hand aus dem Leben – und hinterließ dafür die Begründung, nun könne er »nichts mehr mit Stieren, Pferden und Frauen anfangen«. In dieser Reihenfolge. Schon in jungen Jahren hatte er verlauten lassen: »Das Interessante ist, sich umzubringen – einfach sterben, das tut jeder.«

Kurzum, eine Figur – wie geschaffen für die Literatur. Es gibt tatsächlich unzählige Bücher über ihn – doch nur eines, an dessen Zustandekommen er selbst mitgewirkt hat: Die vom Sevillaner Autor Manuel Chaves Nogales 1935 erstmals veröffentlichte romanhafte Biographie *Juan Belmonte – Matador de Toros* gilt zumindest in Andalusien als Klassiker, der übersetzt ebenso im englischen Sprachraum viele Leser fand. V. S. Pritchett nannte die Belmonte-Biographie in *The Spanish Temper* »ein ausgezeichnetes Buch«, das »wahrscheinlich einen bleibenden Platz in der spanischen Literatur haben wird.« Eine deutsche Ausgabe kam nie zustande.

In dem Werk wird – mit vielen interessanten Reflexionen gewürzt – der exemplarische Weg eines andalusischen Unterschichtkindes zum Millionär auf literarisch ambitionierte Weise geschildert. Der Hunger hat spitzere Hörner als der Stier, pflegt man in Spaniens Süden zu sagen – also gibt es hier unzählige Halbwüchsige, die von einer Karriere in der Arena träumen, sowie sich auf eine solche vorzubereiten trachten, indem sie nachts auf die Stierweiden schleichen, ein Tier von der Herde absondern und dann im Mondschein versuchen, ein wenig Torero-Erfahrung zu sammeln. Was indes als eine der übelsten Straftaten gilt, die man in diesen Breiten begehen kann. Ein Stier nämlich, der auf diese Weise schon einmal erlebt hat, was einzig auf der Plaza mit ihm geschehen soll, wird nicht mehr das rote Tuch suchen, sondern den Mann dahinter. »El sabe latin« – er versteht Latein –

raunen dann auf den Rängen die sachkundigen Zuschauer, wenn ein solcher *toro toreado* auf die Manöver des Toreros nicht eingeht, sondern von sich aus die Form der Auseinandersetzung zu bestimmen trachtet. Besagt doch die Erfahrung: Ein Stier lernt in fünfzehn Minuten mehr als ein Mensch in einem ganzen Leben. Daher gilt es als Ehrensache für angehende Toreros, die natürlich trotzdem das nächtliche Abenteuer – den Kampf mit dem Stier auf der Weide – suchen, diesem danach das Schwanzende zu kappen – ein Signal an den Züchter, daß er diesen Stier nicht mehr in die Arena schicken darf.

Auch Juan Belmonte hat auf diese Weise begonnen – und er pirschte sich sogar am hellen Tag, wenn die Wächter der Zucht-Güter unterwegs waren, zu den Weiden im Süden von Sevilla. Weil er auf dem Weg dorthin einen Fluß durchschwimmen mußte, kämpfte er dann nackt gegen den von der Herde weggelockten Stier. »Dieser Stierkampf auf dem freien Feld, das als Barrera den Horizont hatte, mit dem nackten Kämpfer, der seine goldene Haut der haarigen Bestie entgegensetzte, ist etwas anderes und meiner Meinung nach Großartigeres als der Kampf im Schutze der Plaza mit dem Lichtgewand am Leib und dem bunten Horizont einer sonntäglich aufgeputzten Menge«, diktierte er Jahrzehnte später seinem Biographen.

Für Belmonte war Stierkampf »eine spirituelle Übung. Er findet vor allem im Kopf statt. Er ist eine wirkliche Kunst.« Der Geist des Menschen stehe gegen die Kraft, den Instinkt der Natur, lesen wir da. Die ewige Dualität des Seins stecke in diesem archaischen Schauspiel – dem letzten, das sich aus den Nebeln der Historie in die nüchterne Gegenwart überliefert habe: Geist und Körper, Idee und Kraft, Triumph und Tod...

Was indes Belmonte auf der Plaza tatsächlich empfand, erfuhr die Öffentlichkeit erst aus dem Nachlaß der 1980 verstorbenen Schriftstellerin Josefina Carabias, der er etwa ein halbes Jahrhundert zuvor anvertraut hatte: »Die Stiere bereiten mir eine furchtbare Angst – schrecklich! Wenn das Publikum wüßte, was in mir vorgeht, während ich in die Arena trete und den Degen nehme, um den Stier zu töten, dann würden die Leute die Plaza verlassen – aus Mitleid... Nahezu alle Toreros haben Angst vor dem Stier, aber keiner so viel wie ich.«

Juan Belmonte hatte den Stierkampf revolutioniert – durch seine Technik ebenso wie durch seinen Mut. Beides kam dadurch zum Ausdruck, daß er so nahe am Stier agierte – auf dem Territorium des Stiers, wie man das in der Welt des Stierkampfes nennt – wie vor ihm kein anderer. In einem Gespräch mit Josefina Carabias lieferte er dafür eine verblüffende Erklärung: »Je näher man am Stier ist, desto weniger sieht man von ihm. Und das ist es, was ich will – eigentlich will ich ihn gar nicht sehen. Deshalb gehe ich so nahe dran.«

Der Matador als Objekt der Huldigung

Es ist kein Zufall, daß diese Beichte über die Angst des Toreros vor dem Stier erst nach dem Ableben beider Personen veröffentlicht wurde, die diese Gespräche geführt hatten. Zwar gibt es auch in Spanien eine Reihe von Zeitschriften für den grenzdebilen Sektor des Publikums, die mit allen wahren oder erfundenen Details über jegliche Amouren der prominenten Stierkämpfer berichten. Aber tatsächlich intime Dinge erfahren in der Regel nur solche Autoren, die enge Freunde eines Toreros sind. Und es gälte als Schande, etwas auszuplaudern, was nicht dem Bild entspricht, das sich die Öffentlichkeit von einem Stierkämpfer machen soll. Folglich existiert in Spanien eine Fülle von Stierkampf-Literatur – jede Buchhandlung, die als wohlsortiert gelten will, unterhält eine eigene Abteilung *Tauromaquia*. Doch dort sind neben dickleibigen Werken über die Geschichte des Stierkampfs unter besonderer Berücksichtung aller nur denkbarer Aspekte vor allem mit tiefer Ehrfurcht verfaßte Huldigungsbände über die hervorragenden – und mitunter ebenso über weniger bedeutende – Toreros aus Geschichte und Gegenwart zu finden. Sowie natürlich allerlei in schmalen Bändchen versammelte lyrische Ergüsse über bestimmte Matadores oder aus der Sicht des jeweiligen Poeten unvergeßliche Corridas. Nur wenige der bekannten Namen aus dem Kreis der spanischen Lyriker, zumal des 20. Jahrhunderts, fehlen in der unendlichen Liste der Schöpfer von Stierkampf-Poesie, die teils als Pasodobles vertont wurde. Rafael Alberti wiederum, bekanntlich zugleich ebenso bildender Künstler, gestaltete einige seiner einschlägigen Gedichte als kalligraphische Kunstwerke. Als der Lokalmatador dieses Genres gilt zumal in Andalusien Antonio Machados etwas weniger berühmter Bruder Manuel vor allem dank seines Gedichtes über die *Fiesta nacional*:

In den Flügeln des Umhangs,
mit dem Stier, der kommt und geht,
spielt er, auf andalusische Weise,
eine klassische Figur
verwunden mit dem Tod
und gebadet in Licht …
… und findet auf dem Weg
nichts …, die Verzierung eines Umhangs, nur
eine schlanke Figur, die sich entzieht
und mit ihrer Reizbarkeit spielt

Auch die erstrangigen Dramatiker des Landes – von Lope de Vega bis Tirso de Molina, von Calderón de la Barca bis Federico García Lorca – ließen in ihren Stücken mehrfach einen Torero auftreten oder aber diesem durch die Protagonisten huldigen, ohne allerdings jemals einen Matador zur zentralen Figur eines Stückes zu erheben. Kritische Einlassungen hingegen überläßt man – theoretisch – den Stierkampf-Kritikern: ein Beruf, der in Spanien etwa den Stellenwert besitzt wie im deutschen Sprachraum jener eines Theater-Kritikers. Doch die schon vor Beginn der Corrida erkauften Lobeshymnen sind Legion: Den als einflußreich geltenden Kritikern werden gewöhnlich von einem Vertrauensmann des zur Beurteilung anstehenden Toreros ein paar Geldscheine in einem Briefumschlag diskret zugesteckt. »Die Presse vorbereiten« lautet der dafür branchenübliche Ausdruck.

Das hat sich allerdings ein wenig geändert, seit viele Stierkämpfe im Fernsehen übertragen werden und sich somit nicht nur das gerade auf der Plaza anwesende Publikum eine eigene Meinung bilden kann. Zwar hat gleichwohl die Tradition einer unsäglich schwülstigen Rezensenten-Poesie vielerorts überlebt. Aber mit der Rückkehr des Landes zur Demokratie ist vereinzelt eine neue Art von kritischer Presse entstanden, die sich in jeder Hinsicht um hohe journalistische Qualität bemüht – bis hin zur Stierkampf-Rubrik oder -Seite, die gewöhnlich zwischen Feuilleton und Sport angesiedelt ist. *El País* ist mit großem Abstand Spaniens anspruchsvollste und zugleich – ein in Deutschland unvorstellbares Phänomen – meistverkaufte Tageszeitung. Und hier wird ebenso die anspruchsvollste Stierkampfkritik aller Blätter des Landes gepflegt. Bis zu seinem Ableben – er starb 66-jährig im April 2002 – garantierte dies allen voran Joaquín Vidal, der nicht bloß unbestechlich Lob und Tadel verteilte, sondern immer

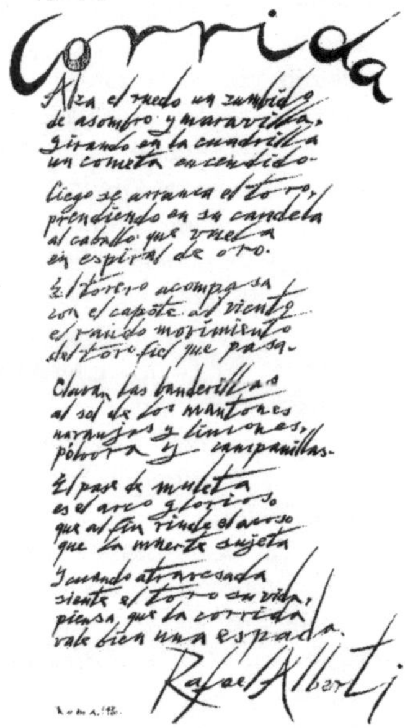
Corrida

Alza el ruedo un zumbido
de asombro y maravilla,
girando en la cuadrilla
un cometa encendido.

Ciego se arranca el toro,
prendiendo en su candela
al caballo que vuela
en espiral de oro.

El torero acompaña
con el capote al viento
el rápido movimiento
del toro fiel que pasa.

Clavan las banderillas
al sol de los mantones
naranjos y limones,
pólvora y campanillas.

El pase de muleta
es el arco glorioso
que al fin rinde el acoso
que la muerte sujeta

Y cuando atravesada
siente el toro su vida,
piensa que la corrida
vale bien una espada.

Rafael Alberti

Corrida, Handschrift eines Gedichts von Rafael Alberti

wieder Rezensionen vorlegte, die durchaus auch literarischen Kriterien gerecht wurden. Zu großer Form lief Vidal zumeist dann auf, wenn es galt, einen im korrupten Stierkampfbetrieb unter seinem wahren Wert gehandelten Matador zu würdigen. So geschehen etwa gelegentlich einer Corrida bei den San Fermines in Pamplona, wo Domingo Valderrama – ein extrem kleingewachsener junger Mann – gegen die größten, urwüchsigsten und gefürchtetsten Stiere anzutreten hatte. Nämlich solche aus der Zucht von Eduardo Miura: »Der erste Stier war, wie man das von einem Miura erwartet: ein Schrecken … Aber es hat nicht irgendwer mit ihm gekämpft, es hat der große Valderrama mit ihm gekämpft: Ein Winzling von Gestalt, aber mit einem riesigen Herzen. Man sagt bei uns: ›Ein Herz, das nicht in seiner Brust Platz hat‹ … Das ist buchstäblich bei Domingo Valderrama der Fall … Er hat nach oben geblickt, doch nicht aus Affektiertheit, sondern aus Notwendigkeit, um dem Miura ins Gesicht blicken zu können … Es ist ein Schauspiel, zu sehen, wie Valderrama tötet. Der Stier sieht überrascht drein, während der kleine Torero zum Riesen wächst, die Brust darbietet, den Arm und vor allem sein Herz … Ein epischer Triumph in einer brutalen Corrida hat

Domingo Valderrama in das Ereignis dieser San Fermines verwandelt.«

Joaquín Vidal war zuletzt nicht nur der Mann mit der geschliffensten Feder unter den Stierkampfkritikern – er war zudem der meistgehaßte seiner Zunft in den Kreisen der platten Geschäftemacher im Stierkampfbetrieb, die mediokre Strohfeuer-Existenzen einem ahnungslosen Publikum mit der Unterstützung halbseidener Massenmedien als Wundertäter aufschwatzen und solcherart für den Niedergang des Stierkampfs insgesamt sorgen. Dagegen erhob Joaquín Vidal als ziemlich einsamer Rufer bei jeder sich bietenden Gelegenheit seine Stimme. So etwa nach einer anderen Corrida mit Valderrama – »diesem großen kleinen Torero« – auf der renommierten Plaza von Bilbao: »Er hat aller Welt eine Lektion in Stierkampf erteilt. Den sogenannten Figuras der Ferias, die sich zahme Schafe vorsetzen lassen. Den Gauklern, die ihr Versagen immer den Stieren anlasten. Und den Empresarios, die ihn nicht seinem Wert entsprechend behandeln, ihm kaum Chancen bieten und ihn nur engagieren, damit er den Miuras vorgeworfen wird wie Christen den Löwen.«

Ein Matador als Dramatiker und dramatische Figur

Natürlich dürfen des weiteren Stierkampf-Enzyklopädien nicht fehlen – ergänzt mit Wörterbüchern, in welchen der eigentümliche Sprachschatz, der über Generationen um die Tauromaquie entstanden ist, geordnet aufbewahrt wird. Das bedeutendste Werk dieser Art umfaßt in seiner Standard-Ausgabe zwölf Bände, die in regelmäßigen Neuauflagen auf den jüngsten Stand der Dinge gebracht werden, und trägt den schlichten Titel *Los Toros*. Bekannt und im Hause jedes *aficionado*, der auf sich hält, an einem Ehrenplatz präsent ist es aber allgemein – so wie *Der Brockhaus* oder *Der Duden* – als *El Cossío*. So benannt nach seinem ursprünglichen Verfasser José María Cossío, einem Zeitgenossen und Freund von Rafael Alberti. Der dank seiner Familie wohlhabende Asturier, der sich nicht zuletzt als Poet verstand, war zum Dichterkreis der Generation von 1927 gestoßen, als diese sich eben mit ihren Aktionen zur Huldigung von Luis de Góngora gewissermaßen konstituierte. Über Cossío wiederum, erinnert sich Al-

Ignacio Sánchez Mejías (1891–1934), Porträt von José Caballero

berti, lernte dieser »einen ungewöhnlichen Mann« kennen: »Ich spreche von Ignacio Sánchez Mejías, der damals nur Stierkämpfer war. (Ich sage ›nur‹, weil er kurz darauf auch als Autor von Bühnenwerken und, von García Lorca beraten, Gründer und Impressario einer spanischen Tanzgruppe wurde...).«

Der künftige Dichter, wir erinnern uns, war jener Matador, der mit Joselito in der Arena stand, als dieser von einem Stier getötet wurde. »Ignacio war ein Torero, der – anders als die meisten – nicht aus dem Volke kam. Er war der Sohn eines bekannten Arztes in Sevilla und hatte sogar einige Jahre lang ein Gymnasium besucht. Aber seine sehr andalusische Liebe zu den Stieren trieb ihn dazu, mit anderen gleichgesinnten Burschen draußen auf den Wiesen und Weiden gegen Stiere zu kämpfen. Damals lernte er auch Joselito kennen, seinen zukünftigen Schwager, der einer der größten Toreros aller Zeiten wurde«, notierte Alberti in seinen Erinnerungen über Sánchez Mejías: »Was für ein außergewöhnlicher, intelligenter Mann dieser Torero war! Er war in seltenem Maß empfänglich für die Dichtung und vor allem für die unsere, die er – unser aller Freund – mit Enthusiasmus liebte und förderte!«

Die Zuneigung des Toreros zu seinen dichtenden Freunden war offenbar so groß, daß er beschloß, Alberti wenigstens für eine Corrida in seine *cuadrilla* aufzunehmen – ihn also als einen seiner Helfer mit in die Arena zu nehmen. Solche – im Stierkampf-Reglement streng verbotenen – Späße kommen immer wieder vor: Das Objekt dieses Scherzes wird wie ein Banderillero eingekleidet, schreitet hinter seinem Matador in die Arena – doch bevor die eigentliche Corrida losgeht, zieht er sich hinter die schützende Barrera zurück und greift naturgemäß nicht in das Geschehen ein. Alberti indes scheint diesen Rückzug auf sicheres Terrain etwas zu spät angetreten zu haben, als er dann 1927 tatsächlich einmal als Torero verkleidet bei einem Kampf in der galicischen Provinz mit der Crew von Sánchez Mejías – es war im übrigen an dem Nachmittag, als dieser zum letzten Mal vor seinem vorläufigen Rücktritt als Matador auftrat – auf die Plaza geriet:

»Mit einem Krampf in der Magengrube machte ich unter den Klängen der Pasodobles und dem Echo der Trompeten meine Runde in der Arena. Und dann ... Ach! Als der erste Stier, gewaltig und dunkel glänzend, hereingestürmt kam und zwischen den Planken und meiner Brust hindurchraste, da begriff ich die astronomische Entfernung zwischen einem Mann, der vor einem Sonett sitzt, und einem, der frei und ungeschützt in der Sonne steht und vor sich dieses Meer hat, diesen blinden Blitzstrahl, der ein eben aus dem Zwinger gelassener Stier ist.«

Wenig später – 1928 – debütierte der Matador als Dramatiker – die Uraufführung seines ersten Stückes *Sinrazón* (Unvernunft) im Madrider Teatro Calderón galt offenbar als gesellschaftliches Ereignis, das sich weder die Zelebritäten des literarischen Lebens noch jene der Stierkampf-Szene entgehen lassen wollten. Natürlich saß Alberti im Premieren-Publikum:

»Heute, dreißig Jahre nach diesem denkwürdigen Abend, erinnere ich mich nicht mehr an seinen Inhalt. Es spielte jedenfalls nicht, wie das Publikum erwartet hatte, im Stierkämpfermilieu, sondern in einem Irrenhaus. Es ging um das Problem Wahnsinn oder Vernunft, und Ignacio löste es tapfer wie an seinen besten Nachmittagen in der Stierarena. Ein seltener Erfolg und überdies der erste Versuch eines Freudschen Theaters in spanischer Sprache ... Am nächsten Tag gestanden sogar die strengsten Kritiker dem Torero Ohren, Schwanz und Hörner des getöteten Stiers zu und begrüßten in ihm das Erscheinen eines neuen Dramatikers.«

Der wurde 1929 sogar in die USA eingeladen, um an der renommierten Columbia University Gastvorlesungen über Stierkampf zu halten. Doch wie viele Toreros – bei manchen geschieht das aus Geldmangel, andere wiederum empfinden ein Leben ohne den stetigen Tod am Nachmittag leer und ohne Sinn – kehrte Ignacio Sánchez Mejías 1934 in die Arena zurück. Seine erneute Torero-Laufbahn sollte nur wenige Tage dauern: Am 11. August wurde er in Manzanares am Rande der Mancha von einem Stierhorn schwer verletzt. Es dauerte viel zu lange, bis er auf einem Operationstisch landete. Zwei Tage später starb er in Madrid und wurde in Sevilla im Mausoleum seines Schwagers Joselito an dessen Seite beigesetzt. Federico García Lorca schrieb auf ihn einen langen Trauergesang mit dem hämmernden Refrain *a las cinco de la tarde* – um fünf Uhr nachmittags:

Es wird lange Zeit dauern, bis wieder geboren wird,
wenn er denn je geboren wird
ein so strahlender Andalusier
derart reich an Wagemut

Die Beobachtungen der Spanien-Reisenden

Außerhalb Spaniens hat die literarische Welt den Dichter Sánchez Mejías indes nie so recht zur Kenntnis genommen – und erst recht nicht jene anderen Toreros oder Stierzüchter, die sich nebenbei oder nach ihrer Karriere auf der Plaza als Lyriker versuchten. Deren gab es immer wieder genug, doch erwähnenswert sind sie allesamt nur der Kuriosität wegen. Als solche wiederum taucht oft auch der Stierkampf selbst in den literarischen Berichten vor allem früher Spanien-Reisender auf. So entschloß sich Theophile Gautier gelegentlich seiner Expedition durch Andalusien im Jahr 1840 – wir erwähnten es schon – zu einem Umweg nach Málaga, um der Eröffnung der dortigen Plaza de Toros beizuwohnen. Aus diesem Anlaß trat an drei aufeinanderfolgenden Nachmittagen Montes de Chiclana auf – damals der populärste Matador – und »Spanien zu verlassen, ohne Montes gesehen zu haben, ist so banausisch und unmöglich, wie Paris besucht zu haben, ohne im Theatre français Mademoiselle Rachel erlebt zu haben«, fand der entdeckungsfreudige französische Dichter. Das

Ereignis selbst beschrieb Gautier dann eher aus der Perspektive eines Anthropologen:

»Den Wert oder Unwert der verschiedenen Stöße in den blutüberströmten Nacken des Tieres wird von so hübschen Mädchen diskutiert, daß man sich wünschte, sie von nichts als Liebe sprechen zu hören. Daraus, daß sie Metzeleien zuschauen, bei denen unseren feinfühligen Pariserinnen übel würde, schlösse man zu Unrecht, sie seien grausam und bar jeder Zartfühligkeit... Aber Gewohnheit ist alles, und die blutige Seite des Stierkampfs, die dem Fremden am meisten auffällt, beschäftigt die Spanier am wenigsten; ihnen geht es um die Qualität der Schritte und Stiche und um die Geschicklichkeit der Toreros...«

Als Gautier wenige Wochen später die – nicht mehr existierende – Plaza de Toros von Cádiz aufsuchte, wähnte er sich bereits ausreichend sachkundig in Sachen Stierkampf, um über einen wenige Jahrzehnte vor ihm hierher gereisten britischen Dichterkollegen spotten zu können: »In dieser Arena sah Lord Byron die Corrida, von der er im ersten Gesang des *Childe Harold* eine poetische Schilderung gibt; seinen Kenntnissen in Tauromachie macht sie allerdings wenig Ehre.«

Das will umgehend überprüft sein. Tatsächlich verarbeitete Byron seine Spanien-Eindrücke in dem 1812 veröffentlichten epischen Gedicht *Harolds Pilgerfahrt* – und einige Stanzen haben den Stierkampf zum Gegenstand, in welchem der Brite einen »unedlen Sport« sah, »der oft die spanische Maid anlockt und den spanischen Liebhaber anspornt«:

Blind, blutend, atemlos, von Wut verwirrt,
Im Mittelpunkt, zur letzten Wehr gehetzt,
Steht nun der Stier, von Lanz' und Pfeil umklirrt,
Umringt von Feinden, die sein Horn zerfetzt.
Der Matador beginnt sein Plänkeln jetzt
Mit blankem Stahl und scharlachnem Gewand:
Der Stier bricht donnernd durch – es ist zuletzt!
Den Mantel wirft die wohlgeübte Hand
Ums Aug' ihm – es ist aus –, hinsinkt er auf den Sand.

Lord Byron war nicht der erste und blieb nicht der letzte nach Spanien gelangte Ausländer, der dem Mißverständnis anheimfiel, Stierkampf sei eine Art Sport – bei dem womöglich der Geist von *fair play* herrschen sollte. Das klingt für einen Spanier etwa so, als hielte man einem Steinbildhauer vor, der Marmorblock könne nicht zurückschlagen. Wenn in Spanien ein Matador vom Publikum *deportista* genannt wird – also Sportler –, dann ist das eine Schmähung. Der wahre Torero hat ein *artista* zu sein – ein Künstler. Wenn er den Stier tötet, so geschieht das im Rahmen eines Kunstwerkes, das nur in diesem Augenblick existiert.

Alexandre Dumas scheint sich das gelegentlich seiner Reise durch Andalusien wohl erschlossen zu haben: »Wenn Sie nach Spanien kommen, Madame, würden Sie beim ersten getöteten Stier schwören, nie wieder einem so grausamen Schauspiel zuzusehen, beim vierten würden Sie anfangen zu zählen, und beim achten würden Sie Ihre bezaubernde Stimme mit dem Geschrei der Zuschauer mischen und einen *otro toro*, also einen weiteren Stier, fordern.«

Es waren unter den Ausländern aber in erster Linie Angelsachsen, die den Stierkampf in die Literatur eingeführt haben – wurden die Dichter dieses Sprachraumes doch seit jeher von Spanien in zumindest gleichem Maße angezogen wie ihre deutschen Kollegen von Italien. Das Ergebnis der Bemühungen war indes höchst widersprüchlich. »Wer würde sich diesen posierenden Angeber, den Matador ansehen, wenn er Anzug und Mütze eines Arbeiters trüge?« verkündete George Bernard Shaw sein Urteil: »Es ist Schlächterarbeit, und in jedem anständigen Land verweigert man der Öffentlichkeit die sadistische Befriedigung, die Schlachthäuser gewähren.«

Shaw war bekanntlich ein Mann, der sich seine Pointen nicht gerne von Fakten zerstören ließ. Doch genau diese Tatsachen in einem exotischen fremden Land aufzuspüren, trieb ganze Legionen von britischen Schriftstellern nach Spanien. So etwa Richard Ford, 1796 geboren, der in den frühen dreißiger Jahren des 19. Jahrhunderts zu Pferd hier unterwegs war und später in *Gatherings from Spain* mitteilte: »Es ist ein verbreiteter und großer Fehler anzunehmen, daß Stierkämpfe in Spanien so häufig seien wie das Auftreten von Wegelagerern; das Gegenteil ist der Fall, denn man betrachtet jene dort als Gipfel des ästhetischen Genusses, wie die Italienische Oper in England, und beides sind ziemlich kostspielige Belustigungen; wahr ist allerdings, daß bei uns nur die Spitzen der Gesellschaft die Darsteller vom Haymarket beehren und begünstigen, während sich an denen der spanischen Arenen Hoch und Niedrig, Vulgär und Exquisit gleichermaßen delektieren.«

Laurie Lee war in den 30er Jahren gar zu Fuß durch Spanien getrampt und hatte danach in seinem Buch *Eine Rose für den Winter* einfach und präzise zu beschreiben versucht, was er dort – unter anderem in den Stierkampfarenen – sah, während V. S. Pritchett, der in den 20ern etwas über zwei Jahre in Spanien verbrachte, gut zwei Jahrzehnte später in *The Spanish Temper* über dem Umweg des Stierkampfes den spanischen Nationalcharakter entschlüsseln wollte:

»In Spanien steht man dem Leiden der Kreatur mit stumpfer Gleichgültigkeit oder jedenfalls mit einer passiven, stoischen Einstellung gegenüber – nach den primitiven Greueln des Bürgerkrieges kann dies nicht mehr geleugnet werden. In den Tagen der Autodafés waren es die ausländischen Hofgäste, die angesichts der grauenerregenden Zeremonien in Valladolid und anderen Städten den Kopf abwandten; die Spanier blickten hin, weil ihre Leidenschaft entfacht oder weil ihr Geist von der gewohnten Leere befallen war, weil sie alles mit den Sinnen erleben wollen, weil ihre Vorstellungskraft begrenzt ist. Ich glaube, wir müssen zugeben, daß die Welt sich bei den Spaniern nicht geirrt hat: Sie, viele von ihnen, sind grausam und lassen sich durch Grausamkeit nicht stören.«

Tatsache ist, daß in Spanien noch immer viele volkstümliche Bräuche gepflegt werden, bei denen man Tiere auf ungleich barbarischere Weise umbringt, als dies bei einem den Regeln der Kunst gehorchenden Stierkampf der Fall ist – und das damit begründet, es handle sich um *costumbre*. Eben um einen alten Brauch. Vielleicht liegt das aber in erster Linie am ländlich-archaischen Charakter des Landes. Charles de Gaulle soll einmal gefragt worden sein, warum so viele Bürger seines Landes ein eher feindseliges Verhältnis zur Natur hätten – und als Antwort des Generals ist überliefert: »In jedem Franzosen steckt ein Bauer, und niemand haßt die Natur so sehr wie Bauern.«

Die Spanier haben in der Regel einen wenigstens ebenso bäuerlichen – besser: ländlichen – Hintergrund. Selbst die großen Städte sind hier genau besehen eher eine Zusammenballung von etlichen Dörfern, deren Bewohner aus ihrem jeweiligen Dorf nur wegziehen, wenn sich das absolut nicht vermeiden läßt. Doch das Wesen des Stierkampfs läßt sich solcherart wohl kaum hinreichend begründen. Fest steht nur eines: Wer sich ein fundiertes Urteil über Stierkampf bilden will, muß viele Stierkämpfe gesehen haben. So hielt es John Steinbeck, der 1962 mit dem Nobelpreis ausgezeichnete Erzähler aus den USA, der 1968 – etwa ein Jahr vor seinem Tod also – seine Leser wissen ließ:

»Es gibt eine Betätigung, die nur Angelsachsen als Sport betrachten und hassen und herdenweise besuchen. Das ist der Stierkampf. Bei ihm habe ich den vollständigen Lehrgang absolviert, gelesen, studiert, beobachtet und daran teilgehabt. Vom ersten Entsetzen kam ich zur sterblichen Schönheit, zur Form und Außerordentlichkeit einer Veronica bis zur Faena.

Ich habe zahlreiche Stierkämpfe gesehen (Kämpfe nennt man sie nur im Englischen) … Und ich habe ein paar große und wundervolle Dinge in der Arena gesehen. Es gibt nur wenige, und man muß sehr viele Kämpfe sehen, bis man den einen großen sieht.

Aber ich nehme an, daß alle großen Dinge dieser Welt rar sind. Wie viele große Sonette gibt es? Wie viele große Stücke? Und wie viele große Weine?

Ich glaube, ich habe die meisten der möglichen Gefühle über Tauromachie durchgemacht und mich schließlich zu der erhabenen Meinung durchgerungen, daß die unvergleichliche Kühnheit des Matadors sich auf das Publikum irgendwie überträgt.«

Schon die deutsche Übersetzung von Steinbecks Worten belegt, daß der Autor mit der Feststellung irrte, nur im Englischen werde in der Arena *gekämpft* – zumindest im Deutschen verhält es sich nicht anders. Aber die Grundaussage ist richtig: Im Spanischen nennt man das, was ein Torero auf der Plaza vollführt, keineswegs *luchar*, sondern *torear*. Das ließe sich mit dem keinen rechten Sinn ergebenden Wort *stieren* übersetzen. Dieses eine Beispiel läßt bereits erahnen, mit welchen mannigfaltigen Problemen ein Autor konfrontiert wird, der in einer anderen Sprache authentisch über Stierkampf zu schreiben versucht.

Doch wenden wir uns den von Steinbeck hervorgehobenen Gefühlen zu. Es gibt nicht wenige kluge Menschen, die der Ansicht zuneigen, Gefühle seien fast immer falsch – doch beim Stierkampf spielen sie wohl doch eine herausragende Rolle. Und zwar auf beiden Seiten der Barrera. Wir hatten einmal den Werdegang eines jungen Torero – den vorhin vom Stierkampfkritiker Joaquín Vidal gewürdigten Domingo Valderrama – über mehrere Jahre hinweg mit besonderer Aufmerksamkeit verfolgt und bei dieser Gelegenheit nicht zuletzt erfahren, wie viele Zumutungen und Demütigungen ein Jugendlicher, der keinen mächtigen Gönner hinter sich stehen hat, über sich ergehen lassen muß, um überhaupt eine Chance in der Arena zu erhalten. Aber dann doch vor dem Stier zu stehen, das entschädige ihn für alles, betonte dieser Stierkämpfer immer wieder – um schließlich mit einfachen Worten zu erklären, warum er unbedingt Stieren gegenübertreten wolle: *Para sentir algo en la vida* – um etwas zu fühlen im Leben.

»Aber der Stierkampf ist auch ein erotisches Ereignis«

Aus der Perspektive des Zuschauers hat Ernest Hemingway – auf den wir gleich noch ausführlich zurückkommen werden – die Angelegenheit auf eine schlüssige Formel gebracht:

»Bisher weiß ich nur so viel über Moral, daß es moralisch ist, wonach man sich wohl fühlt, und daß es unmoralisch ist, wonach man sich schlecht fühlt, und mit diesen moralischen Maßstäben gemessen, die ich nicht etwa verteidige, ist der Stierkampf für mich etwas sehr Moralisches, weil ich mich sehr wohl fühle, während er stattfindet, und ich ein Gefühl von Leben und Tod und Sterblichkeit und Unsterblichkeit habe, und nachdem es vorbei ist, fühle ich mich sehr traurig, aber auch sehr wohl.«

Wohl auf dieser Linie lag ebenso die Argumentation von Federico García Lorca, der den Stierkampf in seinen Gedichten und Stücken immer wieder thematisierte – ein Beispiel haben wir im Zusammenhang mit Ronda bereits zitiert – und der in seinem wahrscheinlich letzten Interview im Juli 1936 feststellte: »Ich bin davon überzeugt, die Stierfeste stellen heutzutage das kultivierteste Fest dar, das es auf der Welt gibt.« Zugleich mutmaßte er, die Gegner des Stierkampfs reagierten vor allem deshalb so allergisch, weil hier das Tabu des unausweichlichen Todes öffentlich gemacht werde. Carlos Fuentes wiederum entdeckt ein weiteres Tabu, das man auf der Plaza zu brechen pflege:

»Aber der Stierkampf, das sei nicht vergessen, ist auch ein erotisches Ereignis. Wo sonst kann der Mann so provokative sexuelle Posen einnehmen wie in der Arena? Die Protzerei mit seinem goldbestickten Anzug, seinen hautengen Kniehosen, seinem deutlich zur Schau gestellten Geschlecht, den hervorgehobenen Gesäßbacken, dem offenkundig verführerischen und selbstgefälligen Gang, der Gier nach Blut und Sensation. Der Stierkampf autorisiert diese unglaubliche Überheblichkeit und den sexuellen Exhibitionismus.«

Diesen Gedanken spinnt Max Frisch im Nachwort zu seinem *Don Juan oder Die Liebe zur Geometrie* mit der ihm eigentümlichen originellen Weise fort:

»Der silberweiße Torero, der dem schwarzen Stier gegenübertritt, der Mensch, der den tödlichen Kampf des Geistes spielt, ist kein anderer als Don Juan; auch dem Torero geht es letztendlich nicht darum, daß er das Leben behält. Das wäre kein Sieg. Die Grazie ist es, was ihn zum Sieger machen muß, die geometrische Akuratesse, das Tänzerische, was er dem gewaltigen Stier entgegensetzt, ein Sieg des spielerischen Geistes ist es, was die Arena mit Jubel erfüllt. Das schwarze Tier, dem Don Juan sich stellt, ist die naturhafte Gewalt des Geschlechts, das er aber, im Gegensatz zum Torero, nicht töten kann, ohne sich selbst zu töten. Das ist der Unterschied zwischen Arena und Welt, zwischen Spiel und Sein... Die beste Einführung zu Don Juan, ausgenommen Kierkegaard, bleibt der Besuch eines spanischen Stierkampfes.«

Spätestens an dem Punkt gilt es aber darauf hinzuweisen, daß solche Überlegungen von Spaniern gewöhnlich nicht angestellt werden – auch nicht von den scharfsinnigsten, durch ihr Dasein als Exilanten mit einem weiten Horizont ausgestatteten Intellektuellen. Deren Internationalität bewirkt allenfalls, daß ihnen überhaupt zur Kenntnis gelangt ist, was außerhalb ihres eigenen Landes so alles über Stierkampf gedacht und geschrieben wurde. Dies legt Juan Goytisolo anschaulich dar, wenn er meint, unter jenen, die heute Stierkämpfe besuchen, »ist die Zahl derer, die den Eintrittspreis bezahlen, um das Gefühl von Leben und Tod zu erfahren, von Sterblichem und Unsterblichem, sicher noch niedriger als die der Gläubigen, die sonntags zur Messe gehen, um über das Mysterium der Transsubstantiation zu meditieren.« Die überwältigende Mehrheit ziehe es zu den Arenen, »um zu sehen und gesehen zu werden«, um teilzuhaben an der Atmosphäre und dem Kolorit des Spektakels und »um Trieben, die für gewöhnlich unterdrückt sind, die Zügel schießen zu lassen, und aus der uneingestandenen Lust, Blut fließen zu sehen.«

Genau genommen widerspricht Goytisolo damit allerdings weder Hemingway noch Fuentes noch Frisch. Auch unter den Opernbesuchern sind die Musikverständigen wahrscheinlich meist in der Minderheit – und dieses Beispiel ließe sich zu einer wohl endlosen Liste erweitern. Das ändert aber nichts am wahren Wesen der Oper. Es begründet allenfalls den Niedergang der Qualität von Operndarbietungen. So ähnlich verhält es sich mit dem Stierkampf – und wenn wir ihn unter literarischen Aspekten betrachten, so registrieren wir das Phänomen, daß ausgerechnet dort, wo der Stierkampf in gewisser Weise zur Alltagskultur gehört, mit diesem Thema selbst von den Dichtern und Denkern auf verblüffend – im engsten Wortsinn – gedankenlose Weise umgegangen wird: Die *fiesta nacional* ist in der Regel nicht Gegenstand der Reflexion, sondern von Devotion – ihr Wesen wird nicht analysiert, sondern verklärt. Erst recht wird gewöhnlich die soziale Realität ausgespart, die um den Stierkampf zum Ausdruck kommt. Und wenn wir an anderer Stelle festgestellt haben, in welchem Maße in der spanischen Literatur die Poetisierung oder Feuilletonisierung von Teilaspekten des spanischen Lebens über einer erzählenden Prosa rangiert, die Hintergründe sichtbar macht und Zusammenhänge erhellt, so gilt das noch eindeutiger für das quantitativ weite Feld der Stierkampfliteratur. Im *Cossío* füllt die Liste der Romane, Novellen und Erzählungen, in denen Stiere und Toreros eine Rolle spielen, gleich mehrere Seiten – genannt werden überwiegend spanische Autoren, doch nahezu ausschließlich solche, deren literarische Bedeutung sich in engen regionalen Grenzen hält. Hier ist nicht einer der großen, sowie lediglich ein einziger der international bekannten Namen zu finden: Jener von Camilo José Cela, dem 1989 der Nobelpreis zugesprochen wurde – was indes nur beweist, daß eine solche Auszeichnung eigentlich nicht sehr viel beweist. Cela legte zwar in jungen Jahren sporadische Talentproben ab – vor allem mit seiner *Familie des Pascual Duarte* (1942). Doch mit zunehmendem Alter schien er mehr an seiner Präsenz in den Klatschspalten der Zeitungen interessiert zu sein. Läßt sich damit doch in Spanien gelegentlich Geld verdienen. Betrachtet man sein Werk insgesamt, so kann der »real existierende Nobelpreisträger«, wie ihn kritische Intellektuelle in seinem Land gerne verspotteten, kaum zu den großen Erzählern von globaler Bedeutung gezählt werden. Dies unterstreichen ebenso seine im Umfeld des Stierkampfs angesiedelten Geschichtchen, von denen er immer wieder einmal welche geschrieben hat und die gesammelt in dem Band *Torerías* veröffentlicht wurden, nachdem der Name des Autors im Gefolge des Nobelpreis-Rummels für einen anzunehmenden Verkaufserfolg stand. Doch diese Texte kann man allenfalls folkloristische Genrebilder nennen – und damit liegen sie auf einer Linie mit den während der Franco-Diktatur vom Regime unternommenen Bemühungen, den Stierkampf zur seichten Folklore zu verharmlosen, deren Funktion darin besteht, für Zerstreuung und Ablenkung der breiten Volksmassen zu sorgen.

Cela war im Grunde seines Wesens nicht nur ein provinzieller Reaktionär, sondern dazu ein ebenso hemmungsloser Opportunist. Er ist hinreichend in der Öffentlichkeit aufgetreten, um dies vor allem abseits seiner Literatur deutlich zu machen. Was er über Stierkampf geschrieben hat, bestätigt diesen Eindruck. Und die einschlägigen Prosa-Bemühungen anderer spanischer Autoren sind weithin gleichfalls keine Empfehlung für die spanische Literatur.

Nun ist gerade der Stierkampf ein Metier und Milieu, über das man sehr viel wissen muß, um ihm literarisch gerecht werden zu können. Die wirklich berichtenswerten Tragödien spielen sich eher zum kleineren Teil direkt in der Arena ab – der Großteil der dramatischen Szenen bleibt dem Publikum verborgen. Hier den Vorhang zu lüften, bedeutet eine phantastische Herausforderung für einen Erzähler – doch es gibt naturgemäß kaum Ausländer, die ausreichend Zugang zu den innersten Bereichen des Stierkampfs finden, um authentisch darüber schreiben zu können. Doch einen gab es, der dies geschafft hat – eindringlicher und wahrhaftiger als alle seine spanischen Kollegen: Ernest Hemingway nämlich, dem vermutlich nirgendwo sonst auf der Welt von den Leuten seiner eigenen Zunft mehr Ignoranz entgegengebracht wird als in dem Land, mit dem er sich beschäftigt hat wie mit keinem anderen – Spanien. Ein kleiner Beleg für diese These: Im Literaturverzeichnis der jüngsten Ausgabe des *Cossío* wird er als »Heminway« geführt.

»Er erklärte schlicht, er sei Ernest Hemingway und Schriftsteller«

Es verblüfft freilich, wenn sogar ein Mann wie Javier Marías – gewiß der gegenwärtig begabteste spanische Romancier und zudem ein weltgewandter, gebildeter Mensch, der etliche Zeit in England gelebt hat – auf Hemingway angesprochen in einem Interview für die Hamburger ZEIT erklärte: »Ich finde, er hat eine Menge dummes Zeug über den Stierkampf losgelassen. Einiges davon wurde zu stupiden Allgemeinplätzen. Hemingway sollte zum Schutzheiligen des Tourismus ernannt werden. Anders als er bin ich kein *aficionado*, kein echter Fan des Stierkampfs, aber manchmal gefällt es mir zuzuschauen. Das macht mich vielleicht zu einem echten Spanier: Ich finde dieses Spektakel nicht skandalös, es hat etwas mit Ästhetik zu tun. Aber ich würde Ihnen keinen langwierigen philosophischen Vortrag darüber halten, da gibt es schon genug Leute, die das tun oder getan haben, über die Mythen, dieses ganze Blabla …«

Natürlich hätten wir gerne gewußt, an welche stupiden Allgemeinplätze Marías konkret dachte. Doch danach wurde er in dem Interview leider nicht gefragt. So können wir bloß zur Kenntnis nehmen: Hier spricht einer, dem wir eigentlich mehr zutrauen, wie ein selbstgefälliger Ignorant aus der hintersten Provinz. Bemerkenswert an seinen Darlegungen ist indes eine darin zum Ausdruck kommende Haltung, die spanische Literatur weithin prägt und erklärt, warum ein großer Teil der bedeutendsten Texte über Spanien und originär spanische Themen nicht von Spaniern geschrieben wurden: Jene Oberflächlichkeit, ja – wir sagten es schon – Gedankenlosigkeit, die im Grunde alles bloß auf den ästhetischen Gebrauchswert reduziert und tiefschürfendere Überlegungen als Blabla abtut. Die rühmlichen Ausnahmen kamen aus dem Exil – wie Goytisolo oder Jorge Semprún – oder aus dem rigoros oppositionellen Sektor – wie etwa der vielseitige und enorm produktive Manuel Vázquez Montalbán. Als Romancier hat Marías, durchaus berechtigt, längst internationale Geltung – doch scheint gleichwohl ein echter Spanier von kastilischer Überheblichkeit in ihm zu lauern.

Es bleibt somit festzuhalten: Wenn von Stierkampf und erzählender Literatur die Rede ist, muß zuerst einmal Hemingway gewürdigt werden – und dann kommt lange nichts. Doch warum ausgerechnet Hemingway?

Die ersten Hinweise auf dieses Thema erhielt der damals in Paris lebende junge Schriftsteller aus den USA ausgerechnet von der als reichlich exzentrisch geltenden Dichterin Gertrude Stein (*Eine Rose ist eine Rose ist eine Rose*), die in den 20er Jahren vor allem aus Verehrung für Joselito zusammen mit ihrer Gefährtin Alice Toklas mehrmals kreuz und quer durch Spanien von Arena zu Arena reiste. Hemingway brach 1923 erstmals dorthin auf – er gelangte unter anderem nach Ronda, sowie schließlich zu den San Fermines, der turbulenten Fiesta von Pamplona in der Navarra, wo traditionell während dieser Woche täglich die Stiere der erstrangigen Züchter in der Arena auf die gerade am höchsten bewerteten Matadore treffen.

In einem Brief an seinen Freund Bill Home schilderte Hemingway dieses Spektakel begeistert und schloß: »Erinnerst Du Dich noch daran, wie ich eines Abends von der Notwendigkeit gesprochen habe, einige Leute zu finden, die einem durch ihr physisches Verhalten ein Gefühl der Bewunderung abringen – nun, ich habe sie beim Stierkampf gefunden – Jesus Christus, ja.«

Seine Devotion ging so weit, daß er seinen im gleichen Jahr 1923 geborenen ersten Sohn auf den Namen John Hadley Nicanor taufen ließ – nach dem damals berühmten Matador Nicanor Villalta. Als Taufpatinnen fungierten übrigens Gertrude Stein und Alice Toklas. Doch Hemingway war eben nicht nur ein Fan, der sich Idole wählt, um allenfalls einmal an deren Seite posieren zu können – wie das so viele andere Zelebritäten des Kulturlebens in Gesellschaft von Stierkampf-Größen taten und tun. Dieser Autor suchte die Bekanntschaft von Stierkämpfern, um diese sowie ihr Milieu und Metier möglichst genau kennenzulernen. Er ging dabei nach der Maxime vor, die sein späterer Freund Robert Capa, der grandiose Fotoreporter, den er im spanischen Bürgerkrieg kennenlernen sollte, seinen Kollegen immer wieder einschärfte: »Wenn eure Bilder nicht gut genug sind, ward ihr nicht nahe genug dran.«

Das gilt fraglos für Reporter der schreibenden ebenso wie der fotografierenden Fraktion. Und eine wichtige Erklärung für die literarische Sonderstellung Hemingways liegt gewiß darin, daß er im Gegensatz zu vielen seiner Kollegen, die einfach irgendwann einmal zu dichten begannen, sein Handwerk gründlich gelernt hatte – als Reporter, der er lange genug gewesen war, um genau hinsehen und präzise beschreiben zu lernen; doch nicht so lange, um in oberflächliche journalistische Routineschreiberei abzugleiten. Seine ersten Stierkämpfe erlebte Hemingway noch als ambitionierter Reporter, der für *Star Weekly* berichtete: »Der erste Stier war absolut unglaublich. Er war ein großes, urzeitliches Tier, absolut tödlich und absolut bösartig. Und er war stumm. Er griff schweigend an, in einem leisen, stürmischen Galopp. Wenn er wendete, wendete er auf allen vier Füßen wie eine Katze.«

Diese Sätze verraten zwar noch keine sonderlichen Stierkampf-Kenntnisse – aber eine außerordentliche Beobachtungsgabe. Und wenn Hemingway ein Thema interessierte, dann wollte er darüber ALLES wissen. Immer wieder reiste er in der Folge

Stierkampf-Szene

nach Spanien – vor allem zu den San Fermines –, und als 1926 sein Roman *Fiesta* erschien, der bis in die Gegenwart jährlich hunderttausende junge Leute zu diesem Fest nach Pamplona treibt, wußte er bereits genug in Sachen Stiere und Toreros, um über Stierkämpfe schreiben zu können, wie das vor ihm noch kein anderer – zumal kein nicht-spanischer – Erzähler getan hatte:

»Romeros Stierkampf gab allem innere Spannung, weil er die absolute Reinheit der Linie seiner Bewegungen bewahrte und immer ruhig und glatt die Hörner ganz dicht an sich vorbeiließ... Romero war alte Schule, er hielt seine reine Linie dadurch, daß er sich in höchstem Maß der Gefahr aussetzte, während er den Stier dadurch beherrschte, daß er ihm zu verstehen gab, daß er unverzichtbar sei, während er ihn auf den Tod vorbereitete.«

Romero – diesen Namen münzte der Romancier fraglos auf die aus Ronda stammende Torero-Dynastie, die den modernen Stierkampf begründete. Doch das eigentliche Vorbild für diese Figur – auch das haben wir schon im ersten Kapitel gelegentlich der Besichtigung von Ronda erwähnt – war Cayetano Ordóñez, der Begründer einer weiteren aus dieser Stadt stammenden Torero-Dynastie, dessen Stern in den frühen 20er Jahren gerade aufging und der sich Niño de la Palma nannte. Dem Nordamerikaner, der nicht nur sehr schnell die Landessprache gelernt, sondern sich ebenso die in der abgeschlossenen Welt der Tauromaquie üblichen Redensarten erschlossen hatte, war es gelungen, einen ausreichenden persönlichen Kontakt zu diesem Torero herzustellen, um das Wesen eines solchen jungen Mannes authentisch im Roman darstellen zu können. Etwa drei Jahrzehnte später sollte Hemingway – abermals in Pamplona – Cayetanos Sohn Antonio Ordóñez kennenlernen und sich mit ihm anfreunden. Das literarische Ergebnis dieser Verbindung war *Gefährlicher Sommer* – die Schilderung des mörderischen Konkurrenzkampfes, den sich Ordóñez 1959 eine ganze Saison lang in einer Hetzjagd von Arena zu Arena mit seinem Schwager Luis Miguel Dominguín um den Rang des Ersten und Größten unter den Matadores geliefert hatte: Ein über weite Strecken ausufernd schwatzhaftes Buch, das den Meister tief unter dem Zenit seiner Leistungsfähigkeit zeigt – das aber gleichwohl dort eindringlich und präzise ist, wo das Geschehen auf der Plaza dokumentiert wird.

Stierkampf-Romane haben durchaus auch andere ausländische Autoren, die ihr Handwerk beherrschten, geschrieben. So etwa Peter Viertel, der in Hollywood ein gefragter Drehbuchautor, sowie durch seine Ehe mit Deborah Kerr eine Zelebrität war. Viertel, der sich schließlich in Andalusien niederließ, begleitete etliche Zeit lang Luis Miguel Dominguín – dessen Ruf wiederum durch eine Liaison mit Ava Gardner bis Hollywood gedrungen war – und verarbeitete die dabei gewonnenen Einblicke in dem Buch *Love Lies Bleeding*, das 1964 ebenso in französischer Sprache unter dem Titel *Corrida* erschien. Erst der Vergleich mit einem solchen Werk zeigt so richtig die Überlegenheit Hemingways auf diesem Terrain.

Hemingways literarisches Verdienst um den Stierkampf liegt freilich nicht darin, die herausragenden Toreros seiner Zeit gekannt und beschrieben zu haben. Seine besten Stierkampfgeschichten handeln von Namenlosen – Männern aus dem Heer von Deklassierten, die für einen Spottlohn ihr Leben in der Arena riskieren und die dies doch unentwegt in der Hoffnung tun, doch noch einmal groß herauszukommen. Wie *Der Unbesiegte*:

»Der Stier stand da, die Füße im Quadrat, und sah die Muleta an. Manuel raffte die Muleta in der linken Hand zusammen. Die Augen des Stiers beobachteten es. Sein Körper ruhte schwer auf den Füßen. Er hielt den Kopf tief, aber nicht zu tief.

Manuel hob die Muleta gegen ihn. Der Stier bewegte sich nicht. Nur seine Augen beobachteten.

Er ist ganz aus Blei, dachte Manuel. Er ist ganz viereckig. Er ist gerade recht in Form. Der ist reif.

Er dachte in Stierkampfausdrücken. Manchmal hatte er einen

Gedanken, und der besondere Fachausdruck fiel ihm nicht ein, und er konnte den Gedanken nicht verwirklichen. Sein Instinkt und sein Können arbeiteten automatisch, aber sein Verstand arbeitete langsam und in Worten. Er wußte alles über Stiere. Er brauchte sich nichts dabei zu überlegen. Er tat einfach das Richtige. Seine Augen bemerkten die Dinge, und sein Körper führte ohne Nachdenken die richtigen Maßnahmen aus. Wenn er darüber nachdachte, war es auch schon mit ihm aus.«

Parallel dazu erfährt der Leser, was gerade an anderen Orten der Plaza vorgeht. Er hört die Kommentare der Banderilleros, die das Geschehen hinter der Barrera stehend verfolgen. Der Autor läßt uns teilhaben an dem, was der Ersatzkritiker des *Heraldo* zur gleichen Zeit an seinem Platz in der ersten Reihe der Zuschauerränge denkt, notiert und treibt, der eigentlich längst in den Feierabend verschwinden will und dann tatsächlich vorzeitig geht – in der Überzeugung, er würde hier nichts versäumen. Ein aus der Sicht dieses Mannes vermutlich nicht allzu bedeutender Irrtum. Jedenfalls gelingt dem Torero der Todesstoß nicht, und nun ist es der Stier, der das Geschehen bestimmt. Was in einem solchen Fall geschehen kann, hatte der junge Hemingway bereits 1923 in Pamplona in der Realität erlebt und in einer die Grenzen der Reportage sprengenden Skizze für sein zweites Buch *In Our Time* beschrieben:

»Er war vor Blut warm und klebrig. Jedesmal fühlte er das Horn kommen. Manchmal stieß ihn der Stier nur mit dem Kopf. Einmal ging das Horn ganz durch ihn durch, und er fühlte, wie es in den Sand ging... Maera fühlte, wie alles größer und größer wurde und dann kleiner und kleiner. Dann begann alles schneller und schneller zu laufen, so als ob man einen Film immer schneller herunterkurbelt. Dann war er tot.«

Anschaulicher und wahrhaftiger ist gewiß nie über Stierkampf geschrieben worden – auch nicht von einem Spanier. Denn wahrscheinlich gibt es keinen spanischen Dichter, der dem, was beim und um den Stierkampf geschieht, so nachhaltig auf den Grund gegangen ist wie Hemingway. Dem kam dabei ein großer Glücksfall zustatten – nämlich Sidney Franklin, 1905 in New York geboren, der als erster Angelsachse in Spanien in den Rang eines Matadors erhoben wurde. Diese Karriere beschrieb er später in seiner Autobiographie *Bullfighter from Brooklyn*, in der Franklin sein erstes Zusammentreffen mit Hemingway im Madrid der späten Zwanzigerjahre schildert:

»Er erklärte schlicht, er sei Ernest Hemingway und Schriftsteller.

›Was für ein Schriftsteller?‹ fragte ich. ›Bücher, Zeitungen, Illustrierte? Können Sie davon leben?

›Ich komme einigermaßen zurecht‹, sagte er.

›Sind Sie gut dran?‹ fragte ich. Ich hatte noch nie von Hemingway gehört oder außer der *Saturday Evening Post* etwas gelesen, das nicht direkt mit Stierkampf zu tun hatte. Ich hatte keine Ahnung, daß er bereits *In einem anderen Land* und *Fiesta* geschrieben hatte und weltberühmt war. Als er mir anbot, mir ein paar von seinen Büchern zu geben, sagte ich ihm, ich hätte kein Interesse. Ich hatte soviel englischen Mist von Leuten gelesen, die behaupteten, sie wären bekannte Schriftsteller, daß ich meine Zeit besser verwenden konnte. Und weit entfernt davon, beleidigt zu sein, schien er meine Erklärung ohne irgendeine Gefühlsregung hinzunehmen.«

Das sollte der Beginn einer intensiven Freundschaft sein. Schon wenige Tage später reiste Hemingway im Troß seines zu der Zeit gerade überaus erfolgreichen Landsmannes kreuz und quer durch Spanien, von Corrida zu Corrida. Und nach jedem Kampf saßen die beiden Männer bis tief in die Nacht hinein zusammen: »Er befragte mich über die großen Matadore von früher.« Hemingway, der schon viel über Stierkampf wußte, konnte aus dieser Quelle alles schöpfen, was ihm noch nicht geläufig war: »Er ließ mich mit allen Einzelheiten beschreiben, wie jedes einzelne Manöver ausgeführt wurde.«

Ihren Niederschlag fanden diese nächtlichen Sitzungen in *Tod am Nachmittag*, Hemingways 1932 erstmals veröffentlichtem Stierkampf-Brevier – literarisch gewiß kein Glanzstück, aber von profunder Sachkenntnis geprägt. Wenn spanische Autoren über Stierkampf schreiben, setzen sie einfach voraus, daß die Leser wissen, wie eine Corrida abläuft – und warum das so und nicht anders geschieht. Sie werfen dabei gewöhnlich mit Begriffen um sich, die in keinem normalen Wörterbuch zu finden sind und die selbst Spanier nur dann verstehen, wenn sie über Stierkampf ohnedies schon ungefähr gleich viel wissen wie der jeweilige Autor. Hemingway hingegen setzt in *Tod am Nachmittag* nichts voraus und erklärt alles – auch das, was Spaniern gewöhnlich keiner Erörterung wert erscheint, weil es ihnen gar nicht bewußt ist. Es gibt somit noch immer kein geeigneteres Buch, um alles grundlegend Wissenswerte über den Stierkampf zu erfahren. Doch dies weiß man ohnedies in aller Welt – mit Ausnahme von Spanien. Und wenn es in aller Welt Leute gibt, die zwar keine Spanier sind, sich aber dennoch für Stierkampf interessieren, so liegt das bei den allermeisten von ihnen sicherlich keineswegs zuletzt daran, daß sie einmal in einem von Hemingways Büchern über den Stierkampf gelesen haben.

Literaturverzeichnis

Längere Zitatstellen werden jeweils am Schluß des entsprechenden Eintrags unter Angabe der Seitenzahl im vorliegenden Band und in der zitierten Ausgabe nachgewiesen. Die Übersetzungen stammen, sofern nicht anders vermerkt, vom Autor selbst. Der Verlag dankt den Rechteinhabern für die im Rahmen des Zitatrechts genehmigten Abdrucke.

Alberti, Rafael: Der Verlorene Hain – Erinnerungen. Suhrkamp Taschenbuch Verlag, Frankfurt a. M. 1985. Zitate: S. 54/253f., 133/274, 160f./239f., 167f./57f., 170f./9, 175/66f., 187/337f., 193f./226f., 199f./150f., 210a/261, 210b/262

Aleixandre, Vicente: Correspondencia a la generacíon del 27. Ed. Castalia, Madrid 2001

Aleixandre, Vicente: Poesías completas. Ed. Visor, Madrid 2001

Alonso, Dámaso: Essays zur spanischen Literatur. Hueber, München 1974. Zitat S. 87 nach Rhode, S. 119

Andersch, Alfred: Regen in Andalusien. In: Felix Hofmann (Hrsg.): Andalusische Ansichten. Verlag Winfried Jenior, Kassel 1998. Zitat S. 120 nach Puchner, S. 90f.

Aub, Max: Der Klumpfuß. In: Die Schuld des ersten Anglers. Piper Verlag, München 1963. Zitat S. 25 nach Puchner

Baker, Carlos: Hemingway – Die Geschichte eines abenteuerlichen Lebens. Edition Praeger, München, Wien, Zürich 1971. Zitat: S. 134/620

Baroja, Pío: La feria de los discretos. Ed. Alianza, Madrid 1986 (OA 1905). Dt.: Jahrmarkt der Gescheiten. Knaur, Berlin o. J. (ca. 1927)

Bizet, Georges: Carmen. Texte – Materialien – Kommentare. Rowohlt Taschenbuch Verlag, Reinbek bei Hamburg 1984

Brenan, Gerald: Das Gesicht Spaniens. Verlag Winfried Jenior, Kassel 1991. Zitate: S. 32/84, 127/39f.

Brenan, Gerald: Südlich von Granada. Verlag Winfried Jenior, Kassel 2001. Zitate: S. 59f./272, 63f./35f., 65/96f., 66/116

Burmeister, Hans Peter: Richtig reisen – Andalusien. DuMont, Köln 1991

Byron, George Gordon Lord: Childe Harolds Pilgerfahrt. In: Sämtliche Werke, Band 1. Artemis & Winkler Verlag, Düsseldorf, Zürich 1996. Zitat: S. 212/37 (I, 78)

Caballero Bonald, José Manuel: Ágata ojo de gato. Ed. Barral, Barcelona 1974

Carabias, Josefina: Como yo los he visto. Ed. El País-Aguilar, Madrid 1999

Cela, Camilo José: Torerías. Ed. Espasa Calpe, Madrid 1991

Cervantes, Miguel de: Don Quijote. Artemis & Winkler Verlag, Düsseldorf, Zürich 2000
Corbucci, Sergio: La producción cinematográfica en Almería 1951–1975. Instituto de Estudios Almerienses 1997
Cortés, Manuel und Ronald Fraser: Im Versteck. Rowohlt Taschenbuch Verlag, Reinbek bei Hamburg 1972
Cossío, José María de: Los toros. Tratado técnico e histórico (12 Bände). Ed. Espasa Calpe, Madrid 1991
Dumas, Alexandre: Nach Spanien und Nordafrika. Hoffmann und Campe Verlag, Hamburg 1969. Zitate: S. 102/151f., 110/173, 127/201, 141/246, 150/247
Fink, Humbert: Iberische Sonne. Goldmann Verlag, München 1982. Zitat: S. 13f./196
Franklin, Sydney: Bullfighter from Brooklyn. In: Peter Haining (Hrsg.): Corrida – Stierkampfgeschichten. Fischer Taschenbuch Verlag, Frankfurt a. M. 1974. Zitat: S. 225/73
Frisch, Max: Don Juan oder Die Liebe zur Geometrie. Suhrkamp Verlag, Frankfurt a. M. 1963. Zitate: S. 30/85, 145f./98, 217/99
Fuentes, Carlos: Der vergrabene Spiegel – Die Geschichte der hispanischen Welt. Hoffmann und Campe Verlag, Hamburg 1992. Zitate: S. 36/23, 82f./80, 88/339, 103/54f., 113f./39, 116/51f., 130/52f., 146/179, 157/171f., 157f./172f., 216/21
Gala, Antonio: El manuscrito carmesí. Ed. Planeta, Barcelona 1994. Zitat: 106f./430
García Baena, Pablo: Óleo. Ed. Agora, Madrid 1958
García Baena, Pablo: Poesía completa 1940–1980. Ed. Visor, Madrid 1982
García Lorca, Federico: Dichter in New York. Insel Verlag, Frankfurt a. M. 2000
García Lorca, Federico: Die dramatischen Dichtungen. Insel Verlag, Frankfurt a. M. 1972. Zitate: S. 37f./23, 87/8f., 90/75
García Lorca, Federico: Werke in drei Bänden. Insel Verlag, Frankfurt a. M. 1995
García Morales, Adelaida: In den Alpujarras. In: Spanische Reise – Literarischer Führer durch das heutige Spanien. Verlag Klaus Wagenbach, Berlin 1987. Zitate: S. 71a/65, 71b/66
Gautier, Theophile: Reise in Andalusien. Büchergilde Gutenberg, Frankfurt a. M. 1977. Zitate: S. 11/150, 95/108, 127/195, 143/233f., 150/231f., 174/255f., 186/252, 212/157
Gibson, Ian: Lorcas Granada. Verlag Winfried Jenior, Kassel 1995. Zitate: S. 84/10, 101/59
Gibson, Ian: Lorcas Tod. Suhrkamp Taschenbuch Verlag, Frankfurt a. M. 1976
Gollwitz, Klaus: Picasso Laureatus. Verlag C. J. Bucher, Luzern, Frankfurt a. M. 1971

Góngora, Luis de: Sonette. Verlag Karl-Heinz Henssel, Berlin 1960
Goytisolo, José Agustín: Bajo tolerancia. Ed. Lumen, Barcelona 1996
Goytisolo, Juan: Campos de Níjar. Verlag Winfried Jenior, Kassel 2002
Goytisolo, Juan: Die Häutung der Schlange – Ein Leben im Exil. Carl Hanser Verlag, München 1995. Zitate: S. 47/29, 47f./30, 48f./31, 51/56
Goytisolo, Juan: Ein Sommer in Torremolinos. Rowohlt Verlag, Reinbek bei Hamburg 1963
Goytisolo, Juan: Jagdverbot – Eine spanische Jugend. Carl Hanser Verlag, München 1994. Zitat: S. 45f./306f.
Goytisolo, Juan: La Chanca. Verlag Winfried Jenior, Kassel 2001. Zitate: S. 55/24, 59/77
Goytisolo, Juan: Spanien und die Spanier. Suhrkamp Taschenbuch Verlag, Frankfurt a. M. 1982. Zitate: S. 67f./227, 68/227f., 69f./240, 78f./182f., 126/65
Goytisolo, Juan: Spanische Gewissenserforschung. Langewiesche-Brandt Verlag, Ebenhausen 1966
Haining, Peter (Hrsg.): Corrida – Stierkampfgeschichten. Fischer Taschenbuch Verlag, Frankfurt a. M. 1974
Heine, Heinrich: Almansor. In: Sämtliche Werke, Band 2. Artemis & Winkler Verlag, Düsseldorf, Zürich 2001. Zitat: S. 100/853
Hemingway, Ernest: Der Unbesiegte. In: Gesammelte Werke, Band 6. Rowohlt Verlag, Reinbek bei Hamburg 1977. Zitat: S. 223f./221
Hemingway, Ernest: Fiesta. Rowohlt Verlag, Reinbek bei Hamburg 1947. Zitat: S. 222/212
Hemingway, Ernest: Gefährlicher Sommer. Rowohlt Verlag, Reinbek bei Hamburg 1986
Hemingway, Ernest: Tod am Nachmittag. Rowohlt Verlag, Reinbek bei Hamburg 1957. Zitate: S. 27/42, 38/187, 40/43
Hemingway, Ernest: Wem die Stunde schlägt. Rowohlt Verlag, Reinbek bei Hamburg 1977. Zitat: S. 33f./115
Hofmann, Felix (Hrsg.): Andalusische Ansichten. Verlag Winfried Jenior, Kassel 1998
Irnberger, Harald: Toros & Toreros – Es gibt ein Leben vor dem Tod am Nachmittag. Werner Eichbauer Verlag, Wien 2000
Irving, Washington: Erzählungen von der Alhambra. Ed. Sanchez, Granada 1980 (OA Tales of the Alhambra. Bentley, London 1835). Zitat: S. 99/44f.
Jiménez, Juan Ramón: Platero und ich. Insel Verlag, Frankfurt a. M. 1985. Zitat: S. 192/37
Lee, Laurie: Eine Rose für den Winter – Wanderungen durch Andalusien. Karl Rauch Verlag, Düsseldorf 1956
Lütkerhaus, Ludger: Die Philosophie auf der Flucht – von Salman Rushdie zu Ibn Rushd und wieder zurück oder: Der vergebliche Versuch, Aufklärung und Islam zu versöhnen. In: DIE ZEIT vom 10.12.1998

Lynn, Kenneth S.: Hemingway. Eine Biographie. Rowohlt Taschenbuch Verlag, Reinbek bei Hamburg 1999
Machado, Antonio: Antalogía poética. Ed. Alianza, Madrid 1995
Machado, Antonio: Prosas dispersas (1893–1936). Páginas de Espuma, Madrid 2001
Mérimée, Prosper: Carmen. In: Sämtliche Novellen. Winkler Verlag, München 1982
Michener, James A: Die Kinder von Torremolinos. Goldmann Verlag, München 1995
Michener, James A: Iberia – Reisen und Gedanken. Verlag Droemer Knaur, München 1969. Zitate: S. 102/178, 134 f./565, 145/299
Muñoz Molina, Antonio: Stadt der Kalifen. Rowohlt Taschenbuch Verlag, Reinbek bei Hamburg 1994. Zitate: S. 117/150, 123/194, 125/211, 129 f./113
Navarro, Justo: La casa del padre. Ed. Anagrama, Barcelona 1994
Nogales, Manuel Chaves: Juan Belmonte, matador de toros. Ed. Alianza, Madrid 1970 (EA Sevilla 1935)
Nooteboom, Cees: Der Umweg nach Santiago. Suhrkamp Taschenbuch Verlag, Frankfurt a. M. 1996. Zitate: S. 108/338f., 108f./333, 163/331
Pérez-Reverte, Arturo: Jagd auf Matutin. Weitbrecht Verlag, Stuttgart, Wien, Bern 1997. Zitate: S. 164f./273, 165/267
Prieto, Antonio: La plaza de la memoria. Ed. Guadalquivir, Sevilla 1995
Prieto, Antonio: Tres pisadas de hombre. Ed. Planeta, Barcelona 1955
Pritchett, V. S.: The Spanish Temper. Chatto & Windus, London 1954. Zitate S. 149, 214 nach Haining, S. 38, 40
Puchner, Willy: Andalusien – Costa del Sol. Verlag C. J. Bucher, München, Luzern 1983.
Rezzori, Gregor von: Sherry Time. Heyne Verlag, München 1980. Zitat: S. 183f./60f.
Rhode, Roman und Brigitte Dudek: Spanien – Ein politisches Reisebuch. VSA Verlag, Hamburg 1985.
Rilke, Rainer Maria: Werke in drei Bänden. Insel Verlag, Frankfurt a. M. 1966
Romero, Felipe: El segundo hijo del marcader de sedas. Ed. Ubago, Granada 1995
Romero, Felipe: Paseo naif por las iglesias y conventos de Granada. Ed. Osuna, Granada 1995
Rushdie, Salman: Des Mauren letzter Seufzer. Kindler Verlag, München 1995. Zitat: S. 97f./579f.
Seneca: Die Kürze des Lebens. Deutscher Taschenbuch Verlag, München 1976
Stewart, Chris: Driving Over Lemons. Sort of Books, London 1999. Zitate: S. 74f./31, 75f./40, 77f./75, 78/101
Torres, María: Sobre la cola del cometa Osel. Plaza & Janés Editores, Barcelona 1994

Bildnachweis

Archivo Fundación García Lorca/El País: 85
Associated Press: 135
Juan Laurent: 11, 112
El País, Madrid: 14 (César Lucas), 50 (Francisco Bonilla), 171 (Marisa Flórez)
Spanish Connexion / White Star: 36, 39, 200, 201
Regina Solf, Düsseldorf: 52, 53
White Star, Hamburg: 18, 27, 34, 61, 74, 97, 119, 121, 129, 140, 144, 149, 181, 222
Alle übrigen Bilder und Karte: Archiv des Verlags.

Personenregister

Ortsregister